“十三五”国家重点图书、音像、电子出版物出版规划项目；
2017年度国家出版基金资助项目；
广州市人文社会科学重点研究基地“广州与中外文化交流研究中心”项目；
中山大学西学东渐文献馆项目。

晚清西学丛书

主编：周伟驰 姚达兑

联邦志略

〔美〕裨治文／著
李彬／校注

南方日报出版社
NANFANG DAILY PRESS
中国·广州

图书在版编目（CIP）数据

联邦志略/(美)裨治文著；李彬校注.— 广州：南方日报出版社，2018.4

ISBN 978-7-5491-1773-4

Ⅰ.①联… Ⅱ.①裨… ②李… Ⅲ.①美国—历史 Ⅳ.①K712

中国版本图书馆 CIP 数据核字（2017）第 312721 号

LIANBANG ZHILÜE

联邦志略

著　　者：(美) 裨治文
校　　注：李　彬
出版发行：南方日报出版社
地　　址：广州市广州大道中 289 号
出 版 人：周洪威
出版统筹：谭庭浩
策划编辑：黎　衡
责任编辑：刘志一　郭海珊
装帧设计：邓晓童
责任校对：阮昌汉
责任技编：王　兰
经　　销：全国新华书店
印　　刷：广州市岭美彩印有限公司
开　　本：889mm×1194mm　1/32
印　　张：10.375
字　　数：189 千字
版　　次：2018 年 4 月第 1 版
印　　次：2018 年 4 月第 1 次印刷
定　　价：48.00 元

投稿热线：（020）87373998-0503　读者热线：（020）87373998-0502

网址：http://www.nanfangdaily.com.cn/press　http://www.southcn.com/ebook

总 序

周伟驰

一、晚清西学东渐的译述时期与转译时期

历史上发生过几次大规模的知识传播运动，表现为大规模的翻译运动，如希腊经典被译为阿拉伯语（百年翻译运动），阿拉伯语的希腊经典被译为拉丁语，印度佛典被译为汉文，日本明治维新后对于西方著作的翻译等。明清之际，西方知识开始向中国传播，虽然中间有过停顿，但西学东渐规模越来越大，在晚清呈现上升趋势，到民国达到一个高潮。改革开放后，更是以前所未有的速度快速进行，目前的态势用“方兴未艾”来形容也不为过。“西学东渐”作为一个过程，跟“中学西传”是一体两面。就西学东渐本身来说，在这个过程中，虽然也有少量著作是撰写的，但主要还是以翻译著作居多，可以说西学东渐是一个翻译的过程。

在明末以来这个生机勃勃的“400年翻译运动”中，晚清占有特殊地位。晚清译介者[1]来源是多种多样的，既有西方传教士也有中国学者，既有教会组织也有政府机构。翻译内容五花八门，从宗教知识到世俗知识，呈现出阶段性的特征。我们可以根据翻译活动的方式是直接翻译还是转译，是合作翻译还是独自翻译，概括地将晚清西学翻译分为两个时期，时间上大致以甲午战争至维新变法为界。甲午战争前是“译述时期”，维新变法失败后是“转译时期”。

---

[1]本文所说的“西学东渐”是指西方知识在中国的传播，它们有些是通过直接翻译实现的，有些则是由一些人撰写著作实现的。本文重视翻译，但也重视介绍西方知识的著作。一般模糊地称为“译撰”或“译介”，如林乐知、花之安，既翻译又自己撰写、介绍西方的知识。再如一些中国学者，可能在不懂外文或仅是略懂外文的情况下，也编写一些西学著作，如王韬、王炳耀都可以放在西学东渐传播西学范围之下。

从马礼逊来华到甲午战争，翻译者主要是西方传教士及其中国助手，一般情况下是传教士“口译”，中国助手“笔述”。当然，这时期不是没有个别人士可以单独地进行翻译（如颜永京），但总体来说这样的人凤毛麟角，因此，我们可以把这一时期（1807—1898年）称为“译述时期”。这一时期的翻译者如果受雇于教会，则其翻译内容多为宗教类著作；如果受雇于清政府（如江南制造局翻译馆），则其翻译多为军事科技类著作；如果是自立的学会（如广学会），则人文社科类著作会多一些。

“译述时期”大致可分成三个阶段。从1807年马礼逊来华学习中文翻译《圣经》到第一次鸦片战争，为第一个阶段，翻译的主体为传教士及其中国助手，他们主要在中国的广州、澳门以及东南亚一带，翻译的内容主要是宗教书籍，也有一些地理、历史、科技的著作，还办了一些中文杂志。

第一次鸦片战争到第二次鸦片战争，为第二个阶段。这时香港被割让，广州之外，福州、厦门、宁波、上海成为通商口岸，太平天国使得帝国南部陷入战乱。以上海为中心，传教士在各大口岸与其中国助手翻译了一些宗教著作与文化著作，创办了一些中文杂志[1]。

在这两个阶段中，著名的译撰者有马礼逊、米怜、郭士立、麦都思、合信、俾士、湛约翰、罗孝全、艾约瑟、慕维廉、玛高温、伟烈亚力等，与之合作的中国人有李善兰、王韬、管嗣复、张福僖等人。这些传教士所出中文书

[1]第一、二个阶段的主要译著，可参考熊月之：《西学东渐与晚清社会》，北京：中国人民大学出版社2011年版，第105—109页及第三章。其出版数据主要依据伟烈亚力《基督教在华传教士纪念录》及苏精《马礼逊与中文印刷出版》。

刊对林则徐、梁廷楠、徐继畬、魏源都有影响，使他们成为第一批睁眼看世界的中国人。较出名的出版中心有宁波华花圣经书房（1860年迁到上海后改名美华书馆）、上海墨海书馆等。

第二次鸦片战争到甲午战争和维新变法期间，为第三个阶段。这一阶段，太平天国被镇压，同光中兴，洋务运动兴起，以传教士为主的西方人士有一些服务于北京、上海、广州、福州、天津等地的清政府机构，与中国助手翻译了大量军事、科技、史地类著作。一些为教会服务的翻译了一些宗教著作。一些有“文化传教”情怀的传教士则创办了广学会这类文化机构，他们办刊、出书，译述了一些社会科学类的著作。西学翻译的中心，在教会方面主要有广学会、益智书会、美华书馆、博济医局、上海土山湾印书馆、金陵汇文书院、福州美华书局，在官方和中国知识分子方面则主要有同文馆、江南制造局翻译馆、天津机器局、天津武备学堂、上海译书公会、农学报社、申报馆等[1]。活跃的口译者有嘉约翰、傅兰雅、金楷理、林乐知、李提摩太、艾约瑟、慕维廉、花之安、韦廉臣、舒高第[2]等人，著名的笔述者则有中国的王韬、沈毓桂、蔡尔康、徐寿、徐建寅、华蘅芳、钟天纬、瞿昂来、李凤苞、任廷旭、范祎等人，能从事独立翻译的有李问渔、颜永京等

[1]熊月之列出了主要出版中心书目、京师同文馆译著书目，见熊月之：《西学东渐与晚清社会》，北京：中国人民大学出版社2011年版，第253—254页；江南制造局翻译馆译书目录，见第423—432页；广学会出版西书目录（1900年以前），见第446—447页。

[2]舒高第是中国人，在美国学习过很长时间，中文笔译能力似不甚佳，翻译时尚需助手笔述。

少数几人[1]。他们译介的西方知识对洋务派、维新派、革命派，如李鸿章、张之洞、康有为、梁启超、谭嗣同等人都有影响，西方知识传播者的影响力在维新变法中达到顶峰。

甲午战争的战败意味着洋务运动的失败。向西方学习几乎成了朝野上下的共识，日本因为“同文同种”、路近学费低、现代化成绩较好而获得了梁启超、张之洞等人的青睐，他们认为留学日本学习西学是一个捷径。在他们的提倡下，清政府自1896年开始向日本派出留学生，人数逐年增多[2]。在废除科举的1905年和次年，留日人数达到顶峰，分别是8000人和1.2万人。1898年维新变法失败后逃亡日本的梁启超[3]，加上留日学生，使得从日文“转译西学”大为兴盛，翻译数量快速地超过了“译述时期”[4]，我们可将这一时期（1898—1911年）称为“转译时期”。这不是说在此阶段已没有“译述”和单独直译，广学会、

[1]有些学者认为，晚清条约口岸围绕着当时传教士和清政府的翻译活动，出现了一批了解西学、倾向西学的中国知识分子，参考段怀清：《传教士与晚清口岸文人》，广州：广东人民出版社2007年版；王立群：《中国早期口岸知识分子形成的文化特征：王韬研究》，北京：北京大学出版社2009年版。

[2]黄福庆：《清末留日学生》，台北：“中央研究院”近代史研究所1975年版，第2—3页。

[3]梁启超在去日本之前的西学知识主要来源于译述，流亡日本后他凭借自创的“和文汉读法”，能够阅读日文著作。关于梁启超与明治思想界的关系，可参考狭间直树编：《梁启超·明治日本·西方》，北京：社会科学文献出版社2012年版；狭间直树主讲：《东亚近代文明史上的梁启超》，上海：上海人民出版社2016年版；郑匡民：《梁启超启蒙思想的东学背景》，上海：上海书店出版社2009年版。与梁启超相关的近代中日之间西学概念的翻译与传播，可参考狭间直树、石川祯浩主编，袁广泉等译：《近代东亚翻译概念的发生与传播》，北京：社会科学文献出版社2015年版；石川祯浩：《中国近代历史的表与里》，北京：北京大学出版社2015年版。

[4]实滕惠秀：《中国人留学日本史》，北京：北京大学出版社2012年版，第167—207页。

严复、林纾亦仍在翻译，而只是说，在规模和影响上，这一阶段是以从日文“转译”过来的西学为主。民国后才进入对于西学大规模的“独立直译”阶段。

这一时期译介西学的机构有商务印书馆、译书汇编社、南洋公学译书院、广智书局、作新社、文明书局、会文学社（会文堂书局）、金粟斋译书处、教育世界出版社、新学会社、中国医学会等，翻译的内容侧重于社会科学和史地书籍，而应用科学与自然科学比重减少。译介者大多是留日者，如樊炳清、蔡元培、王国维、范迪吉等。

在“转译时期”，明治时期由日本学者创制的对译西方名词的“和制汉词”大量进入中文，有很多取代了“译述时期”的译法，成为今天我们仍然在应用的主流译词。这可能是自佛教词汇之后最大规模的“外来词”群体。像“哲学”“社会”“文学”“经济”“政治”“宗教”“自由”这类人文社科名词，都是来自和制汉词。这些词的总量在1000个左右[1]，实际数量可能远不止此。由于“转译”在广度和深度上远超此前的“译述”，和制汉词逐渐占据主流，替代了“译述时期”的许多译法，而使汉语基本词汇实现了“急速现代化”[2]。不过，明治和制汉词本身对于日本来说只是一个历史阶段现象。随着日本减少汉字学习，以及用“和制英语”的人越来越多，汉词

[1]周圣来：《美意识的种子：和制汉词对中国现代文学的影响》，香港：香港练习文化实验室有限公司2016年版，第89—93页；和制汉词总表参见第335—341页。

[2]朗宓榭等著：《新词语新概念：西学译介与晚清汉语词汇之变迁》，济南：山东画报出版社2012年版，引言。

及和语逐渐不用或少用[1]，汉字在日本的使用本身呈萎缩状态。但是，明治和制汉词在中文世界中反而站稳脚根。可以说，今天中文世界的翻译已难以离开和制汉词。虽然里面问题很多，但是约定俗成，即使要改良也只能逐步地进行了。

由“译述”逐渐向“转译”发展，这在书目汇编的变化中体现出来了。晚清新书的编目，除了出版者（如广学会）的年报外，比较集中的有：傅兰雅《译书事略》（江南制造局翻译西书事略），《格致汇编》1880年5—8月连载。孙维新《泰西格致之学与近刻翻译诸书详略得失何者为最要论》，本为上海格致书院作业，对140本西书做出比较评价，后刻印出来。梁启超《西学书目表》[2]，《时务报》报馆1896年版，录通商后西书名352种，附表录通商前西书名86种、近译未印书目88种。沈桐生《东西学书录提要总叙》，读有用书斋1897年出版。黄庆澄编《中西普通书目表》，上海算学报馆1898年刻，里面西学部分多取自梁启超《西学书目表》。徐维则编《东西学书录》，1899年出版。这些书目所录的绝大多数是“译述”著作。沈桐生《东西学书录》后来得到顾燮光帮助，顾燮光补充了从日文译为中文的西书，二人合编《增版东西学书录》，1902年出版。赵惟熙编《西学书目答问》，1901年出版。而上海通雅书局在1903年、1904年出版的《新学

[1]周圣来：《美意识的种子：和制汉词对中国现代文学的影响》，香港：香港练习文化实验室有限公司2016年版，第71—73页。

[2]《西学书目表》，1896年质学会重校本。该本前言《西学书目表序例》，亦载《时务报》（第八册），见《时务报》报馆编：《强学报时务报》（第一卷），北京：中华书局1991年版，第488—494页。

书目提要》，编者可能是一群留日学生。顾燮光《译书经眼录》，杭州金佳石好楼1934年印。这些书目中，最齐全的可以说是《增版东西学书录》和《译书经眼录》[1]。从这两本书可以看出，1900年后从日文转译的西学著作已成为当时翻译书的主流，在社会科学著作中占有绝对地位。据不完全统计，1896—1911年，中国翻译的日文书至少有1014种。这个数字远远超过此前半个世纪以来中国翻译西文书数量的总和，也大大超过同时期中国翻译西文书的数量[2]。而其中社会科学著作达366部，法律图书98部，政治图书96部[3]。

上面所说的西学著作多指图书，但是晚清介绍西学的还有一些中文报刊，不少著作都是先在报刊上登出再出单行本的。近代报刊的一般情况，可以参考戈公振《中国报学史》[4]的第三章“外报创始时期”以及美国白瑞华《中国近代报刊史》等[5]。关于这些报刊的详细目录，可以参考《中国近代期刊篇目汇录》[6]。

---

[1]这两个目录被收入熊月之：《晚清新学书目提要》，上海：上海世纪出版股份有限公司2014年版，前言。该书索引亦很有价值。

[2]熊月之：《西学东渐与晚清社会》，北京：中国人民大学出版社2011年版，第509页。

[3]谭汝谦主编：《中国译日本书综合目录》，香港：香港中文大学出版社1981年版。转自滕超：《权力博弈中的晚清法律翻译》，北京：中国社会科学出版社2014年版，第335页。

[4]戈公振：《中国报学史》，上海：上海世纪出版股份有限公司2013年版。

[5]白瑞华：《中国近代报刊史》，北京：中央编译出版社2013年版；赵晓兰、吴潮：《传教士中文报刊史》，上海：复旦大学出版社2011年版。传教士中文报刊对维新派报刊有影响，可参考徐松荣著：《维新派与近代报刊》，太原：山西古籍出版社1998年版。

[6]上海图书馆编：《中国近代期刊篇目汇录》（一），上海：上海人民出版社1965年版。该书于1980年重印。

《西学书目表》《增版东西学书录》和《译书经眼录》，都侧重于科技类与社会科学类译著，许多书被遗漏，比如新教人士的著作。早期新教来华传教士所译撰的著作，可以参考伟烈亚力1967年出版的《基督新教传教士在华名录》[1]；1860年后的新教译撰著作散落各处，近已有人系统整理，如黎子鹏的《中国基督教文字事业编年史：1860—1911》[2]。

二、译述时期的主要译撰者及其观念

从1807年马礼逊来华并准备翻译《圣经》到1911年清王朝覆灭，晚清可以说是经历了一个“百年翻译”运动。如果说最后15年（1896—1911年）是“转译”由无到有到兴盛的过程，那么，在此之前的近90年（1807—1895年）则是“译述时期”。虽然有不少翻译机构，但如果看最活跃的翻译者，我们会惊讶地发现，他们大多是新教传教

[1] Alexander Wylie, *Memorials of Protestant Missionaries giving a List of Their Publications, and Obituary Notices of the Deceased.* With copious Indexes. Taipei: Ch' Eng-wen Publishing Company, 1967. 伟烈亚力著，赵康英译：《基督教新教传教士在华名录》，天津：天津人民出版社2013年版。

[2] 黎子鹏编著：《中国基督教文字事业编年史：1860—1911》，香港：基督教文艺出版社有限公司2015年版。

士[1]。译得最多也最有名的，几乎全是传教士[2]，如伟烈亚力[3]、傅兰雅[4]、林乐知[5]、丁韪良[6]、李提摩太[7]、金楷理等人，因为当时愿意来华且愿意从事文化传播的西方人士只有传教士。西方本土的知识分子没有机会、动力和经费来华，中国人也没有主动去请他们。这种局面要等到

---

[1]有的学者将传教士翻译分为三个阶段：1815—1842年，从南洋创办《察世俗每月统记传》至上海墨海书馆建立；1843—1887年，从上海墨海书馆建立至上海广学会成立；1888—1898年，广学会成立至维新变法失败。并列出了各时期的主要非宗教类著作。参考何绍斌：《越界与想象：晚清新教传教士译介史论》，上海：上海三联书店2008年版，第44—45页及第一章。这种分期法过分以上海为中心，而且太细。其实，无论宗教还是非宗教类书籍，晚清译述是多中心的，上海当然最活跃，但北京、广州、宁波、武汉等地也从未中断过。

[2]改革开放后，对作为中国近代史上重要一环的传教士展开了大规模的翻译和研究。翻译中较为重要的系列是周振鹤教授主编并由广西师范大学出版社出版的"来华基督教传教士传记"丛书，黄兴涛、杨念群主编并由中华书局出版的"西方的中国形象"丛书。此外，亦有不少零散出版的传教士传记。

[3]汪晓勤：《伟烈亚力：中西科学交流的功臣》，北京：科学出版社2000年版。

[4]王扬宗：《傅兰雅与近代中国的科学启蒙》，北京：科学出版社2000年版。傅兰雅在加州大学的全部英文档案已收入戴吉礼编：《傅兰雅档案》，桂林：广西师范大学出版社2010年版。

[5]贝奈特：《传教士新闻工作者在中国：林乐知和他的杂志（1860—1883）》，桂林：广西师范大学出版社2014年版；梁元生：《林乐知在华事业与〈万国公报〉》，香港：香港中文大学出版社1978年版；卢明玉：《译与异：林乐知译述与西学传播》，北京：首都经济贸易大学出版社2010年版。单篇论文当然更多，如查时杰：《林乐知的生平与志事》，载林治平主编：《基督教入华百七十年》，台北：台北宇宙光出版社1977年版。

[6]丁韪良：《汉学菁华》，北京：世界图书出版公司2010年版；丁韪良：《中国觉醒》，北京：世界图书出版公司2010年版。目前关于丁韪良最好的研究著作，可参考王文兵：《丁韪良与中国》，北京：外语教学与研究出版社2008年版。

[7]李提摩太：《亲历晚清四十五年——李提摩太在华回忆录》，天津：天津人民出版社2005年版。他人撰写的李提摩太传记，立场差异较大，主要有丁则良：《李提摩太》，上海：开明书店1951年版；苏慧廉著，山西大学外语学院《李提摩太传》翻译组译：《李提摩太传》，香港：香港世华天地出版社2002年版；苏慧廉著，关志远等译：《李提摩太在中国》，桂林：广西师范大学出版社2007年版（按：后两书实为同一书，译者不同而已）。

“五四”前后杜威、罗素受邀来华方有改变。传教士撰译宗教书籍是其来华的本行和义务，而译介科技、史地、人文社科著作，要么是因为受雇于清政府，要么是被“文化传教”“社会福音”的淑世情怀驱动[1]。如广学会的几位传教士，他们避开了直接传教的做法，也避免只译介实用性的技术，而是通过《万国公报》[2]等报刊和著书立说，对西方文明进行比较全面的介绍，这跟他们背后的一些基本信念有关。

19世纪来华的新教传教士，跟当时的西方人一样，都自觉不自觉地持有西方中心论，认为西方文明要优越于其他文明，西方的政治制度（民主、自由等）要优越于东方。对于他们来说，优越的根本原因是新教优越于别的宗教。这种观点可以称为“新教文明等级观”[3]，主要包括几个信念：从事实来看，西方文明无论在政治、经济、商贸、军事、科技方面都超出非西方文明，非西方文明逐步屈从于西方即真实的证据；追溯西方文明强大的根源，在

---

[1]近代传教士创办的中文报刊情况，可参考赵晓兰、吴潮：《传教士中文报刊史》，上海：复旦大学出版社2011年版。由于传教士是中文报纸的先驱，因此，在晚清早期，其办报史跟中国近代报刊史基本是重叠的。大陆较早系统地研究传教士与晚清现代化关系的，可参考王立新：《美国传教士与晚清中国现代化》，天津：天津人民出版社1997年版。该书于2008年出版第二版。

[2]关于《万国公报》，早期有台湾王树槐和香港梁元生的研究，大陆较系统的研究有王林：《西学与变法：〈万国公报〉研究》，济南：齐鲁书社2004年版（该书根据作者1996年博士论文改编）；杨代春：《〈万国公报〉与晚清中西文化交流》，长沙：湖南人民出版社2002年版。

[3]周伟驰：《晚清新教传教士的文明等级观》，《文景》，2012年第9期。亦见周伟驰：《太平天国与启示录》，北京：中国社学科学出版社2013年版，第276—308页。近来，一些学者对19世纪西方的一般文明等级观及其对中国的影响进行了研究，可参考刘禾主编：《世界秩序与文明等级》，北京：生活·读书·新知三联书店2016年版。

于基督教，它使西方人有道德，有博爱精神，重团结，乐群，有求知精神，追求知识，在教育、慈善等方面都具有宗教精神；当时的国家富强等级是新教国家（英美德）强过天主教国家（法意西），基督教国家强过中国、印度、日本、土耳其等“半文半野”国家，更强过非洲、南太平洋野蛮人国家，这表明新教要优于天主教，基督教要优于异教；像日本这样的国家之所以进步，是因为吸收了西方“教化”（文明）的长处，当然，它现在还没有学到“教道”（新教）。而拒绝学习西方的国家（如中国和土耳其），则往往面临险境。国家想强盛，就要像日本那样学习西方“教化”与“教道”。与启蒙主义思想家从“自由、平等、博爱”及“科学、民主、道德”等世俗价值观来看文明等级不同，传教士是从宗教的角度来看文明的本质和等级的。广学会的几个主要撰稿人如林乐知、李提摩太、韦廉臣、花之安[1]、艾约瑟、慕维廉、沈毓桂[2]都坚持这个观念。从某个角度上看，他们是马克斯·韦伯之前的“马克斯·韦伯”。

新教文明论的论述，在韦廉臣、花之安、李提摩太等人那里都有具体的论述，但在林乐知、沈毓桂的“三伦说”里得到了集中的表达。它认为，人上要面对上帝，下

[1]对花之安的研究，可参考张硕：《汉学家花之安思想研究》，北京：知识产权出版社2014年版。

[2]易惠莉：《西学东渐与中国传统知识分子：沈毓桂个案研究》，长春：吉林人民出版社1993年版。较早的对传教士个体的介绍可参考顾长声：《从马礼逊到司徒雷登：来华新教传教士评传》，上海：上海书店出版社2005年版。至于艾约瑟、慕维廉、韦廉臣，尚未看到相关的研究专著。在对待基督教与中国文化的高低评估上，传教士虽然总体上扬耶抑儒，但个体存在着程度上的差异，如李提摩太和李佳白较为和缓，林乐知则较为严峻。

要处理万物，中间要对待同类，因此而有神伦、物伦和人伦。只有崇拜真神，才能正确地对待他人，以平等、自由、民主处之，才能正确地对待万物，发展科技，利用厚生。如果说神伦是强调基督教排他一神论，物伦则是要引入西方科技观念，以破除中国人的泛灵论和风水迷信之类阻碍现代化的观念（如风水严重阻碍了修铁路和开矿），那么人伦跟中国传统的人伦有什么不一样呢？在《教会新报》阶段，林乐知尚侧重耶儒在仁义礼智、忠孝节义、戒律上的一致，但随着甲午战争严重暴露中国文化的负面因素，林乐知开始强调新教人伦异于且优越于儒教之处，以美国式的自由、民主、平等来反衬儒教的专制、束缚、愚昧，较为系统地揭露并批判了儒教的负面影响。正如在印度的传教士对印度文化的批判促进了印度知识分子的启蒙主义一样，传教士与中国基督徒对中国文化风俗陋习的系统批判（从男尊女卑、缠足到专制），启发了从康有为、梁启超到新文化运动的文化反思与启蒙主义。

今天，如果我们系统地阅读《教会新报》和《万国公报》上中外作者的文章，就会发现，对中国传统宗教的批判，对皇权、族权、夫权、神权的批判，对国民性的批判上，以及提倡白话文、汉字拼音化，在晚清已经全面展开，只不过用词没有那么激烈。他们的这种反思与批判，可以称为近代第一波启蒙主义运动。如果说陈独秀、鲁迅、胡适等人是以现代西方科学民主思想来批判中国传统文化，那么这第一波启蒙主义运动就是以现代新教思想[1]来批判中国传统文化。

西学对晚清各方面，尤其对政治和思想方面，一直持续发挥着影响。从林则徐、魏源、徐继畬到洪仁玕和冯桂芬这样的新式思想家，一步步地向前深化，直到在戊戌运动中达到高潮。康有为、梁启超、谭嗣同[2]等人受李提摩太、林乐知的影响是十分显著的[3]，他们的许多改革建议、新知识和新思想，直接来源于广学会、江南制造局翻译馆的著作[4]。经过义和团运动的反西方文明后，清朝痛定思痛，决定实行君主立宪，不仅西学在“转译”中迎来新一波高潮，连民教关系也在双方的反思和克制下开始缓和，基督教迎来一个平稳增长期。西学不仅对经世派、改良派、洋务派、维新派有影响，对一早一晚以洪秀全和孙中山为代表的反清人士亦有影响。太平天国与基督教的

[1]现代新教思想是在基督教的视野下容纳科学与民主，它跟苏格兰启蒙、英美温和的改良传统有关，它并不认为基督教与科学、民主是矛盾的。这种兼容论的思想视野，在民国初期的赵紫宸那里都还存在。而新文化运动的主导方向则是排除了信仰的科学与民主，近似于法俄无神论与世俗化传统。

[2]张灏：《烈士精神与批判意识：谭嗣同思想的分析》，北京：中央编译出版社2016年版，第45—51页。朱维铮先生在谈到西学对谭嗣同的影响时说：“谭嗣同非但同意彻底西化，甚至像王韬一样，以为西方列强侵略中国是好事，可以加速中国的革新。”参考李天纲编校：《万国公报文选》，上海：中西书局2012年版，第24页。

[3]王树槐：《外人与戊戌变法》，上海：上海书店出版社1998年版（原书于1965年在台湾出版）；梁元生：《林乐知在华事业与〈万国公报〉》，香港：香港中文大学出版社1978年版；房德邻：《〈万国公报〉与戊戌变法》，《北京师范大学学报》，1986年第6期。

[4]强学会办的《万国公报》（与上海《万国公报》同名）和《中外纪闻》，许多内容即直接转自传教士所办刊物。关于维新派所办报刊的一般情况，可参考徐松荣：《维新派与近代报刊》，太原：山西古籍出版社1998年版。

关系甚深，尤其深受《圣经》《劝世良言》的影响[1]。孙中山早年自命“洪秀全第二”，1894年他曾在《万国公报》上发表《上李傅相书》[2]，改良不成后，决定采取革命方式再造中华，其早期追随者与起义人员中多为基督教徒[3]。这是因为他们受到西方现代思想的影响，具有了新的世界观和价值观，不能再忍受清朝的腐败统治。在晚清，香港、广东、上海等沿海地区和海外，中国基督教徒已呈现网络状分布，通过与西方基督教世界的连接，他们中间正酝酿着一些新的思想和人群、改造社会和国家的力量，也酝酿着新世界各行业的领袖[4]。

梁启超在关于明清学术思想史的著作[5]中，对西学的影响和意义做了高度评价。但是，后来者在撰写中国近代史时，由于种种原因，对于晚清西方人士如何译介西学，将新的思想和观念传递给中国知识分子（口岸文人），并通过他们的笔影响到中国思想界，进而影响到中国历史，整体上的研究尚不足。比如，桑兵主编的近800页的巨著

[1]可参考周伟驰：《太平天国与启示录》，北京：中国社会科学出版社2013年版。

[2]李天纲编校：《万国公报文选》，上海：中西书局2012年版，第269—279页。

[3]梁寿华：《革命先驱：基督徒与晚清中国革命的起源》，香港：香港宣道出版社2007年版；李志刚：《洪秀全与孙中山对耶儒的认识》，载《基督教与中国近代文化》，香港：香港基督教文艺出版社2009年版；李志刚主编：《辛亥革命与香港基督教》，香港：香港基督教文艺出版社2009年版。

[4]罗元旭：《东成西就：七个华人基督教家族与中西交流百年》，北京：生活·读书·新知三联书店2014年版。讲述了上海互有姻亲关系的七大基督教家族的崛起历史。其实，在香港、广东、福建也有不少这样的基督教世家。

[5]梁启超：《论中国学术思想变迁之大势》，上海：上海古籍出版社2001年版，第135—136页；梁启超：《清代学术概论·儒家哲学》，天津：天津古籍出版社2003年版，第85—87页；梁启超：《中国近三百年学术史》，天津：天津古籍出版社2003年版，第30—31页。

《近代中国的知识与制度转型》[1]，就很少谈到晚清译述带来的知识变化，而直接从日本的影响开始。相比之下，《剑桥中国晚清史》[2]，则用了《1900年以前的基督教传教活动及其影响》一章专门讨论这种影响，显得比较平衡。

在资料上，与明清时期西学东渐重要文献逐渐得到系统出版[3]不同，晚清西学文献（包括宗教文献）一直没有得到系统整理出版，相关著作的出版只能比较孤立而零散地进行。比如，在人文社科书籍方面，上海书店出版社2002年“近代文献丛刊”出版过晚清几本产生过重要影响的西学书，如李提摩太译《泰西新史揽要》、花之安编著《自西徂东》、林乐知译《文学兴国策》、丁韪良译《万国公法》、傅兰雅译《佐治刍言》等。上海科学技术文献出版社2012年出版了《江南制造局译书丛编》，将当年江南制造局翻译馆的译著予以出版，除了工程类书籍外，还选了较有思想性的“政史类”书籍，收入《佐治刍言》《列国岁计政要》《西美战史》《俄国新志》《法国新志》《埏纮外乘》《四裔编年表》《各国交涉公法论》《各国交涉便法论》《公法总论》《美国宪法纂释》《欧

[1]桑兵主编：《近代中国的知识与制度转型》，北京：经济科学出版社2013年版。

[2]费正清编，刘广京译：《剑桥中国晚清史》，北京：中国社会科学出版社2006年版。

[3]最近代表为张西平等主编：《梵蒂冈图书馆藏明清中西文化交流史文献丛刊》（第一辑），河南：大象出版社2014年版。它基本涵盖了以往相关的出版物。另可参考钟鸣旦等编：《法国国家图书馆明清天主教文献》，台北：台北利氏学社2009年版；周岩编校：《明末清初天主教史文献新编》，北京：国家图书馆出版社2013年版。黄兴涛、王国荣编：《明清之际西学文本》，北京：中华书局2013年版。

洲东方交涉记》《英俄印度交涉书》《东方时局论略》等。2014年，上海书店出版社影印出版了全套《万国公报》，在清晰度上超过了当年曾普惠于学界的台版《万国公报》。在宗教类书籍方面，最近几年，上海大学陶飞亚教授对近代基督教（包括新教）文献的总量和馆藏情况做了一个系统摸底，取得了很大成就，可以作为以后出版的一个路线图。在港台，一些新教传教士的著作开始得到搜集、整理和出版，郭士立、丁韪良、米怜、宾为霖、理雅各、杨格非等人的中文著作选集开始出现[1]。

不过，跟晚清西学的总量相比，这只是沧海一粟。仅仅由广学会出版的著作，当年数千卷著作中，今日有机会重出的也是寥寥无几。

我们出版这套"晚清西学"丛书，是希望能搜集、整理出一些具有代表性的晚清西学译撰著作，填空补缺，为还原晚清思想的全貌做一些添砖加瓦的工作。我们希望能促进对晚清西学的研究和重新评估，将之作为明末清初至今完整的"西学东渐"上的重要一环，予以独立的突显。

三、广东在晚清西学东渐中的地位

鸦片战争之前，广州是清朝对外开放的唯一港口，也因此是西学东渐的唯一口岸。以新教传教士为代表的具

---

[1]周联华主持，曾庆豹、吴昶兴主编的"汉语基督教经典文库集成"系列，在香港橄榄出版有限公司出版，已出版的晚清传教士文献有黎子鹏编注：《晚清基督教叙事文学选粹》（2012年）、《赎罪之道传：郭实猎基督教小说集》（2013年）、《天道溯源：丁韪良基督教作品选粹》（2013年）。

有现代知识的西方人士，都是先到广州[1]，如马礼逊、裨治文、卫三畏等人；鸦片战争后，香港被割让，上海、厦门、福州、宁波开放后，西方人士才逐渐分头奔向这些沿海城市。在很长一个时期内，广州在西学东渐中占有优势，但后来逐渐被上海赶超。关于广州为何被上海赶超[2]，以及何时被上海超过，曾经有过讨论。一个主要的可能原因是，鸦片战争后，按《南京条约》的规定广州应对英国人开放，但广州人抗拒，前前后后拖了十五年[3]，正是在这一时期，一些西方人士开始从广州迁往上海，广州西学人才外流。虽然如此，广州也仍旧是近代文化中一个极其重要的中心点。广东人容易接受新的生活方式和思想观念。反观一下中国近现代史就能知道，从太平天国起，“南风北吹”跟“西学东渐”几乎是同步的。这种态势甚至持续到改革开放的今天。

在近代报刊创办上，广州领先一步。广州原为清朝唯一通商口岸，早期来华西方人士为让西方人了解中国而创办了一些英文期刊，同时又创办了一些中文报刊，一是为了向中国人传教，二是为了让中国人了解西方，促进文化交流，增加西方文明对中国人的影响。中文报刊中，较为

[1]梁碧莹教授介绍了跟广州关系密切的20多位美国人，其中有一小半是传教士。参考梁碧莹：《美国人在广州：1784—1912》，广州：广东人民出版社2014年版。雷雨田主编：《近代来粤传教士评传》，上海：上海百家出版社2004年版。晚清来华传教士介绍了马礼逊、郭士立、米怜、麦都思、裨治文、卫三畏、伯驾、嘉约翰、罗孝全、理雅各、合信、明稽章。

[2]熊月之：《西学东渐与晚清社会》，北京：中国人民大学出版社2011年版，第167—168页。

[3]王毅：《皇家亚洲文会北中国支会研究》，上海：上海书店出版社2005年版，第4—5页。

连贯且有影响的，包括《东西洋考每月统记传》《察世俗每月统记传》《遐迩贯珍》，都是在广州、香港与南洋创办的。后来，上海和北京的发展速度超过广州，《六合丛谈》《格致汇编》《万国公报》均在上海创办，《中西闻见录》则在北京创办。维新时期京沪涌现了一些报刊，如《中外纪闻》《强学报》《时务报》等。同一时期在广州也有一些新的报刊，但是影响力主要在南方和南洋一带。

西方知识也以著作的形式在广东出现。1834年，西方人士在广州成立了“在华实用知识传播会”（Society for the Diffusion of Useful Knowledge in China），裨治文和郭士立（郭实腊）是其中主力。该会出版的著作包括：郭士立《大英国统志》（1834年）、郭士立《古今万国纲鉴录》（1838年）、《犹太国史》（1839年）、《贸易通志》（1840年）、《万国地理全集》（1838年）、郭士立主编《东西洋考每月统记传》（1837—1838年）、裨治文《美理哥合省国志略》（1838年）、罗伯聃《意拾喻言》（1838年）、裨治文《广东方言撮要》（*Chinese Chrestomathy in Canton Dialect*）[1]。1843—1860年之间，西方人士在广州出版的中文书刊，除了《圣经》、传教小册子、词典和年鉴外，还主要有裨治文《亚墨理格合众国志略》（1844年）、合信《天文略论》（1849年）、合信《全体新论》（1851年）、哈巴安德《耶稣教要理问答》（1851年）和《耶稣正教问答》（1852年）、合信《博物

[1]沈国威：《打造专业术语：以19世纪的英汉词典为中心》，载朗宓榭等著：《新词语新概念：西学译介与晚清汉语词汇之变迁》，济南：山东画报出版社2012年版，第299页。

新编》（1855年）、湛约翰《上帝总论》（1856年）、俾士《地理略论》（1859年）、纪好弼《醒世要言》（1859年）和《真教问答》（1859年）、嘉约翰《经验奇症略述》（1860年）等[1]。鸦片战争后，原在广州的一些西方人士逐渐转移到上海。1857年，裨治文、卫三畏、艾约瑟、雒魏林等18人决定成立“上海文理学会”，后来它成为皇家亚洲文会北中国支会[2]。上海的西方人士办报著书的越来越多，使上海成为传播西学的最大中心，但广东仍有叶纳清（1864年去世）、花之安（1839—1899）等人在从事译撰活动。花之安于1886年去上海，但其主要著作是在广东时完成的。

广州作为晚清最重要的西学中心之一，其西学传播从来就没有停止过。上文显示，在广州及广东的西学著作以宗教类和医学类为突出，马礼逊、梁发、合信、嘉约翰都是显著者。一些用粤语翻译的文学著作，如《天路历程》、《人灵战纪》、《辜苏历程》（即《鲁滨孙漂流记》），在粤语文学中有一席之地，可视为《虾球传》的先驱。即便在近代国际公法方面，也是广州的伯驾节译瓦泰尔《国际法》在前[3]，丁韪良翻译惠顿《万国公法》在后。

由于开放最早，广东得风气之先，其西学视野领先内地一步，不少广东人从事西学的介绍或引进。如鸦片战

[1]熊月之：《西学东渐与晚清社会》，北京：中国人民大学出版社2011年版，第129—130页。

[2]王毅：《皇家亚洲文会北中国支会研究》，上海：上海书店出版社2005年版，第11—13页。

[3]谭树林：《美国传教士伯驾在华活动研究：1834—1857》，北京：群言出版社2010年版，第179页。

争前，对西方最了解的中国人是梁廷楠，他著有《海国四说》《夷氛纪闻》等。跟随马礼逊和米怜学习的梁发，其《劝世良言》直接影响了太平天国运动。洪仁玕在香港与传教士韩山文、理雅各等人交往，阅读他们出版的中文著作，使他能够写出中国近代第一个现代化纲领《资政新篇》。再如跟德国人关系密切的东莞世族王家，第一代王元琛是郭士立的弟子，王元琛之子王炳耀和王炳堃跟叶纳清、花之安等人有师承关系，交往密切，王炳耀与孙中山也有深厚友情，其子王宠惠后来成为民国外交部长和总理，他们都有西学著译问世。再如南海人何进善（福堂），他是理雅各在马六甲任教于英华书院时的学生，著有宗教书多部，其子何启是维新派思想家，女婿伍廷芳曾任清廷驻美公使和民国外交总长。像王元琛、何进善这样的世家尚有不少。至于郑观应、康有为、梁启超、黄遵宪等思想家，张荫桓、何如璋等具有新思想的官员就不多说了。甚至康有为的弟子、创办孔教会的高要人陈焕章，也到美国拿了一个博士学位（1911年），其英文著作《孔门理财学》还被马克斯·韦伯引用过。其对儒教的认识已经是在全球化的视野中，含有与西学比较的问题意识，跟传统的儒家大为不同。广东人久在西学熏染中，自觉不自觉地以西学促中学，以中学解西学，融会贯通，创立新学。康有为之参照基督教创立孔教就是一例。

四、编选说明

我们这套丛书，选取了晚清西学中较重要的一部分进行校注。在“西学”范围上，我们不做严格限定，而大致指跟泛称“西方”有关的知识和思想。在时间方面，我们所说的“晚清”，限定在1807—1911年之间，若有个别作品或作者实在重要而延伸至明末清初或民国，也可做灵活的处理。比如，某些译者或作者的选集文章发表时代横跨清朝、民国两个时期。在地域方面，凡是以汉文译撰的著作，不管它们是在南洋、港澳或内地产生的，都可以入选。在作者方面，不管是西方人还是中国人，是直接翻译还是借鉴后独创，都可以入选。由于是立足于广州和广东，我们会侧重广东的西学传统。

我们选书的考虑，大致有如下几个方面：

第一，对晚清思想界和社会产生过影响的西学著作，比如，影响过晚清经世派、洋务派、维新派、革命派甚至保守派的著作。产生影响的译撰著作不一定是在西方本身重要的著作，但在当时晚清的形势下，它们影响了很多中国人，甚至改变了中国的历史进程。如《佐治刍言》《泰西新史揽要》《百年一觉》《大同学》《中东战纪本末》《中西关系略论》《治心免病法》《西学略述》《列国变通兴盛记》《时事新论》《西学考略》《格物探原》等。

第二，有些书的影响较小或几乎没什么影响，但它们在西方本身有重要的历史地位，也有永久的价值，因此是值得重视的，如哲学名著培根的《格致新机》（即《新工具》）[1]，以及一些文学名著，如《天路历程》《鲁滨孙漂流记》等。这些名著在民国还有不同的译本，甚至直到

[1]邹振环：《影响中国近代社会的一百种译作》，北京：中国对外翻译出版公司1996年版，第80—87页。该书较详细地介绍了《谈天》《重学》《佐治刍言》《心灵学》《泰西新史揽要》《治心免病法》《文学兴国策》《百年一觉》等书。

今天还在产生新的译本。回过头去看晚清的译本，一些词语和概念的不同译法，显得别有一番风味。

第三，还有些是因为晚清译本提供了另一种翻译的可能性，具有语言考古价值。晚清译述出现在日语转译之前，译撰者尚未受到和制汉词的影响，而根据汉语自身的规则与历史进行翻译，因此为今日西学的翻译提供了另外的可能性。比如颜永京、丁韪良关于心理学的著译，艾约瑟、傅兰雅关于政治经济学的著译，里面很多关键词语的译法跟现代汉语译法（大部分为和制汉词）颇为不同，值得玩味。这就如同在文学上，新文化运动掀起白话文革命之初，涌现了很多种白话文的可能性，在今天语言越来越趋于统一和相同的情况下，回过头去考察白话文革命之初的种种表达方式，有可能敞开新的空间一样。在一种语言的构成中，词语是基本细胞，作为思想的直接现实，语言意味着思想的界限，重新审视汉语革命的历史，也就是对现代思想史的一种反省。近年来，学界对中国哲学史、思想史有过反思和争论，如现代中国人用“现代汉语”来研究中国古代“哲学”等，是否等于“汉话胡说”，是否在“以西解中”？对于近代以来学科的分类、变迁，基本词语和概念的巨大变革，我们可以借由对这些处于变革前夜的晚清西学译著典籍的“渐变”所进行的微观考察，来重新把握和理解现代中国人思维内容与方式变革的过程，也对诸如“自由”“哲学”这类重要译词是否能准确表达西文原词展开反思和探讨。与此相关，对于一些在和制汉词中传过程中起到了重要作用但今天很少被人提起的转译本，我们也会予以注意。比如王国维翻译桑木严翼的《哲学概论》、元良勇次郎的《心理学》及《伦理学》等等，就既对王国维本人的思想发展起过作用[1]，也对哲学类和制汉词进入中文世界有所影响。在译述和转译之间，相对来说，我们会侧重于译述时期的译撰著作。

第四，虽然我们所理解的“西学”是广义的西学，但由于出版数量有限，我们会侧重于考虑各领域的代表作。比如天文学，晚清相关著译是相当多的，我们可能只选最早也最具代表性的伟烈亚力和李善兰译述本《谈天》，以及他们两人译述的《几何原本》和《代数学》，艾约瑟和李善兰译述的《重学》，合信编译的《博物新编》。当时有开创性的植物学、动物学等自然科学著译也将酌情选入，当然，如果今天其他出版社已有出版，我们会尽量避免重复[2]。晚清历史、地理的著译相当多[3]，我们也只选有代表性的。在人文社会科学方面，可以考虑比较中英法律、详细介绍英美陪审团制度的哲美森《华英谳案定章考》，中国人介绍英法政治制度的刘启彤《英政概》《法政概》，徐建寅《德国议院章程》，李佳白比较各国政治制度的《列国政治异同考》，详细介绍美国宪法的林乐知《环游地球略述》，以及舒高第、郑昌棪译述的《美国宪法纂释》（1907年）等。在西方思想的译介上，虽然只是到了“转译时期”才大盛，但译述中也有不少，比如李提摩太和马林对社会主义的介绍，尤其是马林发表在《万国

[1]可参考佛雏：《王国维哲学译稿研究》，北京：社会科学文献出版社2006年版。

[2]韦廉臣、艾约瑟口译，李善兰笔述：《植物学》，上海：上海交通大学出版社2014年版。该书原于1858年由上海墨海书馆出版，拟定了许多专有名词，对后世有影响。该书此次是作为刘华杰主编的“博物学文化”丛书中的一本出版的。

[3]艾约瑟译的《希腊志略》《罗马校略》得到出版，参考陈德正、韩薛兵校注：《〈希腊志略〉〈罗马志略〉校注》，北京：商务印书馆2014年版。

公报》上含有基督教社会主义成分的关于地租、公正、平等的文章，对孙中山等人产生过影响。在宗教方面，宣教著作我们不会选，但比较有特色或者有历史价值，或者在今天仍有比较宗教、比较经学和比较神学意义的少量译撰著作，会适当选入。韦廉臣、艾约瑟对古埃及、波斯、希腊、罗马的宗教情况做了较多的介绍。在哲学思想等方面，艾约瑟、林乐知等人介绍了古希腊、古罗马和中世纪哲学，林乐知的包含十四本书的《自历明证》丛书，就详细介绍了基督教八大教父中的两位即奥古斯丁和金口约翰的生平与学说，以及日本明治维新时期同志社大学的创办人新岛襄的传记，其篇幅在中文世界里都是前无古人的。在文学方面，比如艾约瑟对弥尔顿、库柏诗歌的译介，都堪称最早。

第五，如前所说，广州在晚清西学东渐中有特殊地位，西学对广东敢为天下先的近现代文化有着潜移默化的影响，并随着广东人走向全国而在全国产生影响。我们将选择有广东特色的译撰著作，包括方言作品，以呈现一个鲜活的广东近代西学传统。

第六，虽然晚清西学著译不少，但我们侧重于以往不太受重视和整理的那些著作，而对于已得到很好整理、校注或市面上易得的著作，如严译、容闳的《西学东渐》等，则尽量避免重复，因此我们的选择含有一种“补遗”的意味，以呈现一个更丰富、更立体、更多面的历史。

五、致谢

在倪梁康教授的主持下，中山大学在2006年成立西学东渐文献馆，搜集、整理西学东渐文献与资料，并定期出版《西学东渐研究》，目前主要有法国籍的梅谦立教授做明清天主教文献研究，倪教授本人做唯识学和现象学的比较研究。我本科毕业于中山大学哲学系，中山大学是我的母校，我跟中山大学有特殊的情谊。近些年我在做晚清新教研究，涵盖的范围从太平天国到广学会和康有为、梁启超维新派之关系，正属于“晚清西学东渐”范围。因我父母在广东，每次我回家探亲，都会去看望在中山大学的师友，如哲学系的陈立胜老师和中文系的新进学者姚达兑。姚达兑是80后学者，他对近代西方文学的中译颇有研究，对出版晚清西学很有兴趣。2015年夏天，我与陈立胜老师拜见倪梁康教授，谈起西学东渐，说起我和姚达兑约了几个海内外同人想做晚清西学校注，只是出版资金一时遇到困难。倪教授听闻后，觉得此事有益于西学东渐研究，也有益于社会和学界，乐意促进此事，于是决定将这套丛书置于西学东渐文献馆的项目当中，通过广州市人文社会科学重点研究基地“广州与中外文化交流研究中心”及广州市科创委“西学东渐与广州21世纪海上丝绸之路”专项基金的经费予以资助。我们决心放眼长远，编出一套有参考价值的丛书。

晚清西学的校注与普通古籍的校注尚有不同，在文言之外，尚有外语（英法德日）及西学知识的问题，校注起来有额外的难度，相关人员寻找起来非常不容易。为找到这套丛书每本书的校注者，姚达兑和我可没有少在网上和微信上讨论。最后，对丛书第一辑的校注，我们找到了几位学贯中西、学养上佳的年轻学者，他们都是海内外名校毕业的博士，有的长期从事中西文化比较的工作，堪称

“合适的人做合适的事”。

此项计划的完成，有赖于一些机构和个人的帮助。尤其是以下机构：中山大学西学东渐文献馆、广州与中外文化交流研究中心、“十三五”国家重点图书出版规划、国家出版基金和“西学东渐与广州21世纪海上丝绸之路”专项基金；以下个人：中山大学哲学系教授倪梁康，南方日报出版社编辑黎衡，以及加盟本项目校注工作的学者肖清和、马永康、赵璐、张洪彬、李彬、王雨、龚昊、孙若圣、韩晓、葛小辉、窦新光、杨汤琛、叶杨曦和陈思行等。姚达兑在联系校注者和出版社方面付出了大量劳动，很多实际的工作也是他在做，在此我要特别感谢他。希望我们的丛书能够有益于读者与学术界，越做越好。

2017年6月26日

《联邦志略》导读

李彬

本书的原主编乃裨治文（Elijah Coleman Bridgman），近代早期第一位来华美国传教士。裨治文1829年登船来粤，在粤港澳一带活动约17年，1847年转向上海，在宗教和世俗活动中都给中外留下重要影响。其对华文化影响最重要的，除了传教，当属其编著的中文论著。其中《美理哥合省国志略》及其之后的修订版，对近代中国的世界观产生了重要影响。

一、中美合璧

裨治文及其中文助手的生平及思想，是理解和研究其论著的重要前提。目前有关裨治文的生平活动研究最全面的，当属美国学者雷孜智（Michael C. Lazich）。雷孜智以美部会裨治文的传教档案、美国外交部档案、《中国丛报》（Chinese Repository）等原始文献为基础，广泛征引他人相关论著，写成博士论文*E.C.Bridgman*（*1801—1861*），*American's First Missionary to China*（《美国第一位来华传教士裨治文（1801—1861）》），对其生平和思想做出了许多平实可信之论。该书后被引进国内并由尹文涓翻译，成为研究裨治文和早期来华基督教史等方面的重要著作[1]。

综合雷孜智等人的记述，裨治文的一生大致分为三个时期。第一个时期是美国时期，时间约为1801—1829

---

[1]Michael C. Lazich, *E. C. Bridgman*（*1801—1861*），American's First Missionary to China, New York: the Edwin Mellen Press, 2000. 雷孜智著，尹文涓译：《千禧年的感召——美国第一位来华新教传教士裨治文传》，桂林：广西师范大学出版社2008年版。

年，涵盖了他出生、受洗、求学、立志等关键转折，以其1829年离美来华传教为分界线。他于1801年4月22日生于美国马萨诸塞州（State of Massachusetts）贝尔彻城（Belchertown），1812年11岁受洗成为公理会教徒，1822—1826年在艾默斯特学院（Amherst College）求学，1826—1829年在安多弗神学院（Andover Theological Seminary）求学，其间立志传教，受“千禧年”思想影响很大。1829年9月裨治文被按立为牧师，接受美部会入华传教的计划，1829年10月14日登上奥利分公司的“罗马”号（Rome），经过126天的颠簸，1830年2月19日抵达广州，从此就与中国结下不解之缘。

第二个时期是广州时期（1830—1847年）。裨治文为传教所需，暗地里积极学习粤语，仔细观察中外群体，研究中国传统历史文化，努力传教，创办“在华基督协会”（Christian Union in China）、“马礼逊教育会”（The Morrison Education Society）、“中国益智会”（The Society for the Diffusion of Useful Knowledge in China）、“中国医务传道会”(Medical Missionary Society in China)等会团，兴办教会教育，宣传欧美科技文化知识。裨治文创办《中国丛报》，广泛搜集中国的历史时政信息，是鸦片战争前欧美获取清朝情报的重要渠道。裨治文自己在该报广泛论述中国历史、人物、地理、政治、文化等，向欧美大力揭露中国的陋俗，批评中国的政治专制、教育落后、清政府的夜郎自大等社会阴暗面。

在长期学习了解“中学”的基础上，裨治文于1836年开始编著《美理哥合省国志略》，1837年写完，1838年（道光十八年）在新加坡刊刻，带入广州，后被林则徐、魏源、徐继畬等人重视，成为鸦片战争前后中国人认识美国的窗口。

鸦片战争前后，裨治文强烈批判鸦片贸易和鸦片战争，但是支持打破中国闭关锁国的体制。鸦片战争后，裨治文1844年在香港出版《亚墨理格合众国志略》，修订了《美理哥合省国志略》。1844年他还充当美国顾盛使团成员，参与签订中美不平等条约《望厦条约》，迫使清政府允许基督教在通商口岸设堂传教。

1847年，裨治文受邀前往上海进行《圣经》汉译工作，之后便以上海为中心进行活动。1847—1861年，是裨治文的上海时期。其间，他除了参与《圣经》汉译活动，建立上海传教站外，1854年还曾跟随美国驻华公使麦莲（Robert McLane）前往南京探测太平天国虚实。在第二次鸦片战争期间，裨治文又重新修订了《美理哥合省国志略》，定名为《大美联邦志略》。1861年，裨治文得了严重的痢疾，11月2日在上海去世[1]。

有关裨治文之死，目前研究的不多。笔者通过比对中外材料，发现裨治文之所以会死于痢疾，与咸同之交江南大瘟疫有密切关系。1861年夏，江浙皖赣鄂等长江中下游流域发生罕见的大瘟疫，疟疾、霍乱、痢疾等肆虐。上海既是中外避难中心，也是重要疫区，导致众多中外人士染

---

[1]以上有关裨治文三个时期的具体生平活动，可参见雷孜智著的裨治文传记英文本或尹文涓中译本。

疫病亡[1]。裨治文身体原本虚弱，长期处于亚健康状态，在1861年9月感染了痢疾。而患病后的裨治文，先是节食治疗，后10月采用乘船旅行的老方法，逆流长江游汉口，再次穿越瘟疫仍在肆虐的皖赣湘鄂沿江战区，如此实不利于及时医治和恢复。果不其然，裨治文旅游后病情恶化，高烧不久即去世[2]。没有大瘟疫，裨治文或许还能多活几年。再则若他染病后，不去颠簸乱跑，而是安心养病，或者南下粤港澳，远离疫区，静心医治，是有可能康复的。从此处可以看出，裨治文虽然当初与伯驾等人一同创立了“中国医务传道会”，但是在医疗养生方面仍是外行。

裨治文去世后，其夫人伊莉莎（Eliza J. Gillett. Bridgman）根据其日记和各种教会档案，在美出版了《裨治文的生平与事业》（*The Life and Labors of Elijah Coleman Bridgman*），宣扬了裨治文的传教世俗功绩[3]。而后裨治文夫人再次返华，继承裨治文的遗志，从事教会教育，转往北京创立近现代著名的贝满女校，继续裨治文的教育事业，直到1871年去世，成为近代的女教育家[4]。裨治文夫

[1]有关咸同之交的江南大瘟疫，可参见谢高潮：《浅谈同治初年苏浙皖的疫灾》，《历史教学问题》，1996年第2期。余新忠：《咸同之际江南瘟疫谭略——兼论战争与瘟疫之关系》，《近代史研究》，2002年第5期。刘案冰：《近代上海城市卫生管理初探》，《史林》，2006年第2期。据湘军首领曾国藩1861年夏秋书信可知，当时的苏浙皖等地区入冬之后瘟疫仍然没有大退。1861年10月，阴历则在八九月之间，即1861年夏末秋初，仍处在疫区瘟疫肆虐时期，裨治文此时逆游长江疗养乃是下策。

[2]雷孜智著，尹文涓译：《千禧年的感召——美国第一位来华新教传教士裨治文传》，桂林：广西师范大学出版社2008年版，第328—330页。

[3]Eliza J. Gillett. Bridgman, *The Life and Labors of Elijah Coleman Bridgman*, New York: Anson D. F. Randolph, 1864.

[4]左芙蓉著：《基督教与近代北京社会》，成都：巴蜀书社2009年版，第55页。

人的北京时期，可以算作裨治文事业的延续，是裨治文家族在华的第四个时期。

裨治文中文功底并非深厚，在编著三版美国史地著作时，必须有华人助手方可顺利完成。目前所知道的是，裨治文编著《美理哥合省国志略》的华人助手就有梁植。编著《亚墨理格合众国志略》的华人助手，尚且不知。而编著《大美联邦志略》的华人助手就有梁植、管嗣复、宋小宋。

据《大美联邦志略·跋》，梁植是裨治文在广州招收的几个“华童”之一，家乡乃是广东端溪。端溪乃位于清代广东高要县，是名砚的产地[1]。尹文涓认为所谓的梁植，乃是梁发的儿子梁进德，而宋小宋可能就是管嗣复[2]。但此说证据不足。梁发乃是广东高明县人，梁进德既为梁发儿子，二者原籍应为同一[3]。此是一疑，但也不排除梁进德再用化名假籍的可能。再者据麦沾恩所记，梁进德1820年生于广东高明县，1857—1862年供职于潮州海关近5年，直到1862年因病辞职，42岁返回广东番禺故居闲居辞世[4]。换句话说，1857—1862年间，梁进德主要活动在潮州，而不是在上海。《大美联邦志略》最迟于1860年开编，1861年夏成书于上海。同一个人，在同一时间内

[1]不著绘制人名氏著：《高要县图》，宣统年广东参谋处测绘刊本，台北：成文出版社1968年影印版，第39页。刘演良：《端溪砚三大名坑概述》，《收藏》，2010年第9期。

[2]尹文涓：《裨治文笔下的美国形象》，《国际汉学》，2003年第1期。

[3]麦沾恩：《梁发——中华最早的宣教师》，香港：辅仁出版社1933年版，第11、25页。黎尚健：《梁发籍贯考》，《广东教育学院学报》，2000年第5期。因父亲的宗教背景，梁进德为避祸，常用化名假籍，比如在为林则徐服务时就曾用假籍贯“番禺县新草村”。

[4]麦沾恩著，胡簪云译：《中华最早的布道者梁发》（第二十章），《近代史资料》，1979年第2期，第157、218页。

不会身处两地，但不排除中间梁进德到沪修书的可能。故梁进德是否参与《大美联邦志略》的编写仍是疑问。至于宋小宋，通过比对来看宋小宋和管嗣复不是同一个人。既然宋小宋能在辛酉夏季作《跋》，说明其人在1861年夏季还活着。据王韬所知，管嗣复虽曾短暂为裨治文服务，使得《大美联邦志略》增色不少，但是洞悉裨治文“借孔入耶”的心思后，1859年毅然辞职，1860年忧贫而逝[1]。所以，1861年的管嗣复已经“亡者不复”，绝对不会是还活着的宋小宋。宋小宋乃是另有其人，较通英文。

正如姚达兑先生所言：没有这些华人助手帮助，大多数汉语基督教文献是完不成的，在完成作品的过程中，华人编译者甚至起到决定性的作用，在讨论原作者的同时，也要尊重华人助手的贡献[2]。总之，裨治文在早期美国史地论著的编译中为发起人、主编者，而华人编译者则起到不可替代的辅助作用，在文法修辞等方面应为主要贡献人。《美理哥合省国志略》等是中美合璧的产物。

二、成书因缘

《美理哥合省国志略》等的版本不一，国内学界说法不同。言者虽多，但是真正见到全部版本的毕竟是少数。目前窃以为张施娟的梳理，较为合理。从内容上来看，笔者认同张施娟的看法，裨治文主编美国史地著作先后有三

[1]王韬著，方行、沈志钧校注：《王韬日记》，北京：中华书局1987年版，第92页。王韬著：《瀛壖杂志 瓮牖余谈》，长沙：岳麓书社1988年版，第152页。

[2]姚达兑：《晚清传教士中国助手的身份认同问题——以王韬、管嗣复、蒋敦复为中心》，《中国现代文学研究丛刊》，2014年第11期。

个版本：1838年新加坡坚夏版《美理哥合省国志略》、1844年香港版《亚墨理格合众国志略》和1861年上海版《大美联邦志略》。但从完整版式来看，除了《海国图志》《小方壶斋舆地丛钞》等“辑录”，还有日本江左老皂馆藏版《联邦志略》，共计四版。日本版是以1861年上海版为底版，加以修剪而成，但是体例、编排、内容等方面与上海版基本相同。在海外收藏的版本中，以新加坡版和上海版差异最显著，风格变化最大，保存得最完整。而《亚墨理格合众国志略》则残缺不全，在刊刻中又称之为《亚墨理格洲合省国志略》。笔者所见该残卷，只包括上卷之二十七卷，可对较首版。将来如果发现全本，则须另加补全。故综合哈佛燕京图书馆和澳大利亚国家图书馆所藏缩微胶卷F34、F35、F36、F37等资料，将《美理哥合省国志略》《亚墨理格合众国志略》《大美联邦志略》校注而出，尽可能完整呈献给学界公众。

在鸦片战争前，国人对海外的知识，多从谬误颇多的古书和商人游记中获得，除了明末清初耶稣会传教士曾编书简介外，没有一个外国人有能力编写完备的中文海外国志。裨治文是极少数敢于吃螃蟹的人之一，开创了文化交流的新局面。

裨治文为何编写和几次修改《美理哥合省国志略》？对于第一次编著缘由，裨治文在《美理哥合省国志略》序言中讲：“惟合省地舆土产、人物规条，一切国中事物，尚未领悉于胸中。故予不揣庸愚，略为详说。”[1]纵观全书，可以发现裨治文这一点是成立的。裨治文以正面积极

[1]裨治文：《美理哥合省国志略》，新加坡：坚夏书院1838年版，序。

介绍美国史地为基调，目的在于让中国人了解美国，尽可能使中国人改变对美国人的无知和负面印象，树立正面积极的印象。《美理哥合省国志略》也因此成为继郭士立[1]第一部完整中文史地著作《大英国统志》后，第二部完整中文外国史地著作，更是第一部由美国人主编的完整中文史地著作，在文化交流方面具有重要开创意义[2]。

还有两点，裨治文在原著中并没有明说，现已为学人所证实。裨治文编修该三版论著，都有宗教目的和个人需求。裨治文以传教为主任，一生的活动主观上基本上是为传教服务，编修《美理哥合省国志略》也不例外。裨治文传教的策略乃是"借孔入耶"，尽管心里始终坚持认为基督教远高于儒教，但是为了减少国人的反感，防止"扯碎而掷投"，只是公开说"圣教"同儒教都是劝善主正的，希望以此暗中宣教。此外编写《美理哥合省国志略》，还出于他锻炼中文的需要[3]。

限于资料，尚且不知裨治文编修《亚墨理格洲合省国志略》的具体原因，但可以看出文字编排上比以前有进步。对于编修《大美联邦志略》，裨治文自称："海内诸君谬加许可……今垂二十余年，原板散失，杳不可寻。予

[1]吴义雄著：《在宗教与世俗之间——基督教新教传教士在华南沿海的早期活动研究》，广州：广东教育出版社2000年版，第89—101页。郭士立（Karl Friedlich Gutzlaff，1803—1851），又称郭实腊，早期来华德国新教传教士，在华期间除了传教和筹办中文报刊外，还7次到中国东南沿海航行，更参与鸦片贩卖和鸦片战争前后的翻译工作，是列强侵华的帮凶之一。

[2]吉田寅：《十九世紀中国·日本における海外事情摂取の諸資料：「聯邦志略」「地理全志」「大英国志」 の資料的考察》，立正大学東洋史研究室资料Ⅵ，东京：立正大学東洋史研究室1995年版。

[3]雷孜智著，尹文涓译：《千禧年的感召——美国第一位来华新教传教士裨治文传》，桂林：广西师范大学出版社2008年版，第125页。

又迁居沪上，索书者踵接于门，惧无以应其请也，因不得已复搜初稿，与华友宋君重加删改，并创为汉字地球等图。”[1]可见，裨治文因书出名，求者日众，成为其修书再版的动力之一。不过除此之外，新版更加凸显了裨治文的文化优越心态和扬教传教的目的。新版第十四章《教化说源》增加了宗教内容，更公开宣称基督教乃是“诸教中之至古至善至正者”，且“创造万有，无所不能，周天极地，无所不在，万民为其化育，万国为其包罗，乃万主之大主也”。其宗教坚定和狂热可见一斑，颇有扬眉吐气之感。《美理哥合省国志略》“借孔入耶”的扭捏心态，在新版中一扫而光，难怪引起了管嗣复等儒士的愤怒，但更真实地反映了裨治文的文化态度。新版的话语，更符合第二次鸦片战争中美国来华传教士的真实心态和面目。

目睹鸦片战争后逐渐衰微的清王朝和日益崛起的美国联邦之后，裨治文少了一些最初的谦虚谨慎，多了几分势力者的自傲轻狂。他在新版中，粉饰歌颂美国当局以暴力欺诈等手段进行的开疆扩土和商贸，还时不时地感叹一番，赞扬美国的科技“无以复加”，人口土地财富扩大“何兴之勃”，简直一副“爱国者”的模样。

新版的改动较大，一方面因为作者的心态发生转变，另一方面美国的现实已发生了巨大变化，今非昔比，有必要增扩“新光彩”，剪掉以前的“旧谦虚”。

---

[1]裨治文撰：《大美联邦志略·重刻联邦志略序》，清咸丰十一年（1861年）墨海书馆活字版。

三、内延外流

“The United States of America”今汉译全名为“美利坚合众国”，简称“美国”，现辖50州和1个直辖特区。目前笔者所见，“美利坚合众国”之名最早出自来华传教士林乐知之口。1875年，林乐知、郑昌棪在翻译英人编辑《列国岁计政要》中的美国篇时，没有完全因袭裨治文的知识体系，而是自行口译，将美国译成“美利坚国”或“美利坚合众民主国”，与当代的汉译基本一致[1]。“美国”汉名的形成，是历史演变的结果。美国1776年建国，而中美最早通商则始于1784年。广东民众依照国旗特点，称“美国”为“花旗国”。“花旗国”是目前中国对“美国”国名的最早形象称呼。但是至于其早期汉译国名，则说法不一，有“呵嘪哩噶”“咩哩干国”等不同[2]。这种汉名后来再也没有流传使用。而裨治文创造“美理哥合省国”或“大美联邦”汉名后，带有褒义的“美”字被“Americans”（今译“美国人”）接受传承，逐渐演变成近现代国人所熟知的“美国”。

所以，研究三个版本的知识源流与影响，需要从前后左右多角度出发，方可获得更加完整的认识。《美理哥合省国志略》等之所以会在中美文化中产生重要的影响，源于该书的诸多特色。

---

[1]麦丁富得力编纂，林乐知口译，郑昌棪笔述：《列国岁计政要》，江南制造局同治十三年（1874年）刻本，第1—24页。

[2]许地山编纂：《达衷集》，台北：文海出版社1974年版，第169—170页。谢清高口述，杨炳南笔录，安京校释：《海录校释》，北京：商务印书馆2002年版，第264—272页。

首先，旧瓶装新酒。旧的方面：①前后版本所采用的体例和叙述架构，都是国人所熟知的以文言文为主的“志”和“章”。②三个版本的时间架构采用的是明清皇帝纪年，而非公元纪年，照顾了当时国人的时间观念。③前两个版本中有关美国的政府机关、官职、制度，基本上是比附明清职官制度的。④《美理哥合省国志略》在论述美国各州情况时，比附比较清朝的省制。⑤《美理哥合省国志略》述及美国的民族成分时，将印第安人比附成清朝眼中的“苗人”。⑥三个版本的计量单位，尽量比较清朝所熟知的丈尺等。⑦三个版本对国人已知的国名或地名，基本原样保留，比如“英吉利”“朝鲜”“日本”“暹罗”等，没有再画蛇添足去音译。⑧《美理哥合省国志略》尽管“借孔入耶”，但在价值判断方面，除了少部分有关宗教方面的价值叙述略显突兀，总体上还是不与儒家冲突，且多以儒家道德价值评判原则或相近理念起兴比附。可见如此编排，不可不谓煞费苦心。因此，让清朝士绅去读前后版本，尽管有少量不适，仍然能够基本读懂，开拓新知。尤其是到了之后的《大美联邦志略》，读者会发现编著者在继承体例、纪年、计量、国名等骨架后，增加了断句和修辞，鲜活光彩，不少章节的文采不输清代游记。前后版本熟练运用中国传统叙述体例和知识形态，是其成功推销自己，进入士绅眼界，打入中国知识圈，在晚清时期被阅读保留传承的重要原因。

新的方面，《美理哥合省国志略》是近代早期的文化革新，是美国汉学的重要知识源头。尽管首版用汉字，套旧体，但是其本质上还是新知识：①海外地理认识的革新。它首次相对完整地汉译了美国地理，诞生了一大批新地名。一些汉译地名如“纽约”“特拉华”等流传使用到现在。②海外历史知识的革新。它首次简练地介绍了美国的建国历史、制度文化与人物演变，介绍异国他乡的生活习惯。其中，它对美国开国元首“George Washington”的汉译“华盛顿”，流传至今。再者，它是第一本向中国读者呈现《独立宣言》完整大意的中文著作，也首次向国人呈现美国早期总统系谱。③宗教道德立场不同。它“借孔入耶”只不过是一时的权宜之计，本质上还是想宣扬基督教。④创作者的革新。《美理哥合省国志略》是第一部由美国人自己主编的完整中文美国史地著作，在近代地理书编写上是一件非常值得注意的亮点。

其次，平实又客观。《美理哥合省国志略》的语言总体上是平实严谨的，在美国地理的叙述上大体是客观的。当然由于《美理哥合省国志略》刻意照顾中国人的阅读习惯，削足适履，比附假设，存在不少错误。其中《美理哥合省国志略》将具有美国特色的政治制度，最先错误比附为清朝的地方制度，如将“州”比作“省”，而“州长”比作“督抚”等，但是实际上相差万里，未免似驴非马，很容易让人误解美国的政治制度。而前后版本有关种族主义、白人欺骗驱杀印第安人、黑奴贸易、国内政治腐败等等不光彩历史的隐瞒和歪曲，更是该书的死穴。这些基本硬伤，也成为首版被外国人批评和再次修纂的重要原因。裨治文并非没有看到这些问题，故在《大美联邦志略》中对部分问题进行了修改，如承认黑奴贸易的不人道性。

再次，扬弃后增新。《大美联邦志略》是对前两者的重要突破，最明显的就是增加了政治制度的详说和“邦”的数量及内容。《美理哥合省国志略》只简述了美国的20

个州。而《大美联邦志略》则扩大至34邦7部，共41个地区，对应美国当时31州7部。而在具体州的经纬地名河名山名人名方面，其详细和准确，更是前两版所不可比拟的。需要提醒读者的是，《大美联邦志略》所介绍的41个地区，不能全部用今日美国的州来对应，因为当时有些地方还没有建部升州，需要先阅读一些近代美国史地著作方能明白裨治文的本意和美国国土演变。

1861年版将“州”比作“邦”。“邦”相对于“省”，突出了地方的独立性，是《大美联邦志略》的突出进步。汉译国名“大美联邦”一词，相对“美理哥合省国”或“亚墨理格合众国”是质的飞跃。“大美联邦”创造性地体现了美国中央与地方的关系实质，精练而含褒义，被后世承继。“联邦”一词流传至今，是裨治文团队的重要文化创造。

日本学者谷口智子曾评论近代日本对美国“州”概念的认识要早于中国人，且中国人在清末民初借助日本人才搞清楚美国州制概念。笔者基本认同日本人最早创造“州”译字及清末民初中国人的美国州观受日本影响的说法，但不认同日本人早于中国人认清美国州制的说法。要知道前后版本都是最早在中国境内编纂，且都有华人参与，然后才辗转传入日本。在没有搜集更多史料的情况下，就表面上断言日本人对州的理解比中国人早[1]？前后版本本身其实对美国中央地方的政治制度早有介绍，而

[1]谷口智子：《美国State概念理解与译词“州”的成立：以联邦与State的关系为中心》，见《关西大学东西学术研究所纪要》，东京：关西大学东西学术研究所2011年版。

《大美联邦志略》则更为详细。参与编校的华人群体，难道连最起码的识读思辨能力都没有吗？单从《大美联邦志略》的成书时地就可看出中国人对美国“州实质”的接触实则早于日本人。最重要的是他忽视了华人助手和出国入美的工商群体。研究比较早晚问题，终究还是要落脚到具体的时空和个人，仅仅以几个中国人来代指所有中国人，多少以偏概全。晚清时期中国识字的人何其多，出国经商务工的何其多。数以千万的美国华工华商早在19世纪50年代，就已进入美国谋生赚钱，留下了不少观察思考，而日本则要晚一些。早期美国华侨的就近观察，就颇值得参考。对于近代中日理解美国历史文化的早晚、程度问题，还需要全面客观梳理。

而在文法修辞上，1861年版比以前改进不少，标题以二、四字为主，正文则以四、六字为主，多句读熟字，少长文生字。新版使用比喻、拟人等等，比以前生动流畅了不少。从形式与实质的关系来看，《大美联邦志略》用中国人的阅读思维习惯，向中国人传播美国历史地理知识，开启中国人认识美国的一个窗口，可谓“西体中用”之作。

《美理哥合省国志略》等著作的外在传播流变是构建近代中国海外知识体系的重要依托。前后版本与中国本土知识圈的衔接传承脉络，是另一大课题。前后版本的流变是跨国文化现象。三个版本的传播演变大略有以下六个途径，兹大略论之。

第一个途径，传教士的传播。裨治文编修《美理哥合省国志略》，在来华传教士圈子内是有名的事。卫三畏、林乐知、丁韪良等传教士对其都有所介绍[1]。

第二个途径，中美的外交。这呈现出“传教士—美国使臣—清朝官场”的传播特色。在华美国传教士和官员，利用中美外交的机会，向华人赠送相关版本。鸦片战争后，裨治文充当顾盛使团秘书兼翻译，使《美理哥合省国志略》中的新知识在官方得以传承。《望厦条约》所用的美国国名便是裨治文新修译的“合众国”，迫使清朝官员被动接受[2]。第二次鸦片战争中，卫三畏在天津谈判时将《大美联邦志略》赠予清朝。清朝使臣斌春能得知美国简况，就源自卫三畏的赠本。

第三个途径，中国知识圈的转引。这是其传播的主线，尤其是名人名著的辐射扩散效应更为重要。清代名著《海国图志》《瀛寰志略》《海国四说》《万国大地全图》《国朝柔远录》《朔方备乘》《小方壶斋舆地丛钞》等的转载，对于传承宣传《美理哥合省国志略》等起到了不可替代的作用。王韬、梁启超等名人的间接传播，亦不可忽视。毕竟前两版的数量是有限的，能够触知原本的清朝读书人更是少数。大部分国人主要通过这些“转引”，才得知前两版的相关内容。其他不太出名的人与著作，提到或转印的，则难以统计，不再赘述。

第四个途经，旅美国人的再输入。清代出使美国的使臣和旅美华工华商及留学生，值得重视。清代使臣如斌

---

[1]张施娟：《裨治文和他的〈美理哥合省国志略〉》，浙江大学博士学位论文，2005年，第103页。

[2]中美《望厦条约》，参见王铁崖编：《中外旧约章汇编》（第一册），北京：生活·读书·新知三联书店1957年版，第51—57页。《望厦条约》是1844年清政府与美国签订的不平等条约。该条约使美国攫取了协定关税权、领事裁判权、片面最惠国待遇等。

春、郭嵩焘、薛福成、张德彝、傅云龙等人，都曾研读过《美理哥合省国志略》等，事后的游记报告是对其的修正更新。不少入美工商学人，入美前也多将其当作旅游指南，提前参看，回国后则再创相关新词[1]。

第五个途经，中日书商的直接贩卖。据《申报》广告，19世纪80年代初，上海中日书商就曾售卖《联邦志略》，价格一至二元，可以使更多的国人读到[2]。

第六个途经，日本加工后的再输入。这对于清末民初的中国人之美国观具有重塑作用。日本得知《美理哥合省国志略》，最初是通过《海国图志》。而后日本人转入上海搜购《大美联邦志略》等史地书籍，带回国内转引削减，成为自编有关美国史地的核心知识源。如清季日人所著的《米利坚志》及日本对"State"出现"州"等新汉译，对清末民初知识界影响较大[3]。可见，在前后版本的流传和构建新知的过程中，美中日的互动是至关重要的。

目前，学界对类似《美理哥合省国志略》的海外汉籍的跨国流变研究，还远远不够。笔者粗略梳理，抛砖引玉，希望学界继续深究《美理哥合省国志略》或类似著作在中美日文化传承中的作用，深刻认识跨国文化的分合流变。

---

[1]参见钟叔河著：《走向世界——近代知识分子考察西方的历史》，北京：中华书局1985年版。

[2]《寄售初印旧书》，见上海《申报》社编：《申报》，上海：上海书店1882年版。《日本复又到旧医书杂书并极效膏丸》，见上海《申报》社编：《申报》，1885年版。上海《申报》社编：《申报》，上海：上海书店1985年影印版。

[3]参见王晓秋著：《近代中日文化交流史》，北京：中华书局1993年版。张施娟：《裨治文和他的〈美理哥合省国志略〉》，浙江大学博士学位论文，2005年。谷口智子：《美国State概念理解与译词"州"的成立：以联邦与State的关系为中心》，见《关西大学东西学术研究所纪要》，东京：关西大学东西学术研究所2011年版。

四、校注说明

《美理哥合省国志略》最先由刘路生先生校注而出，发表在《近代史资料》（第92号）上，为学界首次较为完整地呈现了《美理哥合省国志略》，为研究早期中外交流史做出了贡献。但是刘版缺了两章，其中也有少量缺漏错误。刘版的大部分失误，后被张施娟指出[1]。尽管如此，刘版贡献是主，瑕疵为次。随着时间的推移，资料的增加，有必要更加全面地呈现《美理哥合省国志略》。《亚墨理格合省国志略》上卷和《大美联邦志略》直到目前尚无点校本。在吸收前人成果的基础上，本书据哈佛等地所藏珍稀文献，将《美理哥合省国志略》《亚墨理格合省国志略》上卷和《大美联邦志略》进一步整理，以望全面呈给读者和学界。

在具体校注上，本书希望兼顾到文献原貌和校注的准确度。原版的不少图片较为模糊，用现代技术也很难提高多少清晰度，诚为憾事。但是图片对于史地著作非常重要，可谓历史地理的第二语言。裨治文刊印的图片，对帮助近代中国人直观认识美国历史地理具有不可替代的作用，在一定程度上也反映了近代中国印刷技术的进展。基于此，为便于全面研究，本书也将三版的目录和图片加以保留。其中为方便阅读，本书调整原文献中的错乱页，

[1]张施娟著：《裨治文与早期中美文化交流》，杭州：浙江大学出版社2010年版，第127—129页。需要指出的是，张对三版志略的梳理，也有一些失误。如她在新加坡版增补的“累斯安”“典尼西”和“建大基”三省内容中，第二处“棉子风柜”实无“棉子”二字，另将“参议”误看成“众议”。在上海版中，一些邦部并未变成今日的州，所以不能全部对应今日的州名，然则张全部对应以今日州名。

以符合原文逻辑顺序，以小型字号或括号编校原文中的小标题、“按语”及旁注。因《美理哥合省国志略》下帙不少章节缺少标题，不便阅读，故校者另加标题以显得更醒目。在详略上，本书较详注《大美联邦志略》和《美理哥合省国志略》，对《亚墨理格合省国志略》简注，因后者与《美理哥合省国志略》虽有字词小异，但内容基本相同。对校注内容，笔者则负有全部责任。为便于阅读和追溯研究，三版以倒序方式呈现。

在搜集和校注的过程中，特别要感谢姚达兑先生。姚先生不辞劳苦，慷慨地将搜集的文献缩微胶卷等供我观阅，匡我以不逮，其功大焉。感谢哈佛大学图书馆师友，为我搜寻资料，提供更全面的胶卷信息。感谢周伟驰、倪梁康先生，使拙作能够忝列晚清西学丛书。感谢吴义雄、陈喆教授和南方日报出版社刘志一、黎衡、郭海珊编辑等师友的帮助。尤其是编辑郭海珊女士不辞辛苦，娴熟精校，细致周到，惠我良多，在文字标点重新校对方面出力甚大。在研究上，感谢雷孜智、刘路生、张施娟、姚达兑等学者的先行研究，便利了笔者校注文献和继续研究。故而拙作的面世，非我之独功也，乃集体智慧和力量的结晶。但由于学识有限，疏漏在所难免，望学界批评指正，继续推动研究。

联邦志略

［美］裨治文　著
李彬　校注

禆治文（Elijah Coleman Bridgman，又称高理文）

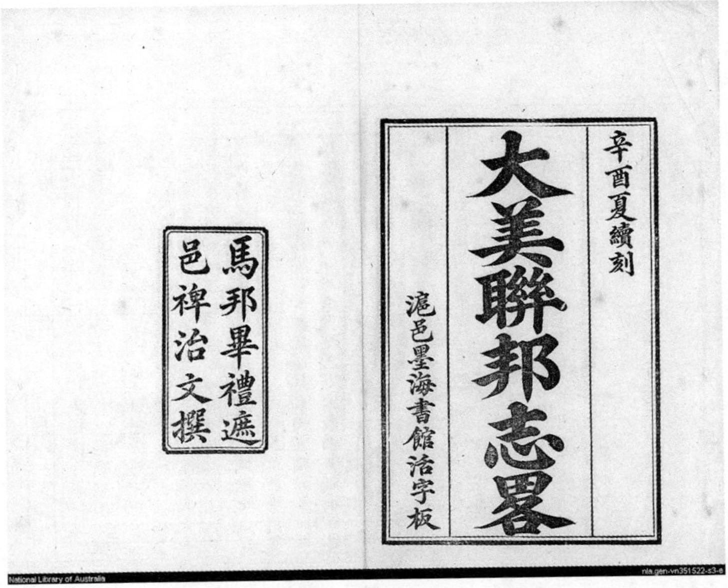
辛酉夏續刻

大美聯邦志畧

滬邑墨海書館活字板

馬邦畢禮遮邑裨治文撰

1861年上海墨海书馆版《大美联邦志略》

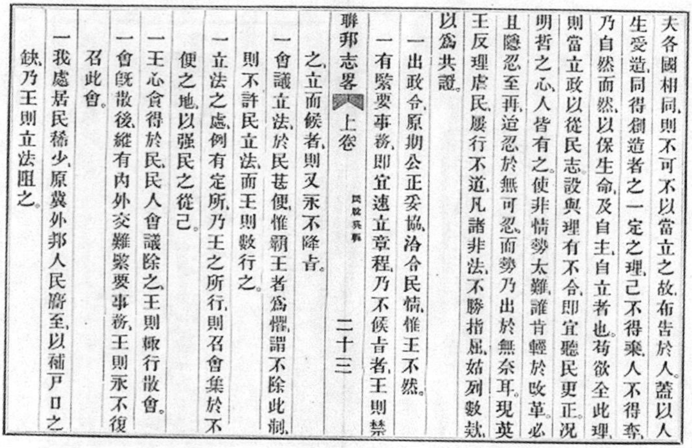

夫各國相同、則不可不以當立之故、布告於人。蓋以人生受造、同得創造者之一定之理、己不得棄、人不得奪、乃自然而然、以保生命、及自主、自立者也。苟欲全此理、則當立政以從民志。設與理有不合、即宜聽民更正。況明哲之心、人皆有之。使非情勢太難、誰肯輕於改革。必且隱忍至再、迨忍於無可忍。而勢乃出於無奈耳。現英王反理虐民、屢行不道、凡諸非法、不勝指屈、姑列數款、以爲共證。

一出政令、原期公正妥協、洽合民情、惟王不然。

一有緊要事務、即宜速立章程、乃不候旨者、王則禁

聯邦志畧 上卷 民政兵事 二十三

之、立而候者、則又永不降旨。

一會議立法、於民甚便、惟霸王者爲懼、謂不除此制、則不許民立法、而王則數行之。

一立法之處、例有定所、乃王之所行、則召會集於不便之地、以强民之從己。

一王心貪得於民、民人會議除之、王則輙行散會。

一會既散後、縱有內外交難緊要事務、王則永不復召此會。

一我處居民稀少、原冀外邦人民僑至、以補戶口之缺、乃王則立法阻之。

1861年上海墨海书馆版《大美联邦志略》

道光二十四年鐫

亞墨理格合衆國志略

上卷

香港藏板

1844年香港版《亚墨理格合众国志略》

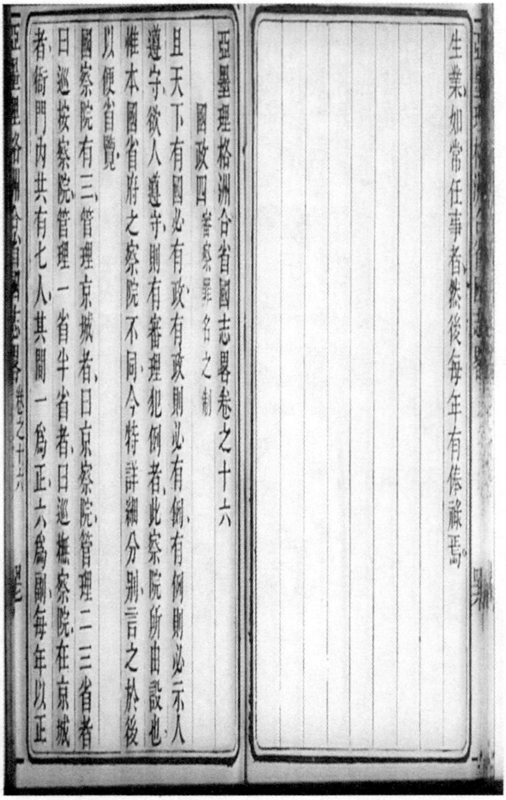
生業，如常任事者，然後每年有俸祿焉。

亞墨理格洲合省國志畧卷之十六
國政四 審察署名之制
且天下有國必有政，有政則必有例，有例則必示人
遵守，欲人遵守，則有審理犯例者，此察院所由設也。
惟本國省府之察院不同，今特詳細分別言之，於後
以便省覽。
國察院有三，管理京城者，曰京察院，管理二三省者，
曰巡按察院，管理一省半省者，曰巡撫察院，在京城
者，衙門內共有七人，其間一為正，六為副，每年以正

1844年香港版《亚墨理格合众国志略》

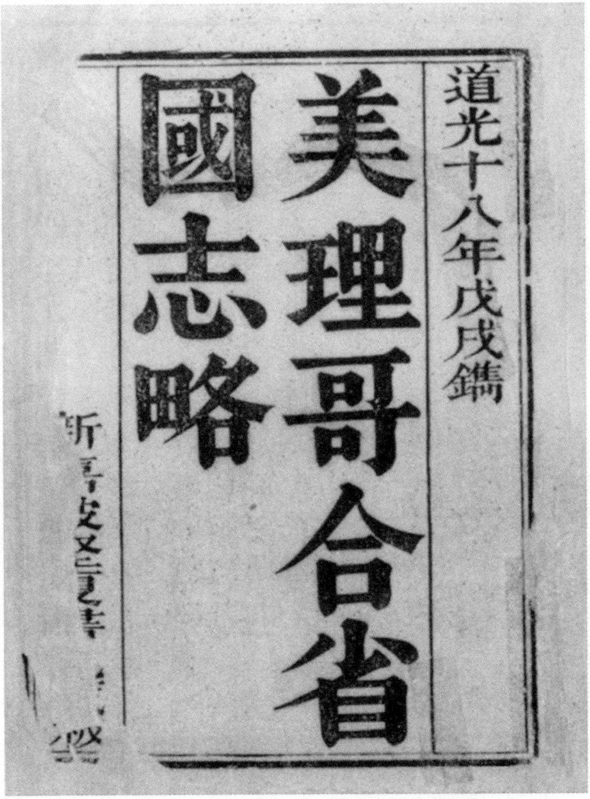
道光十八年戊戌鐫

美理哥合省國志略

1838年新加坡坚夏书院版《美理哥合省国志略》

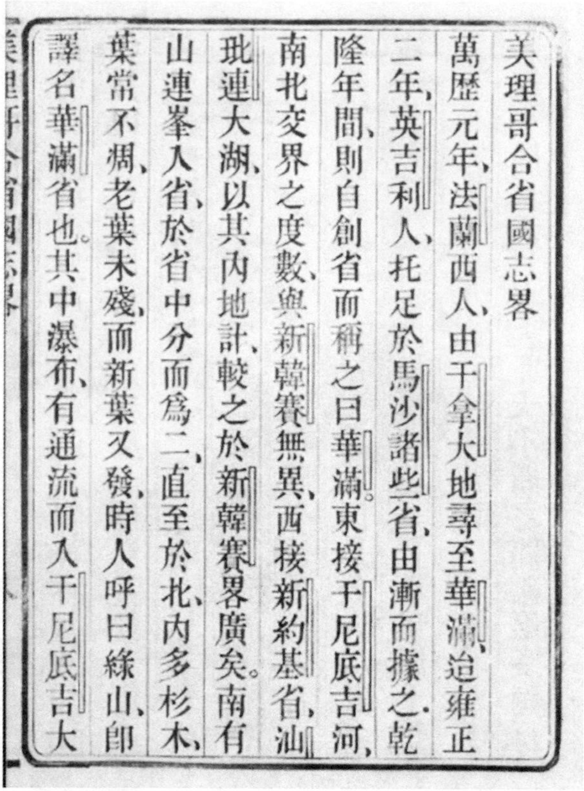
美理哥合省國志畧
萬歷元年、法蘭西人、由千拿大地尋至華滿、迨雍正
二年、英吉利人、托足於馬沙諸些省、由漸而據之。乾
隆年間、則自創省而稱之曰華滿。東接干尼底吉河、
南北交界之度數、與新韓賽無異、西接新約基省、汕
玭連大湖、以其內地計、較之於新韓賽畧廣矣。南有
山連峯入省、於省中分而爲二、直至於北、內多杉木、
葉常不凋、老葉未殘、而新葉又發、時人呼曰綠山、卽
譯名華滿省也。其中瀑布、有通流而入干尼底吉大

1838年新加坡坚夏书院版《美理哥合省国志略》

目　录

大美联邦志略

澳大利亚国家图书馆藏
1861 年上海墨海书馆版

重刻联邦志略叙

是书初稿，予向于粤东成之，旋经付之剞劂[1]，祸枣灾梨[2]，情知不免。乃海内诸君谬加许可，如《海国图志》《瀛寰志略》及《大地全图》[3]等书，均蒙采入。又有日本人以其国语译者。一追忆之，殊觉汗颜。今垂二十余年，原板散失，杳不可寻。予又迁居沪上，索书者踵接于门，惧无以应其请也，因不得已复搜初稿，与华友宋君重加删改，并创为汉字地球等图。

书成，予窃羞之。夫联邦地辟千万余里，其间人民政事，书不胜书，岂此区区所能详尽？而况民有争心，今非昔比，予犹忧之，乃书未竣事，而争端已成。自维乏匡解之策，不能排难解纷，顾犹觍然[4]，为是书也，则诚可羞也。然而予又自喜矣。联邦立国，去中华极远，一海

[1]剞劂，意为刊刻。

[2]祸枣灾梨，用枣木或梨木刻的书，喻指滥刻无用之书。裨治文自谦之语。

[3]《海国图志》，乃清朝人魏源编纂的海外史地丛书，对近代中国人开眼看世界以及日本的明治维新运动起到重要作用。《瀛寰志略》，是清朝人徐继畬编纂的早期世界史地著作，介绍了当时世界各大洲和国家的简要情况，对近代早期的思想启蒙起到了重要作用。《大地全书》，全称为《万国大地全图》，乃清朝人叶子佩（字圭绶）于道光二十五年（1845年）十月下旬绘制的，咸丰辛亥（1851年）重刻，被称为第一幅由中国人绘制的世界地图。该图借鉴欧美经纬绘图法和地理知识，但是却以北京为“零度”起始。

[4]觍然，意为惭愧。

茫茫，渺乎涯涘，孰能于数万里之外，知有所谓联邦者？自予之为是书，夫而后联邦之方位、土地、政教、物产，以及民情好尚、风俗厚薄，凡属华民咸可探索，亦一乐境也。而且二国之民，由此往来，永相友爱，岂非是书为缘乎？意虽浅近，窃有小补，故私喜之。会宋君与梁子均怂恿付梓，因有续刻之役。刻竟，宋君、梁子各赠以言，多过誉，予愧无以当之。时辛酉[1]夏日裨治文自识

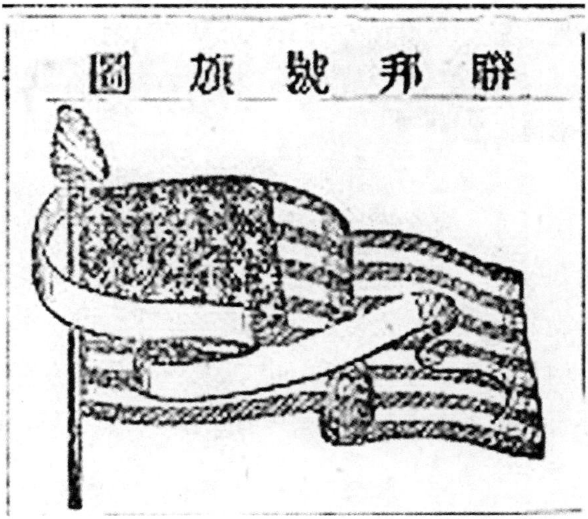

《联邦号旗图》

[1]辛酉，1861年。

原序

予生于美理格洲[1]联邦国之马洩朱些斯邦[2]，以地球格之，遥遥与中华相对焉。今年予春秋三十有七，航海出游，绕地球行，乃得观光中土，历见英、法、士班雅[3]、暹罗[4]、日本、中华等国之士，与其文字技艺，宛然耳目一新，幸何如之。

回忆弱冠之年在本国时，初由大学勤学三载，后得入于书院肄业。凡各国之文史、天文、地理、律例等学，以及国风土俗，靡不肆力研求。每岁院考，差幸上等，四年例满，领凭出[5]。复从大院习圣学[6]，试三年，亦皆超等，例与换凭，予时年二十有八矣[7]。是时家有诸季之托，身无内顾之忧，于是立意传道异方，旷览诸俗，以验生

[1]美理格洲，America，今译亚美利加洲。

[2]马洩朱些斯邦，即Massachusetts State，今译马萨诸塞州。

[3]士班雅，Spain，今译西班牙。

[4]暹罗，Siam，泰国古称。

[5]中国男子年满20岁弱冠。裨治文此说亦是勉强。他1801年生，1822年始进艾默斯特学院，时年约21岁，非20岁。艾默斯特学院普通学制四年。

[6]圣学，此处特指基督神学。

[7]裨治文1826年（时年25岁）进入安多弗神学院进修，学制三年。毕业之年即1829年，裨治文时年28岁，先后成为美国公理会海外传道会传教士和正式牧师，并于1829年10月14日，与雅裨理（David Abeel）启程赴华，于1830年2月19日抵达广州伶仃岛。裨治文从此开始了长约17年的广东传教时期。

平所学之是，兼以予国所见闻者，播之异土，或不虚度也。

既于粤东，领略华书数载，时与其地之文士相谈论，乃叹华人不好远游，以至我国风土人情，茫无闻见，竟不知海外更有九州也。今日其创造者之启予心乎，殆欲使予宣扬圣道，联四海为一家也。爰不揣固陋，凡本国之大略，一一分叙，邮寄于新嘉坡[1]以援剞劂。百年之后，倘有不耻下观者，其将叹赏之乎，抑将拉杂摧烧之乎？均不得而知也。然而驰观域外之士，必不方隅自封而笑我已。

自序

[1]新嘉坡，Singapore，今译新加坡，时为英国殖民地。

叙

裨君者，联邦之成德士也，余初不之识。丁巳[1]夏五，余避兵于海上，始遇之，遂相谈论，缔文字交，日以彼此所学相教益，且为余道联邦事甚详，以故余颇知之。

夫联邦者，新洲中之一国也，处地球之上，与中华相背合。其地土之美、物产之富，亦彼此相等，诚海外仅有之地也。然当未得新洲之时，是地土民无多，荆榛满目，兽蹄鸟迹，交乎四境，亦不过一僻壤耳。迨远方之人至，驱鸟兽，辟草莽，创道路，建屋宇，垦荒为田，精求农务。于是土民远徙，他国之民来者如归。由此生聚日繁，财货充集，地土之利，罔有不现，而千万余里之中，遂不觉市井相望，道路相接矣。在我乾隆之四十一年[2]，其民迫于外侮，乃合十三地之人而联之，各立为邦，共为一国。邦有邦君，邦君之上，立一总理者主之，是为国君，其余百官各有专职。自君以下，皆民选之，取其公也。计联邦开国至今，甫八十余年，所属邦部凡四十，其间田亩之肥沃、金矿之充盈，数千年以来无人知之。抑若造物者特蓄此以待联邦者，不诚巧哉？去年裨君有复刻邦志之

[1]丁巳，1857年。

[2]乾隆四十一年，即1776年，美国独立之年。

意，出其初草属删订之。书成，因就所知之大略，述之以为叙。至其人民政事，有是书在，故不具论。

金陵宋小宋识

发凡

一 是书订为上下两卷。上卷总括全概，历叙拓地开国之原，风土人情之要，便阅者之览其大略也。下卷按邦列图，每志附后，载方域之广狭，记物类之专产，备考者之易于熟悉也。

一 上卷篇幅较匀。下卷详略有不等者，以各邦之政有异同也。异者详之，同者略之，忌赘也。譬有两邦之相同者，则尽详于前而不详于后。

一 书中各地图，皆列度数，有一格一度者，有一格四度十度者，取其易于记里也。按一度，当中国之地二百五十里。其余各杂图，不过择绘者图其一二，以助见闻，非有意于挂漏也。

一 是书词意俱未尽，与词穷而意未尽者，均用小“、”以顿之。词意俱尽者，则用小“○”以住之。句中有可间断，或两三事物并书者，则连用小“、、”以读之，务使句读分明，庶词意不致蒙混。

一 书中国、邦、郡、邑，暨山川等地名，改用“‖”，人名概用“|”。间有不用者，则以人所熟睹，故省之。

一 书中邦名地名，时有多至五六字者，翻译之家，音人人殊，且不爽于阅者。兹特择首一字代之，如牛含布什尔名牛邦，马洩朱些斯名马邦是也。余皆仿此，似较简便。

一 书中简用小注者，或因补上文之未尽，或因解上文之未明，总欲读者得其详细之意。

一 是书皆本国史，及各邦风土记译述，无片言夸张虚诞之词，故曰志略，言记实事之大略也。

一 读是书者，宜先明地势。地势不明，则不知各邦之方位，读如未读也。故上卷既列古今地图各一，又复列两球图，及联邦总图以陈之，总欲人之穷求地理也。

一 是书平铺直叙，不摛词藻，取其言简意赅，易于考核也。海内同人，愿勿以质朴无文为笑，则幸甚。

大美联邦志略全目

[1]原版目录中无数字分号，为方便阅读，校者根据内容自加。

[1]原版如此。
[2]原版如此。
[3]原版如此。

卷上

一　觅地原由

粤稽太古，列国记载，互有异同。中华自狂秦一炬，久矣失传。太西往哲，尝以人世驹隙泡影，于名利伦常，犹且孜孜考核，况乎开辟化育，生成保养之恩；物与民胞，善恶存亡之要，岂可忽而勿论？然而欲究此理，必求正道。是故太西各国，爰有毕生力学，殚精竭虑。或习他国方言，溯其书史；或考诸邦往古，究其指归。因知犹太国新旧经约备载，超越他邦。盖诸史所纪，间与《圣经》暗合，然多怪诞荒谬之词，兹难阐述，有志者玩索其书可也。谨按《圣经》，当鸿蒙混沌，天地未形，惟风与水，激扬鼓荡。至上之主发命，万汇攸成，譬彼国君家主，令出功成。惟人原祖，至上之主亲自匠始，复取男肋，创立女配，赋以魂灵，统镇群汇。讵受魔迷，自召祸害，日趋陷溺，沦胥以亡，慈恩锡救，我主攸降，具载《圣经》，玩索自得。

溯自原祖，万国斯分，是普天下邦域衣冠、制度律例，纵或异同，既原一祖，尽属兄弟。兴言及此，何复有本邦他国之异视哉？其初物鲜人稀，文字未立，事无纪录。今博古之士，仅言其略耳。兹以地体而论，古来相传，只言地平不动，不知地转如球也。故昔之建国者，但知近有藩属，远及邻邦耳，安知地球背面， 复有至极之国乎？迨中世之士，研精考究，惟知天下中列三方。东为亚西亚[1]，内分数国，曰中华，曰日本，曰朝鲜，曰琉球，曰安南[2]，曰暹罗[3]，曰缅甸，曰印度，曰巴西[4]，曰亚喇伯[5]，曰犹太，曰俄罗斯，曰土耳其等国是也。西则欧罗巴[6]，中为英吉利、法兰西、荷兰、士班雅[7]、葡萄牙、瑞典、瑙威[8]、大尼[9]、普鲁西[10]、奥地利、以大利[11]、希利尼[12]、土耳其、俄罗斯等国是也。西南则阿非利加[13]，中埃及等国是也（以上看后《古地理图》便知）。

至于地球彼方，复有大洲，则从无人知之矣。迨后明朝年间，普鲁西国有精于天文学歌白尼[14]者，暗想地形如球，则东西两方之间，不应别无土地，然只具论而已。至弘治五年[15]，有欲穷究此理者，乘舟西行，往寻新地。旁观者固笑其愚，即同舟者亦云无为。乃西行极远，竟觅新地而归。斯往寻地者，以大利人科伦布[16]也（以上看前《今

---

[1]亚西亚，Asia，今译亚细亚洲或亚洲。

[2]安南，越南古称。

[3]暹罗，Thailand，今译泰国。

[4]巴西，Pakistan，今译巴基斯坦，非南美巴西（Brazil）。

[5]亚喇伯，Arab，今译阿拉伯。

[6]欧罗巴，Europe，今译欧洲。

[7]士班雅，Spain，今译西班牙。

[8]瑙威，Norway，今译挪威。

[9]大尼，Denmark，今译丹麦。

[10]普鲁西，Prussia，今译普鲁士。

[11]以大利，Italy，今译意大利。

[12]希利尼，Greece，今译希腊。

[13]阿非利加，Africa，今译非洲。

[14]歌白尼，Nicolas Copernicus，今译尼古拉·哥白尼，波兰天文学家，非普鲁士天文学家。

[15]弘治五年，即1492年。弘治乃明孝宗朱祐樘年号。

[16]科伦布，Christopher Columbus（1451—1506），今译克里斯托弗·哥伦布，意大利航海家。

《古地理图》（左）和《今地理图》（右）

地理图》便知）。初请国主，求发船往，国主不允。复请于葡萄牙王，亦不允。后频恳士班雅君后，延至八年，后以色罢喇[1]始允诺，给以大船一，小船二，三船共百二十人[2]，于弘治五年八月初旬启行，行经二十一日，不见堤岸，水手辈恐有绝粮之忧，欲抛船主于洋，自行返棹。科伦布揣知其情，惟用善言抚慰。渐见飞鸟，窥以远镜，远有堤矶，草色蒙茸，乍睹人烟，鼓棹傍岸，人各执旗，鸣谢上主扶持恩德，远迈往古。同舟之众，相视赧然，去舟登岸，托足于斯。[3]至弘治六年正月，舟始旋国。自是之后，乘舟而经此者，间不乏人，独有船主美理格[4]者，以大利人也，往来较多，于此地山川物产、苗人土俗，所记颇详，归以语人，向越侪偶，故后人即其名以号地也。

[1]以色罢喇，Isabella（1451—1504），今译伊莎贝拉女王，是支持哥伦布航行，发现新大陆的关键人物，更是西班牙统一史中的领袖，对于15世纪欧洲格局和美洲的发现开发具有重要影响。

[2]此处有误。哥伦布第一次航行，三艘船全部船员实共87人。

[3]1492年10月12日，哥伦布发现圣萨尔瓦多（San Salvador），开启欧洲眼中的“新大陆”序幕。

[4]美理格，Americus Vespucius或Amerigo Vespucci（1454—1512），今译亚美利哥·韦斯普奇，意大利航海家。

迨新土既觅，地形如球之说，尤属显然，惜歌白尼未之见矣。正德[1]年间，欧罗巴有人，欲究其理，解缆西行，先过新地，经亚西亚、阿非利加等国，后还欧罗巴。亦有解缆东行，绕阿非利加、亚西亚等国，后过新地，旋返欧罗巴，可知大地东西通行，圜圆如球，确有明征（看后球图便知）。

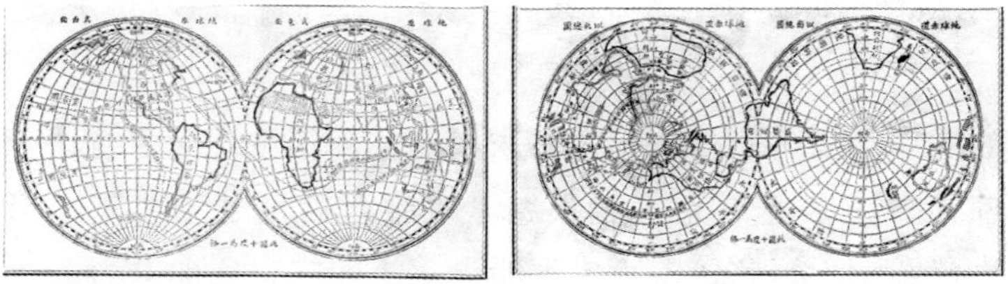

《东西半球图》（左）和《南北半球图》（右）

其初圜地周行者，为葡萄牙人马基兰[2]，奏请发船五号，先到一地，属吕宋之南，因与土人争斗被杀，舟人乃立嘉奴[3]为船督，环地而返。返之日，王赐之银铸小地球一枚，上刻字云“始环地而旋者，其嘉奴乎”，用志始也。今之船自东往西，或由西返东，环地旋转，岁不乏人。约六七月间，即可周行全地（看前球图所绘壬子已丑两水道便知矣）。是则科伦布之刚毅勇往，不特另觅新地，乃亦明证地圜如球之说矣，猗欤休哉！

[1]正德，明皇朱厚照年号（1506—1521）。

[2]马基兰，Ferdinand Magellan（1480—1521），今译费迪南·麦哲伦，葡萄牙航海家，1521年4月27日因干预菲律宾土著被杀。

[3]嘉奴，Juan Sebastián Del Cano（1476—1526），今译胡安·塞巴斯蒂安·埃尔·德尔，西班牙航海家。

二 疆域度数

夫美理格大洲[1]，既曰新地，又曰西方。则欧罗巴、亚西亚、阿非利加三洲，当称旧地，通号东方而无疑义，足征天下有新旧二地之分矣。但新地固非古无而今有，特古人未知近世斯觅，故号称新地，以别旧地云耳。新地界分南北，中有窄地[2]相联，形若蜂腰，以为自南达北之要道。然总名为美理格洲，不过分南北以别之耳。南地所属，内分数国，曰纽格那答[3]，曰威业苏拉[4]，曰吉亚那[5]，曰庇理些离[6]，曰巴鲁圭[7]，曰乌鲁圭[8]，曰拉巴拉他[9]，曰巴的俄尼亚[10]，曰智里[11]，曰波利非亚[12]，曰皮鲁[13]，曰叶圭夺[14]等国，是为南美理格（以上看前《今地理图》）。

[1]美理格洲，America，今译亚美利加洲，分北美洲（文中称北美理格）和南美洲（文中称南美理格）。

[2]窄地，Central America，今译中美洲或中美地峡，联系南北美洲的陆路要道。

[3]纽格那答，New Granada或西班牙语Virreinato de la Nueva Granada，即今Columbia（哥伦比亚）前身，今译新格拉纳达，西班牙殖民地，1822年独立成为哥伦比亚。

[4]威业苏拉，Venezuela，今译委内瑞拉。

[5]吉亚那，Guiana，今译圭那亚，英国殖民地。

[6]庇理些离，Brazil，今译巴西。

[7]巴鲁圭，Paraguay，今译巴拉圭。

[8]乌鲁圭，Uruguay，今译乌拉圭。

[9]拉巴拉他，西班牙语Virreinato del Río de la Plata，今译拉普拉塔总督辖区，西班牙殖民地，后于1814年并入阿根廷。

[10]巴的俄尼亚，英文Patagonia，今译巴塔哥尼亚地区，主要位于阿根廷境内。

[11]智里，Chile，今译智利。

[12]波利非亚，Bolivia，今译玻利维亚。

[13]皮鲁，Peru，今译秘鲁。

[14]叶圭夺，Ecuador，今译厄瓜多尔。

北地之西，属俄罗斯。正北属英吉利。东北有吉林兰[1]等洲（仍看《今地理图》）。至于北地之南，则为墨是科[2]等国也。北地之中为联邦，即缅[3]、牛含布什尔[4]、花满的[5]、马洩朱些斯[6]、洛哀伦[7]、干捏底格[8]、纽约[9]、乌遮尔些[10]、边西威业[11]、特拉华[12]、玛理兰[13]、费尔治尼亚[14]、诺格阿利纳[15]、叟格阿利纳[16]、卓尔治亚[17]、福落里得[18]、雅拉巴麻[19]、密斯昔比[20]、禄细亚那[21]、德过瑟斯[22]、耳刚色斯[23]、典捏西[24]、建得基[25]、呵海呵[26]、米世

[1]吉林兰洲，Greenland，今译格陵兰岛，世界最大岛，今属丹麦国。
[2]墨是科，Mexico，今译墨西哥。
[3]缅，Maine State，今译缅因州。
[4]牛含布什尔，New Hampshire State，今译新罕布什尔州。
[5]花满的，Vermont State，今译佛蒙特州。
[6]马洩朱些斯，Massachusetts State，今译马萨诸塞州，俗称麻省。
[7]洛哀伦，Rhode Island State，今译罗得岛州。
[8]干捏底格，Connecticut State，今译康涅狄格州。
[9]纽约，New York State，今译纽约州。
[10]乌遮尔些，New Jersey State，今译新泽西州。
[11]边西威业，Pennsylvania，今译宾夕法尼亚州。
[12]特拉华，Delaware State，今译特拉华州。
[13]玛理兰，Maryland State，今译马里兰州。
[14]费尔治尼亚，Virginia State，今译弗吉尼亚州。
[15]诺格阿利纳，North Carolina State，今译北卡罗来纳州。
[16]叟格阿利纳，South Carolina State，今译南卡罗来纳州。
[17]卓尔治亚，Georgia State，今译佐治亚州。
[18]福落里得，Florida State，今译佛罗里达州。
[19]雅拉巴麻，Alabama State，今译亚拉巴马州。
[20]密斯昔比，Mississippi State，今译密西西比州。
[21]禄细亚那，Louisiana State，今译路易斯安那州。
[22]德过瑟斯，Texas State，今译得克萨斯州。
[23]耳刚色斯，Arkansas State，今译阿肯色州。
[24]典捏西，Tennessee State，今译田纳西州。
[25]建得基，Kentucky State，今译肯塔基州。
[26]呵海呵，Ohio State，今译俄亥俄州。

干[1]、音地亚那[2]、伊利那倚[3]、默疏理[4]、爱约娃[5]、威仕干清[6]、嘉理符尼亚[7]、梅尼所达[8]、颁里恩[9]、华盛顿[10]、武达[11]、柳墨是科[12]、刚色斯[13]、拿布拉士格[14]、尔理琐那[15]、弟哥达[16]、印甸[17]等邦部（看左联邦地理总图便知）。

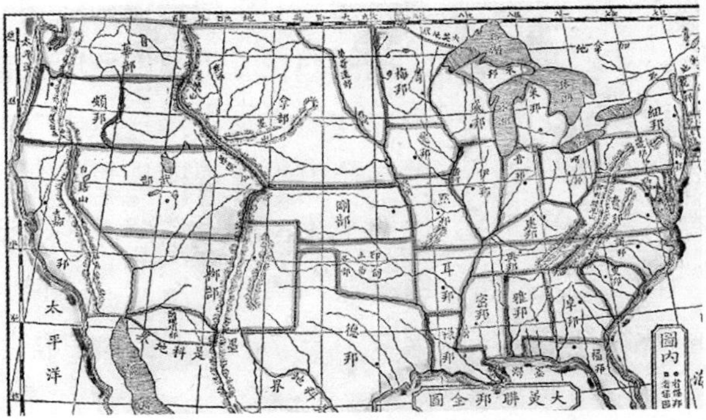

《大美联邦全图》

[1]米世干，Michigan State，今译密歇根州。
[2]音地亚那，Indiana State，今译印第安纳州。
[3]伊利那倚，Illinois State，今译伊利诺伊州。
[4]默苏理，Missouri State，今译密苏里州。
[5]爱约娃，Iowa State，今译爱荷华州。
[6]威仕干清，Wisconsin State，今译威斯康星州。
[7]嘉理符尼亚，California State，今译加利福尼亚州。
[8]梅尼所达，Minnesota State，今译明尼苏达州。
[9]颁里恩，Oregon State，今译俄勒冈州。
[10]华盛顿，Washington，今译华盛顿，1889年建州。
[11]武达，Utah，今译犹他，1896年建州。
[12]柳墨是科，New Mexico，今译新墨西哥，1912年建州。
[13]刚色斯，Kansas State，今译堪萨斯州。
[14]拿布拉士格，Nebraska，今译内布拉斯加，1867年建州。
[15]尔理琐那，Arizona，今译亚利桑那，1912年建州。
[16]弟哥达，Dakota，今译达科他，1889年分为南达科他州、北达科他州。
[17]印甸，Indian Reservation，今译印第安保留地，今Oklahoma（俄克拉荷马州）前身，原为印第安人的聚居地。

至南地与北地之别国，姑置不议，兹就联邦之地而论。联邦居北地之中，其地位与中华相底背。以昼夜校之，今之联邦之夜中，乃为中华之正午。中华日入之时，正联邦日出之际。若论地形之长短广狭，彼此大同小异。惟究其人物行藏，则大有不同矣。以地球经纬线考之，东西周围，共三百六十度。联邦约得五十七度，中华亦约得五十七度。若以南北环地而计，周围亦三百六十度。内二十四度余在联邦，三十余度在中华。是中华与联邦相似，而微有底背之不同焉。以四至论，中华东滨洋海，西界霍罕[1]、印度各国，北接俄罗斯，南连安南[2]、缅甸。联邦之东有压澜的洋[3]，西滨太平海[4]，北为英属，南接墨是科国。

由是观之，可知两国之疆域，彼此东南北三方，或陆或海，似皆无异。惟西方之界，一则为海，一则属陆，微有不同耳。今以地球所载之水与地而论，大率水得三分，地得一分。若以此一分地，试划为五十分计之，联邦盖得其三，中华十八省得其二矣（看左天下三分水一分地全图。若以此一分之地，划为五十分计之，南北美理格共得十五分，亚西亚得十六分，阿非利加得十分半，欧罗巴得三分半，四大洲以外之海岛得五分。若以此三分之水，划为一百五十分计之，太平洋海得七

---

[1]霍罕，Khanate of Kokand，今译浩罕汗国，位于清朝疆域西北，毗邻新疆，信奉伊斯兰教，约1740年定都浩罕城建国，与清代新疆一带地方叛乱有密切关系，1876年被沙俄所灭。

[2]安南，越南古称。

[3]压澜的洋，The Atlantic Ocean，今译大西洋。

[4]太平海，The Pacific Ocean，今译太平洋。

十五分，压澜的洋海得四十分，印度洋海[1]得二十分，南极洋海[2]得十分，北极洋海得五分）。

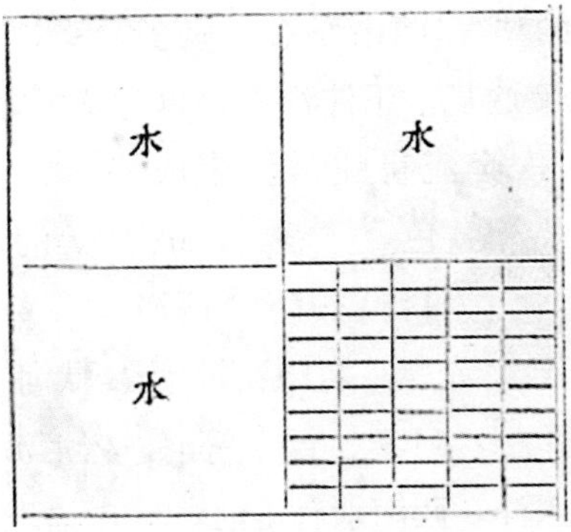

《地球水陆比例图》

三　山川平地

尝考联邦之形势，有山林，有川泽，有平地。山之至大者二，一在东曰押山[3]，一在西曰落山[4]，皆绵亘数千里，蜿蜒起伏，截国为三大分，即所谓平地者是也。一界东山之东，一界西山之西，一界两山之中。押山起自联邦东北，止于东南，高七百丈，去洋海数百余里。山势自北迤南，诸峰渐低。山东之地以次渐广，离海亦渐远。落

[1]印度洋海，India Ocean，今译印度洋。

[2]南极洋海，South Ocean，今译南极洋或南冰洋，围绕南极洲的海洋，是太平洋、大西洋和印度洋南部的海域。

[3]押山，Appalachian Mountains，今译阿巴拉契亚山脉。

[4]落山，Rocky Mountains，今译落基山脉。

山起自俄国属地[1]，直穿英国属地，下接联邦西北，沿及南方，止于墨是科国，高一千五百丈，离太平洋海约远十度，西地广两千里。两山左右，又多分支，环峙各邦。有谷涧之水，顺流通贯，下注洋海，以为诸河之源。

押山之水，奔流贯注，汇聚成泌[2]、基[3]、眉[4]、干[5]、赫[6]、特[7]、色[8]、婆[9]、飒[10]等河，入压澜的洋海。落山之水，下为科[11]、萨[12]两河，入太平洋海。国中有河数百派，至大者二，名曰密河[13]、默河[14]，各长八九千里。其余若耳[15]、呵[16]、吉[17]等河，皆汇流于密河，由墨是科国海湾[18]入洋。西南别有哥河[19]，由嘉理符尼亚海湾[20]

[1]俄国属地，指Alaska，今译阿拉斯加，1799—1867年为俄国殖民地。俄国1867年卖其给美国。1912年，美国在此建区，1959年建州，成为美国第49州，也是陆地面积最大的州。
[2]泌河，Penobscot River，今译佩诺布斯科特河。
[3]基河，Kennebec River，今译肯纳贝克河。
[4]眉河，Merrimack River，今译梅里马克河。
[5]干河，Connecticut River，今译康涅狄格河。
[6]赫河，Hudson River，今译哈德逊河。
[7]特河，Delaware River，今译特拉华河。
[8]色河，Susquehanna River，今译萨斯奎哈纳河。
[9]婆河，Potomac River，今译波托马克河。
[10]飒河，Savannah River，今译萨凡纳河。
[11]科河，Columbia Rive，今译哥伦比亚河。
[12]萨河，Sacramento River，今译萨克拉门托河。
[13]密河，Mississippi River，今译密西西比河。
[14]默河，Missouri River，今译密苏里河。
[15]耳河，Arkansas River，今译阿肯色河。
[16]呵河，Ohio River，今译俄亥俄河。
[17]吉河，Illinois River，今译伊利诺伊河。
[18]墨是科海湾，Gulf of Mexico，今译墨西哥湾。
[19]哥河，Colorado River，今译科罗拉多河。
[20]嘉理符尼亚海湾，Gulf of California，今译加利福尼亚湾。

入洋。北有大湖六，曰安[1]，曰衣[2]，曰休[3]，曰米[4]，曰苏[5]，曰产[6]。又有诸小湖，不胜枚举。

向东之平地，以押山为界，极东为洋海，以其地近压澜的，故曰压澜的平地[7]。内分数邦，是为一分。西方之平地，以落山为界，极西为太平洋海，故其地称太平海平地[8]。西地较大于东，内分数邦，是又为一分。中以东西两山为界，内分十余邦，地广人稠，望之如画，名曰密河谷之平地[9]，是又一分也。诸山有多矿，或生金银铜铁煤石，又有草木鸟兽，便民食用，取之不尽，用之不竭。水则鳞介繁多，供人渔钓。大小舟楫，往来络绎，以通商贾。至于平地之内，乡邑镇市，牛羊各畜，以及百谷，靡不蕃盛。噫！造物之有益于人也，不綦大哉？

四　邦都道路

今夫联邦之所以联，其道不一。盖其言语、教化、国政皆同。有此三相同者，以为联邦之纲领，故其联络乃坚。除此三者之外，别有水路陆路，四通八达，以成其相联之势。水路往来，有航船、火船、运船，利于济。陆路

[1]安湖，Lake Ontario，今译安大略湖。
[2]衣湖，Lake Erie，今译伊利湖。
[3]休湖，Lake Huron，今译休伦湖。
[4]米湖，Lake Michigan，今译密歇根湖。
[5]苏湖，Lake Superior，今译苏必利尔湖。
[6]产湖，Lake Champlain，今译尚普兰湖或香普兰湖，位于美加交界处。
[7]压澜的平地，即今美国东部大西洋海岸平原。
[8]太平海平地，指太平洋沿岸平原。
[9]密河谷之平地，即指今密西西比河平原，在美又常被称为中央大平原，美国最大平原区。

驰驱，有马及马车、火车，便于行。以此六等，通行国中，无地不达，无之不可。

国中有国都，乃相联各邦会议之所。每邦又各有一都，以为邦人会议之处。当国政既立，臣宰议建国都之时，玛费二邦各愿输地，于是立其地为科伦布亚部[1]（看下面图便知）。部离洋海八百余里，地方方二十八里，分三邑。一卓尔治顿[2]，一华盛顿，属玛邦；一亚历山大[3]，属费邦。中有婆多麦河[4]为界。是河分两支，一宽一狭。狭者曰东支[5]。华盛顿邑适在其合流之处。邑中有溪曰提巴，北有溪曰落机[6]，乃邻邑交界之处。邑长十三里，宽八里，即国都也。衢路错纵，又有四隅相交之路，宽至十六丈者。中建公议堂、君主宫室、百官部署，以及民居，咸在焉。

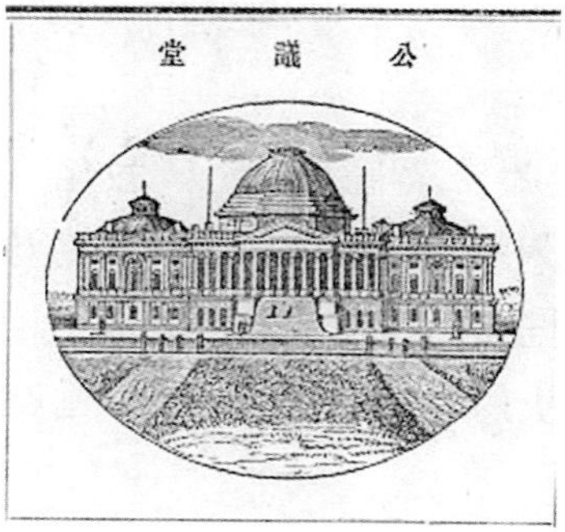

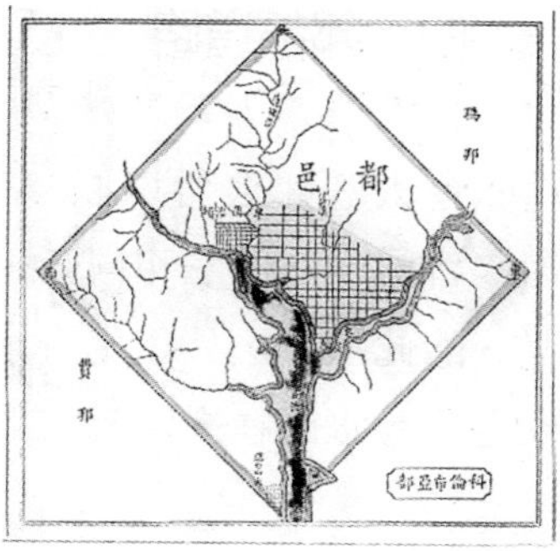

《公议堂》和《科伦布亚部》

[1]科伦布亚部，District of Columbia，今译哥伦比亚特区。

[2]卓尔治顿，Georgetown，今译乔治郡。

[3]亚历山大，Alexandria County，今译亚历山大县。

[4]婆多麦河，今译波多马克河，Potomal River波托马克河。

[5]东支，Anacostia River，今译安那考斯迪亚河。

[6]落机溪，Rock Creek，今译洛克溪。

至于各邦之都，又有一定之邑。如缅之都，乃奥额士大[1]。牛之都，乃刚哥的[2]。花曰满纰理耳[3]。马曰波士顿[4]。洛曰普拉以登兹[5]。干曰哈弗的[6]。纽曰阿而别尼[7]。乌曰突连登[8]。边曰哈里斯帛[9]。特曰土花[10]。玛曰安拿波列斯[11]。费曰理治门的[12]。诺曰老里[13]。叟曰科伦布亚[14]。卓曰密理治威里[15]。福曰打拉哈西[16]。雅曰满恩米力[17]。密曰查克逊[18]。禄曰巴安禄施[19]。德曰奥士定[20]。耳曰历地洛克[21]。典曰那是越里[22]。建曰佛兰飞的[23]。呵曰科

---

[1]奥额士大，Augusta，今译奥古斯塔。

[2]刚哥的，Concord，今译康科德。

[3]满纰理耳，Montpelier，今译蒙彼利埃。

[4]波士顿，Boston，今译波士顿。

[5]普拉以登兹，Providence，今译普罗维登斯。

[6]哈弗的，Hartford，今译哈特福德。

[7]阿尔别尼，Albany，今译奥尔巴尼。

[8]突连登，Trenton，今译特伦顿。

[9]哈里斯帛，Harrisburg，今译哈里斯堡。

[10]土花，Dover，今译多佛。

[11]安拿波列斯，Annapolis，今译安那波利斯。

[12]理治门的，Richmond，今译里士满。

[13]老里，Raleigh，今译罗利。

[14]科伦布亚，Columbia，今译哥伦比亚。

[15]密理治威里，Milledgeville，今译米利奇维尔。今佐治亚州的首府为Atlanta，译亚特兰大。

[16]打拉哈西，Tallahassee，今译塔拉哈西。

[17]满恩米力，Montgomery，今译蒙哥马利。

[18]查克逊，Jackson，今译杰克逊。

[19]巴安禄施，Baton Rouge，今译巴吞鲁日。

[20]奥士定，Austin，今译奥斯汀。

[21]历地洛克，Little Rock，今译小石城。

[22]那是越里，Nashville，今译纳什维尔。

[23]佛兰飞的，Frankfort，今译法兰克福。

伦布[1]。米曰览星[2]。音曰音地亚那波列士[3]。伊曰士兵非里[4]。默曰遮费尔孙[5]。爱曰弟磨尼斯[6]。威曰马地逊[7]。嘉曰撒格列明度[8]。梅曰桑保罗[9]。筎曰撒冷[10]。华部曰阿林比亚[11]。武部曰费里马[12]。柳部曰散地费[13]。刚部曰里敢布顿[14]。拿部曰阿马哈[15]是也。

每邦又各有郡邑乡镇等处。但联邦之所谓郡邑者，皆无城垣也。其间水陆相通，互有舟车以往来。舟船之制有三。一航船，有长三四丈至二十丈以外者，或两桅，或三桅，上用横木数层，绳索相牵，密于蛛网，布帆数十面，以次递悬，望之若垂天之云焉。其船载商贾货物，自五十吨满至二三千吨止。国中贸易者，往往以之。兵船之式，亦与此等，但多设炮位耳（图见下面）。国内每年约增一千四五百只。一火轮船，大小与航船等。其制有用桅者，有不用桅者，又有用暗轮者，大抵皆以水力火力相激而行。其驶甚速，一时许可行七八十里。国内每年约造四五百只

[1]科伦布，Columbus，今译哥伦布。

[2]览星，Lansing，今译兰辛。

[3]音地亚那波列士，Indianapolis，今译印第安纳波利斯。

[4]士兵非里，Springfield，今译斯普林菲尔德。

[5]遮费尔孙，Jefferson City，今译杰斐逊城。

[6]弟磨尼斯，Des Moines，今译得梅因。

[7]马地逊，Madison，今译麦迪逊。

[8]撒格列明度，Sacramento，今译萨克拉门托。

[9]桑保罗，Saint Paul，今译圣保罗。

[10]撒冷，Salem，今译塞勒姆。

[11]阿林比亚，Olympia，今译奥林匹亚。

[12]费里马，Fremont，今译费尔蒙特，今犹他州首府为盐湖城。

[13]散地费，Santa Fe，今译圣菲。

[14]里敢布顿，Lecompton，今译莱康普顿。今堪萨斯州首府为Topeka，译托皮卡。

[15]阿马哈，Omaha，今译奥马哈，1867年前内布拉斯加州首府，后移到Lincoln City，即今译林肯城。

（图见右面）。是二船者，不特国内往来，凡在地球上之各国，但有水道可通，盖未尝不至焉。

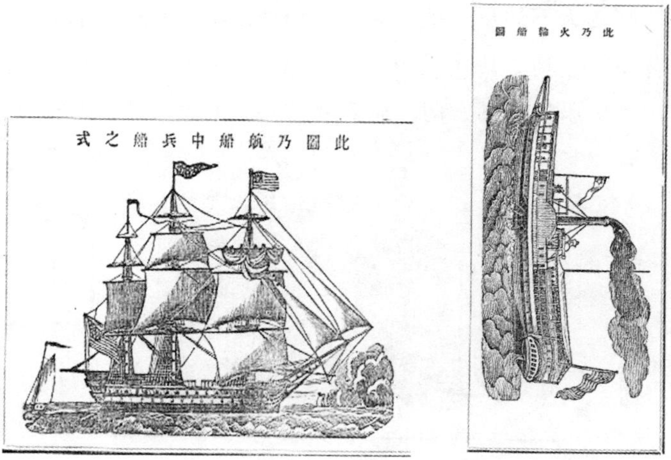

《航船》和《火轮船》

至于运船，其式于船之上造作屋形，不用帆樯，不用火力，循堤岸之曲直，以马负之而行（图见下面）。但只能用于内地运河耳。运河两岸砥平，与外水不相混。外水之上，横驾长桥。桥上疏成水道，接连运河，以渡运船。计通国之运河，长有一万七千余里。

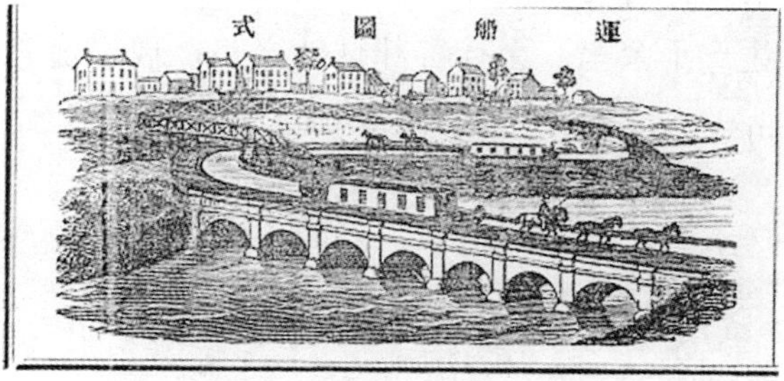

《运船图》

若夫陆地之上，在昔路途狭隘，行旅寥寥。百年以前之往来者，尚皆乘马以代跋涉。然于邮寄书信，转运货物，则颇为不便焉。迨数十年，道途渐辟，无碍车行，于是乃有马车之制。其式或一二马，或三四五六马不等，既便载人，又可运货传书一切，盖较乘马为便十分矣（图见下面）。

《马车图》

近来国中又有火车之制，特造大路，遇有冈则平之，山则穴之，若遇大川深谷，则或实以泥土，或建以桥梁，皆取平整通达，便于车行。路之两旁，建造铁轨，以辖车之二轮，或单路双路不一。故乘马及驾马车者又鲜矣。火车之式，前车燃火，次车载煤，后或三车五车，以致数十车，随便增减，皆可联贯。其间载货载人，迅速非常，大率一日可达一千余里。至计各邦铁轨之路，现已造有八万余里，穷工极巧，可谓尽矣（图见下面）。

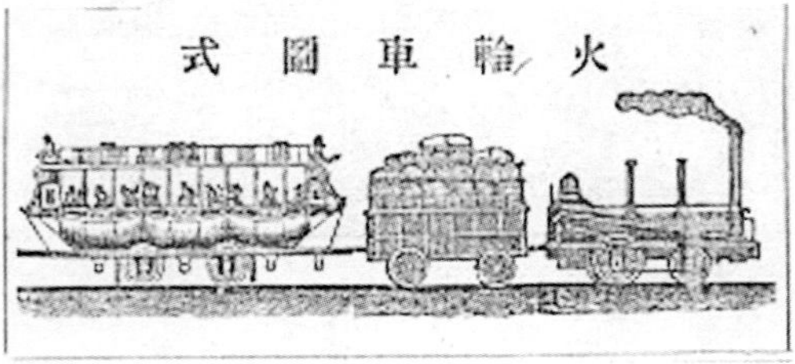

《火轮车》

又有电机远报，安设水陆，用以飞传一切音信，捷于电闪。不论军国重务，虽千万里，弹指间可通。其制两头安机，以引电气。中间计道途之长短，安设铁线一条，以作电气之路。其气行至当止之地，自能于安机处印出文字，以达所传之事，故名为电机远报云。其引用电气之法，大率与火船引取水气之力，同功而异用。国中近已十万里路有之。天下至捷之法，盖再无有捷于此者。

此通国之所以声气相通，而相联之邦，所以成为一体也。

五　天时地气

天时有雨雪寒暑，地气有燥湿美恶之不齐者，皆由于日光地质水性之有别也。日光有偏正，地质有厚薄，水性有刚柔。地气于是乎分，天时于是乎定。

然三者之中，日为主，故先以日论。日光所照之处，天时可分五等，曰热，曰暖，曰温，曰寒，曰冷是也。当春分秋分之际，昼夜相平，各皆六时。日光直临赤道，故赤道之地极热。光稍偏，则热渐杀，渐而温和，渐而寒，渐而至于南北极，日光所不能到，则极冷。春分后，日光斜入于北，北多暖，南多寒，北昼渐长，南昼渐短。秋分以后，日光渐转于南，南多暖，北多寒，南昼渐长，而北昼渐短矣。总之，日由赤道南行，及乎昼短圈，则渐返赤道以入于北，又及昼长圈而返，往返不停，略无间断。故日光无一日之同，寒暑有朝朝之别也。设使日光永在赤道，则赤道常热，南北极常冷。天下万国，寒者终寒，热者终热。

将何以分春夏秋冬之四时哉？故欲知四时者，必先知

《地球五带气候图》

地球。地球之上东西，按照度数，天时皆同。如某度之某国，现当春令，则凡东西同此度数之国，无有不春。某国已秋，则凡东西同度之国，无有不秋者。然此特就东西言之。至于南北，则彼此寒热大相迥别矣。姑以南北论，地球之南为南极，北为北极。南极之上为南寒带，北极之下为北寒带。又稍进，则为南温带与北温带，为热带，中腰为赤道。今如日光临于北，北半之地当春夏，正南半之地为秋冬也。后之日入于南，南半之地当春夏，亦即北半之地为秋冬也。由是类推，余可例见（图列于左）。

联邦在此面北温带之地，中华在彼面北温带之地。虽有彼此之分，而天时地气相同者，以同在温带故也。故知当中华当春夏之时，即可知为联邦春夏之时；中华秋冬之时，即可知联邦秋冬之时矣。但联邦在温带之地，地虽温带，而天时亦分五等。如联邦之北地界，地气则寒，每年降雪，多有至五六月者，比于中华北京及叶尔羌城，四十度外之奉天、伊犁等处是也。自北而下，地渐温，雪渐少，年中不过二三月，或数次者。迨至南界，则地气甚暖，冰雪全无，与中华粤东、滇省之地气等矣。

至言乎地质，则联邦之地，大率厚者多而薄者少。盖其三平地中，中央者为最厚，次之则西方之平地，虽稍逊于中央，却嘉于东之平地焉。若夫国中水性，则江河百派，半属清流。缘高山之巅，时有积雪消融而下注也。向北地气虽寒，然比北界英属之地，则又稍温。向南地气虽暖，然比墨是科国则又不及。盖其一近极北，故寒甚；一近赤道，故热甚也。至比欧亚阿三大洲之内，则或有同，或有不同。总之，地球之上各国，求有与联邦幅员相等之国，而又能天时地气无不相同者，殆难之矣。

六　土产物类

地球上之诸物，名不一名，类非一类。今总揆之，计分三等，曰有血气者，曰无血气者，曰死者也。有血气者，鳞虫禽兽之属是。无血气者，草木果蔬之属是。死者，金玉煤石之属是。三者聚地之上，或生于土，或生于水，资人饮食，便于世用。除是之外，更无他类混生其中。顾其中之至重者，则尤以金银、百谷、草木为首，地球于是乎成。

今试以联邦论。在押落两山所产者，有金银铜铁铅锡之富，可以市物，可以铸器。玉石之属，有阳起、水金、硫磺粉、水晶、墨晶、水银、火石、花缸青、白盐、石膏、粉石、滑石、云石、红泥、青赤、白石等名。若建屋，若填街，以及制器，无不各有其用。又有砂土之泥，可造作磁与玻璃等。他如煤石，则各处皆产，多而且良，国中居民采以代薪，取之不禁用之不竭，既无伐木之劳，又鲜不敷之虑。兼之茂林之木，以不横被摧残，皆得以成其有用之材，此联邦又所以多木器也。

至于民间日需之盐，虽多用亦不能尽，缘国中三面皆海，又有盐湖盐泉，或晒或煮，皆足以资用，故盐为最盛。谷实若稻、大小麦、豆、芝麻等，暨各菜蔬、人参皆备。果实若桃、李、梅、梨、橘、柚、榴、柿、栗、芋、瓜、菱、藕、樱桃、核桃、葡萄、甘蔗、林檎、苹果等。花草百药，种种不缺。树木之类，难以数计。其有成大材而堪大用者，若架屋造船，或栋梁，或桅柱，则有松、杉、槐、柏、榆、桐、枫、橡等。至于桑麻、杨柳、椿檀、茶叶等类，可无论矣。飞禽有鸡、鸭、雁、鹤、鹳、雉、鹊、鹦鹉、鹁鸽、鸥、鹭、鹰、燕、鸱、鸠、啄木、翡翠、鸳鸯等。走兽有牛、马、驴、骡、猪、羊、猫、狗、豺、狼、虎、豹、狐、兔、猿猴、熊、鼠、獭、貂、獐子、鹿麝等。鳞介有龟、蛇、鱼、鳖、鼋、鼍、螺、蛤、虾、蟹等。昆虫则有蚕、蝶、蜂、蛾、蝇、萤、蚊、蚋、蛙、蚁、蝗、蚤、蜻蜓、螳螂、蝙蝠、蟋蟀、蚯蚓、蜘蛛、蜗牛、蜈蚣等。其他琐微之物，莫能枚举，要皆不出此三大类之外也。至于新开之各邦部，其所产尚有未知者，兹不载。国中之民，除日需足用之外，往往以所余者运贩邻国，以济民生之用，若金银等器、木器、煤炭、牛马等，亦可见联邦土产之多矣。

七　开国原始

当觅得新地以后，联邦未经开国之时，约在三百年前。欧洲各国人民，麇至贸易，然皆不过旋来旋返，初无久居者也。后因其兵力微弱，谋略未广，于是莫不觊觎，踞其土地。适届荒年，新地之民，往往远徙就食，迨饥馑洊至，民不能堪。各国遂乘间加以师旅，由是其地危殆难立，乃为各国分据。

溯自开创伊始，有明万历年间，英人请于君后[1]，欲开新地。君后可之，因称所据之地曰费尔治尼亚[2]，译言女贞地，盖颂扬其君后之清贞自守也。其后继位之占士王[3]既立，居民请隶版舆。王命七人往理之，以一人为首，六人为副，当地文武，咸归节制，爰称其邑曰占士[4]，亦颂王之意也。

泰昌年间[5]，英人有寓居新地之北方者，名地曰玭理某[6]。求其至此之故，则因英王有谕云：至上之主之教旨，胥定于一，毋许自异，致启争端，有违此者，当以罪论。不知圣书垂询，其理自有指归，而晰义者不免各抒己见，譬犹中土疏经传者，朱陆[7]互有异同也。所以彼与王见解不协之民，皆请自徙新地，以乐正道。王许之。于是称为纯洁之士者一百余人，遂往新地。既至，适届严寒，又土人前有痘疹之患，捐命者多。是时得英人初至，相与交好，无不喜乐。英人来时，因自玭理某埠解缆，故用以名地，亦顾名思义之意也。

玭理某新地，有土人一种。其长名马洩朱些斯[8]，与英人交甚厚。后之有马邦者，即因此头目之名名之也。自泰昌至天启九年[9]，来新地者约数千人，后渐增多。马邦

[1]君后，特指英国女王。

[2]费尔治尼亚，Virginia ，今译弗吉尼亚。

[3]占士王，James I，英国国王詹姆士一世（1566—1625）。

[4]占士，Jamestown，今译詹姆斯敦，英国1607年在北美的第一个殖民地。

[5]泰昌年间，1620年。

[6]玭理某，Plymouth，今译普利茅斯。

[7]朱陆，即朱熹、陆九渊，宋代理学家。

[8]马洩朱些斯，Massasoit，今译马萨索伊特。

[9]天启九年，1629年。

之玭理某等处，隘不容居，于是牛、洛、干各地开焉（崇祯十二年，子祖尚居于新地干邦之都邑，后四年始迁于马邦焉）。

适时地名不一，但总曰新英地[1]而已。后之邦名，即从其旧。当英人初到之始，据其见解，尽其良心，以事至上之主。一经抵地，随建讲堂，又设官以治群民，立学校以教子女。万历年间，荷兰人之至新地，居英地之南者，名曰新荷兰地[2]。康熙三年，新英地人得之，改名其地曰纽约，后即用此以名其邦。崇祯年间，新荷兰地之南，瑞典国人来居者，名之曰乌遮尔些，后为新荷兰人所得，距有其地。不期新荷兰地，又复为英人所得矣。乌之南曰特拉华者，有瑞典人居之，后为荷兰人所得，终亦尽归英国。崇祯五年，当英之君后玛理[3]时，英人有欲居新地极南者，奏闻报可，遂名之曰玛理兰。顺治五年，英人至费地之南者，称其地曰格阿利纳[4]，后又分其地为南北二名焉。康熙二十年[5]间，英之人姓边名卫廉者[6]，其父前为水师之长，捕贼极多，王锡[7]之金不受，愿得土地。于是授以印券，使往新地，故又有边西威业之地。雍正十年，又开得卓尔治亚地。由是递兴，越百数十年，新地遂以次渐广。

---

[1]新英地，New England，指新英格兰，英人在美洲最早殖民地，传统包括六州：缅因州、佛蒙特州、新罕布什尔州、马萨诸塞州，罗得岛州、康涅狄格州。

[2]新荷兰，New Netherlands，今译新尼德兰，1609—1664年荷兰在北美的殖民地，后败于英国，被英国吞并，1664年改名New York，今纽约州前身。

[3]玛理，Henrietta Maria（1609—1669），今译亨利埃坦·玛利亚，法王亨利四世及王后玛利亚之女，英国国王查理一世皇后。

[4]顺治五年，1648年。格阿利纳，Carolina，今译卡罗来纳。

[5]康熙二十年，1681年。

[6]卫廉，William Penn（1621—1670），今译小威廉·佩恩，英国皇家海军上将威廉·宾之子，美国著名政治家。

[7]原版为如此，但根据句意，乃为“赐”。

当时新地之人丁，约计百万。凡属英地者，其官或由国中派委，或系英民自立，大概治以英例。但其土著之民，颇难划一，数有分争。既而法国之人，亦来居于新地之北，因名之曰新法兰西，后又改名曰加拿他[1]。自此而北，而西而南，法人居者渐多，且建设炮台，以防新地英人之变。

时英之费邦长官，因法人缮修武备，爰特修书，使华盛顿[2]呈于炮台内将军。其略云母[3]多设炮台，失我两国修睦之素。将军不允，华君覆命。费之长官，遂修书遍达新开各地，兼奏于王。当乾隆之二十年，英王遣大将军，统领兵船数十号，士卒数千人，来谒费邦，酌议战攻事宜。二十一至二十三两年间，英法久战，胜负莫定。迨二十四年，法之将军瞒鉴[4]与英帅吴尔富[5]，两军对垒于贵璧[6]之地，大炮互轰，两帅均负重伤，回营旋死。独英兵勇往，终获大胜，遂毁其炮台，距其土地，立为藩属[7]。二十五年旋师奏凯，安有其地，由是其地亦归英矣。

---

[1]加拿他，Canada，今译加拿大。

[2]华盛顿，George Washington（1732—1799），今译乔治·华盛顿，1774年后领导北美独立战争，1789年当选美国第一任总统，连任两届后1797年自动退休，被美国人民尊称为“国父”，世界著名政治家。

[3]原版如此，但所刻有误，根据前后意思应为“毋”。

[4]瞒鉴，Marquis de Montcalm（1712—1759），今译德·蒙特卡尔姆侯爵，或蒙特卡尔姆，法军加拿大殖民地总司令。

[5]吴尔富，James Wolfe（1721—1759），今译詹姆斯·沃尔夫，英国远征加拿大总司令。

[6]贵璧，Quebec，今译魁北克，前法国殖民地。

[7]此战乃指1759年9月13日英法亚伯拉罕平原大战，英胜法败，加拿大殖民地转归英国。

八　民脱英轭

英兵既解，新民相安者数十年。夫此新民，即旧英之民，分而来居者也。其在新地，奉英之公，守英之法，与在旧国无异。英民彼此，时相通问，英王自应目无异视，庶几新旧一家也。而况民来新地之由，皆出于民之己见。英王既从民见，则尤不可以虐政施之矣。加以创道途，建屋宇，竭资财，费人力，百计经营，备尝艰苦。英王曾未闻问。乃历数十年后，新地始得渐入佳境，安享丰年，以致民殷物阜，贸易日兴。是惟新民能自苦，所以能得甘也。

不意英王苦则听之，甘则欲饴之，妄于乾隆之三十年[1]，意欲勒逼居民，开征印纸之课。凡属新地所用之纸，例行纳银请印，无印者不准擅用。新民不从。英之宰臣姓必名卫廉[2]者，亦以王言为非，于是王意遂不果行。后又欲开各物及玻璃等例。新民曰：王如此，是有意逼吾民也，后有来者，决不售之，王其如予何？

迨三十八年，英王因前例之未行，爰思改易茶额。出谕云：商船由中华贩茶来者，向例卖者输纳。嗣今以后，东印度公司[3]船至此，卖者免征，但令买者交纳。其意以公司乃英宗国之商也。适本年公司船数号，运茶马、纽、边、诺四地之首邑等处销售。其至诺之首邑者，囤积贮栈，无人购买，均被霉坏。往边纽之首邑者，其船皆被驱逐，不准进口。至于来马之首邑者，又被居民易衣带，

---

[1]乾隆三十年，1765年。

[2]必威廉，William Pitt（1708—1778），今译威廉·皮特，或老威廉·皮特。

[3]英国东印度公司，British East India Company，另译英国东印度公司。

装面具，乘夜登船，强将所载之货三百四十二箱，沉入海中，而且四路声言，如出一口，皆曰：王若征买税，而今而后我辈宁饮水矣[1]。

英王闻之，遣兵抵境，凡属税款，强逼加征。民众不从，遂于三十九年，十三地绅董，齐集边之首邑会议，思欲英王永敦和睦，还复旧章。因遣奏英王云：恳请班师，幸勿加征税额，俾宗藩一体，同敦亲睦，典制如初，万勿歧异。又致书英之大臣曰：谊属同体，岂可构兵自残害？惟望原情据理，一视同仁，俾诸商贾，得以安生乐业，凡我士民，莫不拜惠。又达国内之人曰：我侪庶土，皆乐于耕耘，安于贸易，毋以兵旅为也。

英王阅奏，怒转剧。添兵侵扰，损我商船，劫我财货，革我民壮，毁我兵器。于是绅董复议，再请英王罢兵，随亦修备炮械，缮造战艘，以御不虞。讵意奏请再三，英王坚执不允。乃于明年四月之十九日，与英人战于勒克新敦[2]而败之，英兵八百杀伤者将半。爰择六月十五日，公举华盛顿为帅，于本月十七日，再战于马之本基山[3]，英兵伤者千余。嗣是以后，彼此相敌，新地之民，决计不服，定于乾隆四十一年七月初四日，自主立国。因再集于边之首邑，公选十三地之绅董者（牛地三人，马地四人，洛地二人，干地四人，纽地四人，乌地五人，边地九人，特地三人，玛地四人，费地七人，诺地三人，叟地四人，卓地三人）。

[1]1773年波士顿倾茶事件。

[2]勒克新敦，Lexington，今译列克星敦或莱克星顿，位于马萨诸塞州。

[3]本基山，Breed's Hill，今译布里德山，位于马萨诸塞州。1775年6月17日，北美独立民兵在布里德山战役中，重创英军，歼敌千余。

出谕自为主治之示，布告各国[1]。试述其意云：

人事变更，反复无常。今如有一等民，思脱他人之羁縻，而欲自立为政，以循人性，以遵神理，与夫各国相同，则不可不以当立之故，布告于人。盖以人生受造，同得创造者之一定之理，己不得弃，人不得夺，乃自然而然，以保生命，及自主自立者也。苟欲全此理，则当立政以从民志。设与理有不合，即宜听民更正。况明哲之心，人皆有之。使非情势太难，谁肯轻于改革？必且隐忍至再，迨忍于无可忍，而势出于无奈耳。现英王反理虐民，屡行不道，凡诸非法，不胜指屈，姑列数款以为共证。

一　出政令，原期公正妥协，洽合民情，惟王不然。

一　有要紧事务，即宜速立章程。乃不候旨者，王则禁之；立而候者，则又永不降旨。

一　会议立法，于民甚便，惟霸王者为惧，谓不除此制，则不许民立法。而王则数行之。

一　立法之处，例有定所。乃王之所行，则召会集于不便之地，以强民之从己。

一　王心贪得于民，民人会议除之，王则辄行散会。

一　会既散后，纵有内外交难紧要事务，王则永不复召此会。

一　我处居民稀少，原冀外邦人民麇至，以补户口之缺。乃王则立法阻之。

一　犯法之人，旧例需设主理者公判。乃王不许。

一　立司审官，向例或民选王选，均宜互定。乃王则自定，俾其所立者，徇其私意。

[1]此即1776年《独立宣言》（*The Declaration of Independence*）。

一　我处官职人员，例有定额。乃王则破额立职，妄遣多员，以饱民膏。

一　承平之世，民不需兵，王则妄添多兵，派守我处。

一　文武平属，向例不相上下。乃王崇重武员，轻藐文职。

一　我处政典，向有旧章。乃王不加调护，反施暴虐，以废原地之例。

一　伤财害民。王者不行。乃王劫商船，毁民房，害民命，兼令士兵辱民，所行非法。

一　良民被劫，理宜宽待，乃强之帮掳别艘，否则加害。

一　王者之言，光明正大。乃王唆使苗人，及我处之民互相争斗，以难众庶。

以上各款，经我民数谏，除不从外，反益加害。不得已乃请宗国之人助谏云：王如不从，恐民心不测，反有意外之忧矣。王怒甚，终不改。于是我众愈忍，王政愈虐。处极无可奈之时，当万不得已之势。若不自立政治，是自不有生命也。遂告民曰：历代以来，苟非政猛于虎，民不聊生，断未有划地自封者。今王所行若此，是迫我创立邦国也。嗣今以后，永远不奉英法矣。于时十三邦遂盟为一，而联邦之名乃由此始，联邦之国乃由此开。此我民之所以脱英轭也。

九　建国立政

夫宇内之国政，大要不同者有三。一曰权由上出，惟君是夺，如中华、安南、土耳其等国是也。一曰君民同权，相商而治，如英法等国是也。一曰君非世及，惟民所选，权在庶民，君供其职，如我联邦国是也。

夫我联邦之政，法皆民立，权不上操。其法之已立者，则著为定例，上下同遵。未立者，则虽事关国计，君人者亦不得妄断焉。盖其庶务以众议为公，凡政以无私为贵。故立法于民，义有取也。

考我国自十三地同盟后，英王闻之益怒。岁增兵卒，攻敌相寻。凡我同盟之地，咸有兵忧，烽火之惊，难以言喻。向例十三地内，载甲者甚少，总揆民数，不过三百余万。尔时各自为兵，莫不一以当十，计与英敌约有七年之久，彼此死伤之民，殆有不可以数计者。迨乾隆之四十七年，英王自度难胜，因遣使议和。而我邦之民亦厌兵告罢，于是年冬遂与英立和约[1]。约成之次年，英师退。联邦之戍卒，仍解甲为民，华帅遂退休林下。其后各邦无事，共际承平，乃相与培国基，新政典。

公议同联之邦，各派绅董，齐于边邦之都，会议开创政体。计十三邦，共派绅董，议立政体凡七条。议成，绅董缮写传知邦会，各听邦民细为商改，如是者数年。迨乾隆之五十有二载，政体乃定。其略云：兹我联邦之民，因欲联络永坚，一心公正，彼此平康，互相保卫，永利国邦，恪遵自主等务。特此会集，公同议定开创政体，以为新国世守成规，所有七条，具列于左。

一　凡立法权柄，总由国会中元老绅董两院司掌，外职不得逾分办理。其元老之数，归各邦会中公同选举，按每邦两员，一任六载（统计若干邦，该举若干员，总分三班入

[1]1782年，英美在法国巴黎开始停火谈判。1783年，英美订立《英美巴黎和约》，英国承认美国独立。

院，每班二年，班尽任满）[1]。绅董之数，由各邦民众公选，视民数为准，一任两年（按乾隆五十年定例，邦民三万，准举一员。后道光二十二年，改增邦民七万六百八十，始举一员。近今民数繁多，更增旧制矣）[2]。至于各邦选举元老绅董之期，及一切仪注，皆由邦会修定，或由国会通知均可。所有两院办公，自应各有本院规例，毋得互相搀越。该院员之俸金，例由国会定数给发。国中诸税，有应充正用，及一切政务章程，皆当先由绅董草议，然后与元老会商，始归国君详查施行（君曰可，则行之，否则必覆议另上，如是者妥，夫然后行。至可行者有三分之二，则君亦不阻之矣）。他如国内关税、铸宝、借贷、贸易、银号、驿报、信局、测量、寄籍等务，概归国会承办。会中设有未定事件，即尊如国君，亦不得自专独断焉。其一切在国职员，例无爵位高卑之别，彼此尤当一体。若夫馈送财礼、交通、走私诸弊，上下均不得私相授受。纵或微物之敬，亦必通知国会，俟其准否，以定行止。再国会应办政务，各邦会悉不得任意越行。

一　凡行法权柄，总归国君主持，位分正副，率任四年（副君无职守，除国君有病，或病故，副君代摄外，余无权，不过为元老之领首而已）[3]。是二君者，概由各邦会中公举。其选举之制，按旧君满任，选期将届，先于前一年之冬月（即旧任第三年），定一日，谕令各邦良民，齐于是日会集本邑，公举国选官（国选者，代本邦之民，公举两君之员也。其员之名数，照依各邦选举元老绅董定制）。至十二月，各选官

[1]元老，Senator，今译参议员；元老院，Senate，今译参议院。

[2]绅董，House representative，今译众议员；绅董院，House of Representatives，今译众议院。

[3]国君，即President，总统；副国君，Vice President，副总统。

齐集该邦之都，公举国君（举时，先于选单内各填写正副二君之姓名，置于箧，俟皆毕，始开箧公阅，以举数过半者为之。然后缮写选册二三帙，由本邦会中盖印讫，各专差赍册，至国都领首之元老处存贮）。届本年之二月，先订一日，及期，旧君率元老等，皆往绅董院。有武弁者，捧贮各邦之选册之箧随行（时诸大臣进，各绅董皆立，俟君等就坐，然后坐。稍定，元老之领首者起，宣明会集之故，于是武弁呈箧上启钶，以次将选册交于预立之承宣官详数，数毕）。元老乃将选册所载，某某得选筹若干，一一宣告于众。若君位已定，即谕众曰：现立某为国君，某为副君矣，自三月初四日即位起，莅任四载。宣毕，派使往禀承位之君。即位之日（新君带同文武大员，诣元老院。副君及司审各官居其右，列国使臣暨随从各官居其左，元老圜列，绅董咸集，均着公服侍坐。继而新君起，众咸从之，诣殿堂之东关，登高台，俾众瞻仰，随将即位后之政典，宣示于众，司审官乃趋前禀请立誓），誓云：予小子输诚昭告，而今而后，君临联邦，恪供要职，原创政典，敬守勿失（誓毕，施放信炮，用表庆贺，并示庶民新君已立。此即国选之大略也）。

至于军务大权，不分邦国，凡水陆之兵将，概归国君节制。若君欲派使臣，及各属官员前往别国，或本国办公，皆当先与元老会商。元老会以为可，始克如派。他若使臣在别国，所议有关国政，及和约等一切章程，当经该使臣妥速回奏，俟国君与元老定夺盖印后，方准施行。至别国遣使，前来本国办公，例准此。每年之内，国君当将已行及欲行各务，预为通知国会，或一次两次俱可。若夫国君及各大臣等，所行不道，经人告发，果属情实，准将该职位革退，照案审断。

一　凡国中审判总权，概归国会之司审总院，及所属各官专执[1]。其属该若干院，若干员，悉由国会详定。如该院官，有熟谙民情，办事妥协者，许即终身办理，不拘年限。至于该院所属各员俸金，自有国会定例发给，不得稍有克扣。若国中有犯法官员，暨军民人等，统由该院官从公定拟，按法惩办，不准徇私庇护。

一　凡邦会所办政务，无论何事，系我同联之邦，皆当信以为实，不可是此非彼，指为虚假，致相疑忌。至如别邦居民前来本邦，或本邦之民欲往别邦，悉听其便，准许自显才能，与该邦民人无异。所有各邦所属荒地，久后生民繁多，开垦成市，或欲立邦立部，皆应先由国会酌议，居民不得擅专。再各邦一切政事，国君尤当严为保护，不可稍效他国，致有倚强凌弱之意。

一　我国政体既立之后，国会及各邦会之中，若有三分之二欲修改政体者，许即会同商改，另将所议分布各邦。俾其互相校阅，斟酌尽善。再同联之邦，必须有四分中之三准改者，始得按照新议，盖印通行。

一　凡我同联之十三邦，当与英战之时，无论军需公务所欠银两，或借自别款以及居民，或贷从他国，总归新国按数偿还。至于已定政体，及国会中既立之法，皆系大公无私，上下人等，尤当恪遵勿背。所选一切官员，不拘大小职位，当未莅任以前，概须立誓守法，方许就职。

一　我同联邦内，见此政体，若有九邦意属可行，其余数邦纵有意见不合者，我民概行从众，不问其余云云。

以上开创政体七条，经各绅董传示，迨定后无不遵行。嗣又添补数条，皆按前条详叙，更觉条中有未明者，

---

[1]司审总院，Supreme Court of the United States，今译美国最高法院。

益晓然矣。此即我联邦立政之始基也。

十 设官分职

且夫国家之有官，犹人之有手足也。盖其官职既设，则各有专司，而政不难于行矣。今如联邦之内，国、邦、郡、邑，政各不同。然其大要，总不过立法、行政、折狱三等（立法详见前篇，此但专言行法）。

试以国论，行法之权专于国君。其职统帅诸邦，总司各政。副君者无职，同以任满退（按乾隆五十四年联邦始立君。其首践位者为华盛顿[1]，历两任。次为亚登士[2]，历一任。次遮费尔逊[3]，历两任。次马地逊[4]，历两任。次瞒罗[5]，历两任。次小亚登士[6]，历一任。次查克逊[7]，历两任。次范标伦[8]，历一任。次哈登逊[9]，立不久死，副君殆列[10]摄理，共历一任。次薄[11]，历一任。次迭纳[12]，立一年死，副君费里马[13]摄理，共历一

---

[1]华盛顿，George Washington，今译乔治·华盛顿。

[2]亚登士，John Adams（1735—1826），今译约翰·亚当斯，又被称为老亚当斯。

[3]遮费尔逊，Thomas Jefferson（1746—1826），今译托马斯·杰斐逊。

[4]马地逊，James Madison（1751—1836），今译詹姆斯·麦迪逊。

[5]瞒罗，James Monroe（1758—1831），今译詹姆斯·门罗。

[6]小亚登士，John Quincy Adams（1767—1848），今译约翰·昆西·亚当斯，又称小亚当斯。

[7]查克逊，Andrew Jackson（1767—1848），今译安德鲁·杰克逊。

[8]范标伦，Martin van Buren（1782—1862），今译马丁·范布伦。

[9]哈登逊，William Henry Harrison（1773—1841），今译威廉·亨利·哈里森。

[10]殆列，John Tyler（1790—1862），今译约翰·泰勒。

[11]薄，James Knox Polk（1795—1849），今译詹姆斯·诺尔克·波尔克。

[12]迭纳，Zachary Taylor（1784—1850），今译扎卡里·泰勒。

[13]费里马，Millard Fillmore（1800—1874），今译米勒德·菲尔莫尔。

任。次壁尔斯[1]，历一任。次布堪南[2]，历一任，即今将满任之君也。计至今庚申共七十有二年，凡立十三君，历十有八任。为国君者，每年得金两万五千，副君得金八千）。

国君之外，有元老、绅董两院，专司国会立法之职，每二年为一会。现届七十二年，凡第三十六会（按元则两年一更新班，绅则两年一更新任，故会亦两年一更也）。元老之中，专以副君为院长。定例以十二月之首礼拜日，每年集议政典一次。如有要需再集者，则国君传谕，届期另会。若绅董，则公推其中一人为院长（每会人各俸金六千，至个人之程途之远近，总以里数为断，按每六十里，国会中另贴各人路费银八两。其二院之专职，并详前篇）。二院之外，别有辅院[3]。辅院者，辅佐国君以行法之院也。院官七人，各司一职。其举黜之权，皆国君操之。当国君选定之时，下议于元老院。元老曰可则立，否则止。其任四年，与国君等（每年人各俸金八千）。

一为文书院长，乃与国君定可否，总理各政者也[4]。凡国君之公文，暨一切文武，及出使各国之大臣，并驻防本国外国之领事等官之文凭，皆主之（使臣分二等。一等者十数人，二等者二十余，每年俸金一万或一万五千。领事数百员不等，皆指现前而言）。

一为司库院长，总司国中税务，以及一切国费正用银

[1]壁尔斯，Franklin Pierce（1804—1869），今译富兰克林·皮尔斯。

[2]布堪南，James Buchanan（1791—1868），今译詹姆斯·布坎南。

[3]辅院，United States Cabinet，美国内阁。

[4]文书院，United States Department of State，今译美国国务院，长官为国务卿。

两之事[1]（自乾隆五十四年立君，至前丙辰年止，每三年一算国费银若干。凡六十八年，曰三百万余，曰一千二百万余，曰两千一百万余，曰一千七百万余，曰二千三百万余，曰三千六百万余，曰十千八百万余，曰五千八百万余，曰四千五百万余，曰四千九百万余，曰五千六百万余，曰八千七百万余，曰一千一百二十万余，曰八千一百万余，曰一千四百六十万余，曰一千九百四十万余，曰二千一百一十万余，皆历年国中之正用也。现届四年，银数不具）。

一为陆营院长，总管陆路诸军军务[2]。凡联邦之炮台及铸军器等，皆主之（按国中之兵凡二等，一曰正兵，一曰民壮。国中之正兵，不过一万余千。其为民壮者，有事则赴，无事则散，统计二百七十二万七千四百有余。此己未年所核之数也）。

一为水师院长，总管水军诸务[3]（按水营师船，最大者十只，炮位可安八十四至一百二十不等。次者十只，炮位可安五十。又次者二十一只，炮位可安十六至二十四不等。其最小者四只，可容炮不过五六位。火轮船最大者八只，次者六只，又次者十四，最小者二十余只。是二船之大者，水兵容五六百人，小者亦容数十人。庚申年计用船费，共银一百五十二万七千一百有余）。

一为褒巧院长，掌凡国中之工艺、有出奇技以便用者，则奖之以为民劝[4]。至于水陆老弱兵士，以及国地出售于民，亦本院之长主之。

一为驿递院长，掌管水陆驿传[5]。无论发遣本国及各外国来往书函，计路程之远近，断银数之多寡，皆于是取

[1]司库院，Department of The Treasury，今译美国财政部。
[2]陆营院，Department of the Army，今译美国陆军部。
[3]水师院，Department of the Navy，今译美国海军部。
[4]褒巧院，Interior Ministry，今译美国内政部，后分化成多部。
[5]驿递院，Department of Transportation，今译美国交通部。

定焉（按联邦有信至中华，或中华有信寄联邦，每信一封，重无过半两，计需信力银三角三分）。

一为表法院长，掌凡详解国法之事，如有上下人等不明法者，则归此院解之[1]。

外此别有土司院总统，总理苗疆一切有关国政之事[2]。盖凡苗民，自有本部土官统辖，至其有碍于国，或与国政一切往来之事，则此院专之，别院不与闻焉。

以上各院，除院长以下，每院另有属员数人不等，分理本属应办之事（其俸金或二千三四千者）。以故官无旷职，责有专归。自我联邦开国以来，计凡七十余年，而君民上下，所以得相安如一也。他若邦政、郡政、邑政，视国官不过降一等，其各职之大略率仿此。

十一　理刑规制

国家之定律法，立问官，所以禁人之恶念，而许人之自修也。故凡听讼者，宜敏捷、便利、公直，则为官者无枉法，而为官之所治者无枉情矣。

兹我联邦理刑之官，凡分三等。一、大审院[3]，官九员，内择一人为院长，一切犯国法者，咸归此院判之。每届十二月之首礼拜日，会审案件一次。会审之时，不必全至，但无四人则不能审焉。二、道审院[4]，分九署。计凡

---

[1]表法院，Department of Justice，今译美国司法部。

[2]土司院，Department of Native Americans，今译美国土著管理局。

[3]大审院，Supreme Court of the United States，今译美国最高法院。

[4]道审院，United States Court of Appeals for the Federal Circuit，今译美国上诉巡回法庭，后增加到11个。

联邦之地，划为九道。一道一院，每院约理三邦，各以大审院之一官为院长，一年审案两次。其道中有犯国法者，则归此院判之。若或理问不公，准受枉者上控于大审院。但当按审之时，如无院长在座，则亦不能审。三、州审院[1]，分五十州，每州立官一员，有理一邦或半邦者，皆视邦之大小为定。其州犯国法者，则归其官判之。年中审案四次，若或所审不公，亦准受枉者之上控焉（以上除为大审院之院长，每年俸金六千五百，余则以次递降，故数不具）。

三者既系国官，专理犯国法之案。若其人办事明达，即终身任之，概不拘限。至若犯邦法者，各邦自有审官理之，郡邑皆同。

按审案之制，除审官外，别有法师[2]、议长[3]、公民[4]等。法师者，深通律法，主民之状词，暨代官诘问者也。至于议长与公民，乃系民间正直之人，平日民众特选，以备审案者也。当选定时，共若干人，比即分为上下两班。上班者曰议长，主议事之行止。下班者曰公民，主听讼词，判曲直之事。每班各有定额，至少皆不得过十二之人制。

今如讼者白其事于法师，法师听其曲直，为之书状，于是出传单，以拘被告者至。则有议长等，来议其案可审与否，然后上之于官。官中坐，公民陪听。设告者有与公民不合之人，许其指名更易。迨两造陈词，法师诘问毕，被告者果属情实，又得证者为据。官遂语公民曰：律书犯某法者如此，今日之案，尔等咸听，合秉公以定之。公民

[1]州审院，State Courts，今译州法院。

[2]法师，Lawyer，今译律师。

[3]议长，the Chief Judge，今译审判长。

[4]公民，Jury，今译陪审团。

遂退，各就所见，书罪上拟。若其一意皆同，则照所拟为断，否则不能妄定，或结案，或再审焉。审毕，录存案档，以备后法，凡各审官皆然。

刑罚数等，例无惨酷。重者缢，次监禁，次罚赎，皆依犯者轻重科之，无所谓笞、杖、徙、流、刺配、斩、剐等刑。若犯者罪未尚定，不得丝毫有所凌辱。定例君民犯法一体同罪，不以人废法也。

通国之律，不同者有四。一曰国律，国属通行者也。二曰邦律，行于一邦者也。三曰郡律，通行一郡。四曰邑律，通行一邑。咸以小属大，各守所从（如邑不得犯郡，郡不得犯国是也）。其间军有军法，以及户口田土一切，无不各有其法，犯之者即依其法治之（如军士犯法，即以军中之法治之，余仿此）。

国律例由元绅二院妥议定立，一体颁行。凡属联邦，概宜遵奉。若邦律，则由各邦自立，郡律、邑律亦然。夫羞恶之心，人皆有之；畏惧之心，人皆有之。而谓法如是密，律如是严，而犹有犯之者，盖几稀矣。

十二　语言文字

溯自元始以来，民心淳朴。凡诸语音，列土皆同。自遭洪水之后，民生日繁，人心日薄，好作淫巧，蔑视至上。造物者因恐民之流于异端也，爰乱其音，散之四处，使之各为方言，全不相解。于是各国遂有各国之言语，各国遂有各国之文字。而天下之不同，乃自此基矣。

粤稽上古之世，其言语文字，有若中华者，有若埃及者，有若希伯来[1]、梵语等者（梵语，即巴里之语，谓本来之言语也，后变名为散斯克，译即正音之意）。中古之世，有若希利尼[2]者，有若腊丁[3]、亚喇伯[4]等者，类皆不同也。迄今所遗希伯来与希利尼，及腊丁之文字，泰西诸国尚有人用之，然其余者多半不传。吾于是知诸国之文字不同，即一国中古今亦不同矣。譬如中国之文字，始则龍魚虫鳥六书各别，继则变篆，变隶，变为草，又变为今之楷，遂致今日之文字亦不同于古之文字矣。现地球上之诸国，方言百数十种，文字不下数十等。惟在欧洲之国，通用腊丁文字（即今所用之罗马字），但其字音、语言亦复不同。盖其字虽一体，而用则各别，如英法等国是也。

我联邦之语言文字，与英略无少异。所用字母，虽仅二十有六，然凡天下万事万物，皆赖此以书之。其字相并而成，变化无尽。用之之法，以字调音，定音成言，积言成句。或两三字而调一音，或五六音而成一言，间有并至七八以至十余字者。盖计之则有限，变之则无穷也。凡书之字皆以横行，读法由左达右，以左幅之页为首，非如中国之从上至下，以右幅起也。英国用之现已四五百年，字分真草二体，真字之中又有大小之别。既便于书，复便于用，故我联邦因之。

所谓字母者（看左图便知之），其中只三字有意，可以独用，如A、I、O，音野、音嗳、音窝是也。A者，一也。I者，我也。O者，叹词。余则必须连贯，乃能成音成意。

---

[1]希伯来，Hebrew，今译希伯来文，主要在以色列使用。

[2]希利尼，Greek，今译希腊文。

[3]腊丁，Latin，今译拉丁文。

[4]亚喇伯，Arab，今译阿拉伯文。

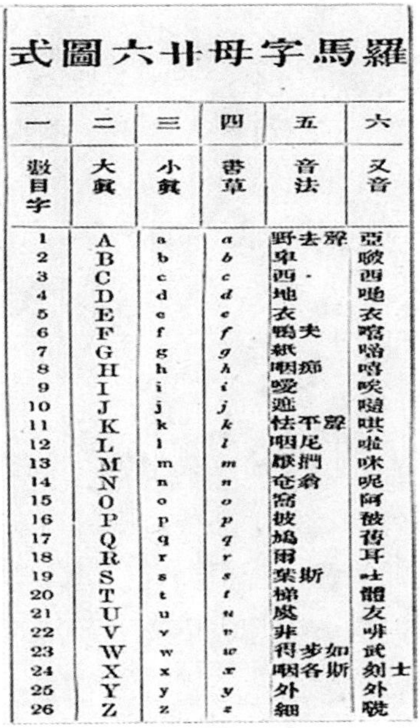

式圖六卄母字馬羅

一	二	三	四	五	六
數目字	大眞	小眞	書草	音法	又音
1	A	a	*a*	野去聲	亞
2	B	b	*b*	卑	啵
3	C	c	*c*	西·	西
4	D	d	*d*	地	哋
5	E	e	*e*	衣	衣
6	F	f	*f*	鴨夫	嗐
7	G	g	*g*	紙	嗤
8	H	h	*h*	咽痴	咭
9	I	i	*i*	嗳	唉
10	J	j	*j*	遮	嗵
11	K	k	*k*	怯不聲	哄
12	L	l	*l*	咽尼	唵
13	M	m	*m*	睽捫	咪
14	N	n	*n*	砼翕	呢
15	O	o	*o*	窩	阿
16	P	p	*p*	披	被
17	Q	q	*q*	鳩	德
18	R	r	*r*	爾	耳
19	S	s	*s*	葉斯	吐
20	T	t	*t*	梯	髗
21	U	u	*u*	威	友
22	V	v	*v*	非	啡
23	W	w	*w*	得步如	武
24	X	x	*x*	咽各斯	剋士
25	Y	y	*y*	外	外
26	Z	z	*z*	細	硴

《罗马字母廿六图式》

至如图侧之字，乃亚喇伯数目字体，现海外诸国以其便用，俱通行之。虽其数不过九字，然自小数以至亿万之数，无不易书易明（用法及罗马字调音之法，俱录于下：1，one ，音温；2，two，音都；3，three，音替而衣；4，four，音夫儿；5，five，音吠非；6，six，音昔各斯；7，seven，音士文；8，eight，音噎的；9，nine，音乃恩；10，ten, 音颠；11，eleven，音衣勒分；12，twelve，音退而夫；13，thirteen, 音替而颠；14，fourteen，音夫儿颠），以下至十九皆仿此。（20，twenty，音都恩地；30，thirty，音替而地），以下至九十皆仿此。（100，one hundred，音温恨地列；200，two hundred，音都恨地列；1000，one thousand，音温豆散；10000，ten thousand，音颠豆散）。此不过数目字之大略也，善用者自能知之。

十三　学馆书籍

我新地初开之始，由英来迁居者，大半皆属士人，故其立学为最先焉。至今联邦学馆之多，其源皆基于此。

国中诸学制度，不以贫富限人。有男馆有女馆，各分小学大学，凡自四五岁以迄成童者，无不可入。其初入者为小学。馆分官私二等。官学者，邑官理之，每乡一馆，贫者富者均可就学。学中师徒，无论男女，各从其便。所学乃启蒙一切，读书识字之事。每年馆费各由邑官支取（按邑官视所治若干乡，各就其乡之产以科之，年中征收其银，按时发给，以为各邦官学之费。至其费之等差不同，统视乡之大小、生徒多寡为断）。其有富厚之家，不愿其子女入官学，而延师独教者，是为私学。

小学之上，别有幼学。每邦有数十或数百馆者，其馆亦有公义二等。公学由为师者开门授徒，来学者以束脩进，师各受其金以教之，故曰公学。至于义学，则或由富者捐建，或立会公建。其馆延师等费，皆捐金者任之，学者不闻问焉。是二馆之所学，盖自小以几成童之事。其间另有女馆，如教奏乐，及女红等皆是。

幼学之上，则有大学，每邦一或二三馆不定。一馆师或数十位，徒或数百人。入学者，统以四年为满。每年散馆三次，有满者出，则入新者以补之。其学分四等，盖满一年则进一等。年中依次试之，学成者准予超等，否则黜之理旧艺，俟其学成再进。四年满者，予以凭，略如中国之生员焉（按立大学之制，须邦中廉正能事者，约十数人，均有建学之意，自愿联名，请于邦会。邦会允之，与以文凭，俾其司事，经理立学及学中一切，而大学始能立。其诸费类皆富者捐项，以及学者各有贴款，或邦会中亦有时助银焉）。

大学之外，又有三大公学。入馆者以三年为满，每年散馆二次。学满者各予以凭，俾得行其所学焉。一曰圣学，通国凡四十余馆，专以研习《圣经》，讲解文义为业。学成出馆，主学者与之凭，可为牧师，以行教化之事。一曰医学，通国亦有三十余馆。入学者，专一讲求药性、参悟病源之理，三年满，得凭出馆，可以为医生。一曰律学，国中凡二十余馆，专习律例之事。学者果系精通，满日领凭出，则可以为法师（法师所务，详见《理刑规制》）。

是三公学之外，别有私学，系为师者自立。其数其制，悉如公学。各馆皆有良师，听学者之请业焉。此外又有兵馆、舟师馆，主教兵法及船工水手之事，其费皆由国给，是为国学。近又添士觅学馆，其中天文、地理、算法等学，各有专师，惟学者之意所择，其费亦由国会领取（按此馆属于英之人姓士觅者，其人因多财而无子，立意建一大学馆，以公学者。缘与联邦相善，故舍银于我国之会，执政者乃为之设学，以其余银为每年之馆费，以成其美意焉）。

至于书籍之富，又有不可以胜数者。缘联邦为士者多，暇辄博览群书。故属国会者有国书房，属学馆者有学书房。其中陈书，大率数万余种。无论何国，上自古今贤传，以迄新奇杂说，但凡有可购者，靡不备焉。国中书肆，各处咸有。士人之家，恒有藏书至数百数千种者。间有富厚者，置一书室，购各书于内，任人就观，以公同好焉。通国除自各国采买书籍外，本国每年亦时有新书刊刻。又有新闻纸，不时刊出，或每日出，或每礼拜出，或每月每季每年一出者，出或数百数千以至数万不等。

缘联邦印书之器，皆以机为之，自然运动。其字以铅铸成，散则为字，聚则成篇，盖活版也。既省人工，印之又便，此新闻书籍之多所由来欤。

十四　教化说源

尝考普天之下，教分多门，列土之国，从者不一。惟我联邦地国虽新，守教维旧。诚以吾教乃圣，系诸教中之至古至真至正者也。旷代以来，历见奇迹，载在圣书，洵可证据，故天下各国往往有弃彼就此者。

缘我教之神，本无始以来独一之神，创造万有，无所不能，周天极地，无所不在，万民为其化育，万国为其包罗，乃万主之大主也（按神字，即希伯来语所谓阿罗献者是也。真神之名曰耶和华，译即自然而然也）。我众敬之，不过饮水思源之意，非若别教之崇尚虚无也。

粤稽元始，人类未兴。神造亚当，是为民祖。嗣因亚当惑邪，背弃神命，自坏本性。神怒贬之，俾其服劳作苦，属望于将来焉。后其子孙作恶愈甚，越千余年，神不得已，乃降洪水之灾。洪水以后，民犹不改旧恶，爰乱其音以散之。其后有居所多马[1]、蛾摩拉[2]者，仍无悛心，神遂雨火灭之。继而有一民族（即亚伯拉罕，及其子若孙[3]也），慈惠正直，笃于事神。神恐其心之不坚也，爰使为奴于埃及以试之。已而历四百年果然，神因出其民，俾得嘉地焉（即犹太国地）。是民即以色列之民也。同时有摩西

[1]所多马，Sodom，今译所多玛或索多玛，旧约地名，据《圣经》称因同性淫乱而受到上帝惩罚。

[2]蛾摩拉，Gomorrah，今译蛾摩拉，旧约地名，据《圣经》之《创世纪》，与索多玛因罪恶而被毁灭。而据现当代考古认为，索多玛确实存在，曾因地质灾害（可能是地震火山）而毁灭，现已沉没于死海。二城后成为西方罪恶之城的象征，以及同性淫乱的代名词。

[3]若孙，Isaac，今译以撒，亚伯拉罕的儿子。

者（在商纪太戊之世），神授其意，俾书遗诏以示民。摩西之后，以次领神意者，凡二十数人。计历千余年而书始成，共三十九卷，是为《旧约》。

溯自开辟以来，神之赏善罚恶，律属至公。然鉴观下民，恶日多而善日少，神又不无矜恤之意。故越四千年后，而我基督救世主降生（按上古之礼，凡有极尊之人，若为王及为祭司长者，例以香油膏之。其称救主为基督者，言受膏中之最上者也。基督之名耶稣，译即救民于罪之意），所谓将来得望者应矣！当我救主未生之时，凡有告悔罪于神者，概用祭司。迨我主既降以后，因思律法无私，惟神所立，人非至善，孰能无犯？使如律以治之，既恐斯民迁善之无门；不如律以处之，又恐斯民因罪而废法。于是舍身为祭，以赎万民，冀化世人开一善途，以赎罪过也。所以救主死后，即自复生，谕令门徒散之各国，宣扬福音，俾得新民，同享永福。其后门徒为之书行传者，计有八人，共得二十七卷，是为《新约》。

是二约者，乃我教之圣书，即万世之至宝，凡属金玉，无与伦比。盖遵之则获永生，背之则获永苦，有较人之生命为尤重者。书之大旨，分律法、史记、预言、诗篇四等。其意有显而易明者，有奥而难测者，惟在人之善为体悟，斯能得之。其中所谓圣父圣子圣灵者，皆神也，盖一而三、三而一者也。故分拜之、合拜之，均无不可。现译是书者遍天下，凡诸方言，大率十有其九焉。

我联邦人专心研究，知与各事有益，故于圣书所谓可行不可行者皆奉为法。教中之制，惟拜真神，无祀一切他神陋习（按我国拜神，无定时，亦无定所，因随时可拜，随在可拜也。拜时，各读圣书少许，不拘仪文，或坐或立或跪皆可。拜神分三等，曰独拜，曰一家同拜，曰一会聚拜是也）。凡有善举，皆愿成之，尽心事神，爱人如己，不以彼此易行。每七日中一主日，是日除礼拜外，不得工作等事，所以又名安息日也（考耶稣以前，皆守第七日为安息。因神创造一切，于第七日始止息也。迨耶稣复生后，其门徒乃以第一日为主日）。

凡奉教者，莫不以去恶存善为念。故无论何人，皆不可不读圣书也。国中不拘乡邑，各有讲堂。为牧师者，专以宣解真理，教导庶民为务。至如教中一切，因系吾民分内之事，故与国政全不相关。是即我教之大略也。

十五 百工技艺

联邦地居温带，土壤膏腴，山谷众多，平原绵邈。故其百谷滋生，发荣万汇，比之他国较为繁盛焉。国中产金之区，任人采取不禁。其俗重谷甚于黄金，所以艺业首以农事为本，他工次之也。务之者，上自国君士大夫，下逮闾阎众庶，以迄各业之工，未有不留心稼穑，肆力场圃者。今试约数其人，通国计得四分之三。所以土产充盈，而国用无忧其不足也。

至农家所务各事，有不胜枚举者，姑略言之，以窥大概。如务杂谷者，则有耕获等事；务花果者，则有培植

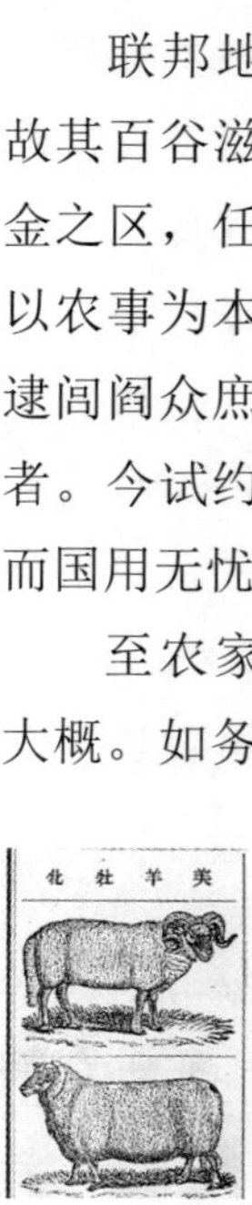

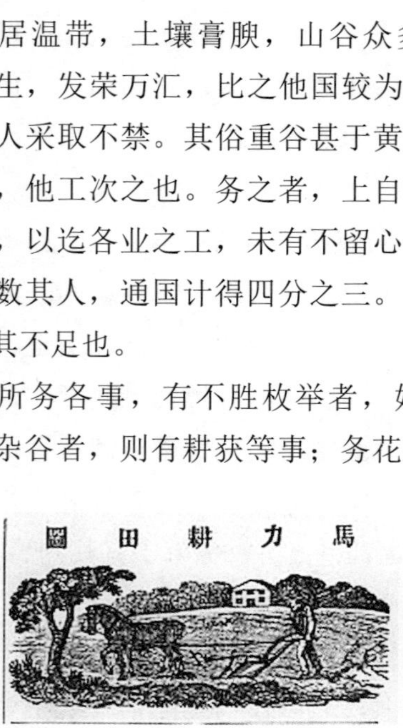

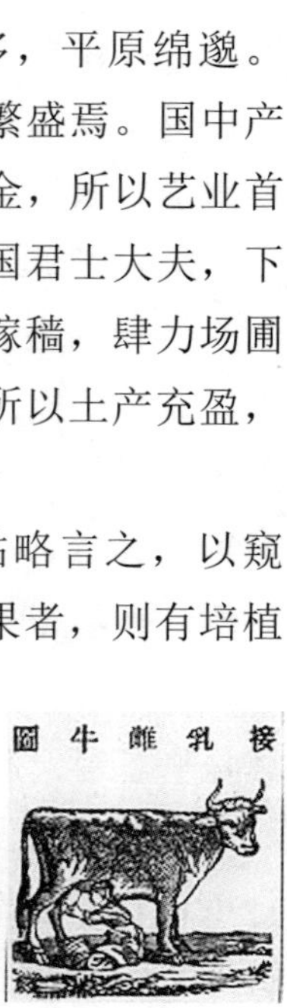

《美羊牡牝》《马力耕田图》《接乳雌牛图》

等事；务园蔬者，力勤灌溉；务林木者，用备成材；养牲者，有马牛猪羊之繁育；酿酒者，有色香气味之不同。其他若作面饼糖食一切，类皆各务其务。

至如纺织之事，亦属乡居本业。故凡农家妇女，无不习焉。其间有以棉织者，如布匹之属；有以丝织者，如绸缎之属；又有以毛织，若大小呢、哔叽、毡毯之属；以麻织，若苎葛麻布之属者。然此诸务，不过农业中之一二。总之产有出于土者，其务概曰农也。

农之外，有以艺售者，是谓之工。如治器者曰作工，琢器者曰雕工，修理者曰修工，铸造者曰铸工，漆者曰漆工，画者曰画工，设色曰染工，奏音曰乐工，造船船工，造车车工，以及金石土木一切杂艺之属，无不各有工以治之。大率地球之上，凡有可以成物者，联邦之工皆能为之也。若夫技艺之精良，则又未易易形同者。盖其人之心颖手慧，思巧志专，故凡理所应有之物，时或运奇想以成之。如测天镜能测诸行星之轨道，望远镜能窥数百里于目前。显微镜辨析纤微，传真镜影留逼肖。又有气球可以凌虚，电机可以报远。自鸣钟表，轮传昼夜之时；火炮鸟枪，巧击自然之火。以及寒暑针、日月晷、火轮车船、印书机器，奇妙等技，指不胜屈，洵所谓穷人工而得天巧者也。

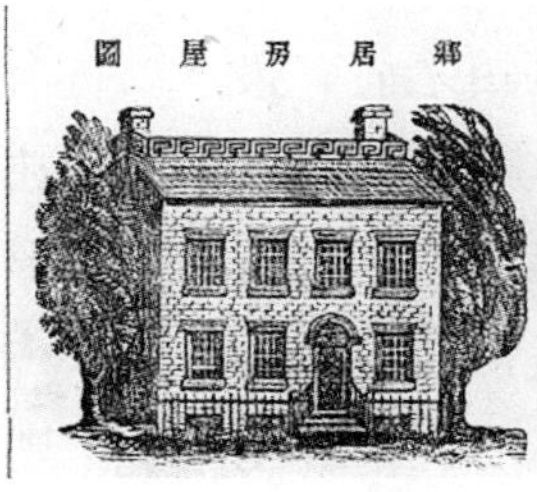

《乡居房屋图》（左）、《救火水车图》（右）

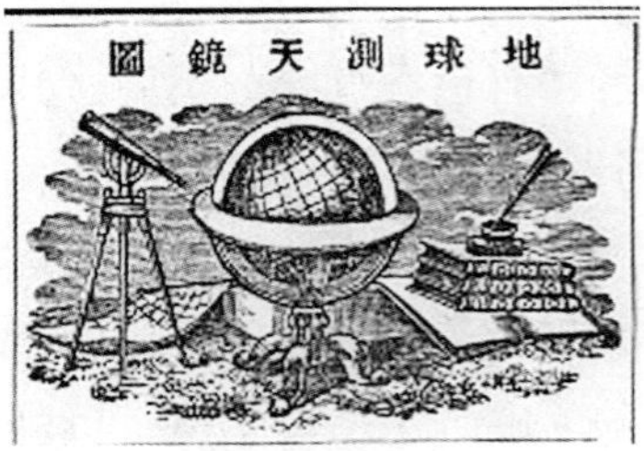

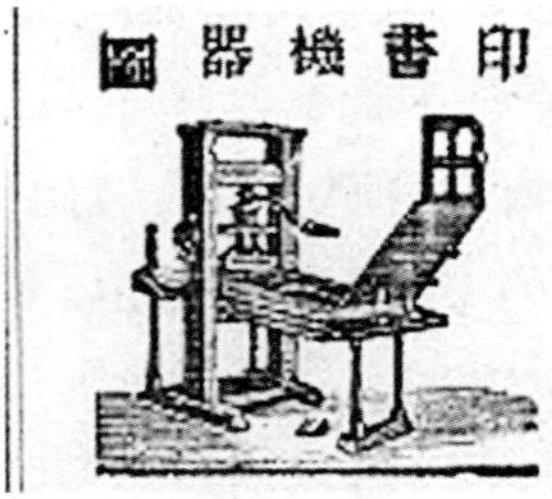

《地球测天镜图》（左）、《印书机器图》（右）

近我国又悟得事半功倍之法。凡各业之工，有可以不需人劳而以他力代者，现无不以风力、水力、火力代之。而此诸力之中，又用水火之力为最多。如田家则用其力以耕获，织妇则用其力以成布。诸如铸器、锯木、制造玻璃等事，莫不用以代劳。其利甚溥，其便较十倍于人。噫，技艺至此，无以复加矣！

十六　商贾贸易

行货谓之商，居货谓之贾。盖利之所在，而流通百物，便民交易者也。观历生财之道，莫大乎是，故人往往乐于趋之。

至我联邦之利于商贾者，其便有四。一则土产繁多，百工咸备，他国所虑为不足者，我则用之而有余，以有余补不足，而我之商贾无不售之忧，其便一。一则货物往来，陆有火车，水有舟舰，比之转运维艰者，而我则倍形其逸，其便二。一则国之东西南，各滨洋海，北接大湖，国中又有大河诸水道，为商贾者无往不宜，其便三。一则天下各国，皆与联邦通往来，而我之商贾随在俱可以贸迁，其便四。由是经纪于国中者，无论何邑，各有舟车之辐辏，而商贩于国外者，亦莫不往来之如云焉。其间皆或以本国所产，售之他国。或以他国之货，运回本邦。故联邦之物遍天下，而天下之物，亦为联邦之所共有也。

计本国出售之货，若金银器、铜铁器、磁石器、木器、木料、杂谷、棉花、烟叶、禽兽、兽皮、鱼油、煤石等，及一切奇巧动用好玩之物，约凡数百余种。每年海利所出，如鱼油、鱼骨之类，值银三四百万元；山林所出，如木料、木器、松油之类，值银一千三四百万元；农家所出，如猪马牛羊之类，值银一千七八百万元；杂谷、百果，值银五千万元；烟叶，值银二千万元；棉花，值银十三千万元；工艺所出，如金银器、铜铁器，及衣帽靴鞋、车船、各类杂货等，值银一百千万元。

至于卖往别国者，则乙卯年约售价银二十四千六百万；丙辰年，约售价银三十一千万；丁巳年，约售价银三十三千八百万；戊午年，约售价银二十九千三百万焉。他如他国之货，联邦贩回者，则有湖丝、茶叶、牛皮、加菲[1]、麻油、糖等货。甲寅年，计买三十千零四百万银；乙卯年，计买二十六千一百万银；丙辰年，计买三十一千四百万银；丁巳年，计买三十六千万银。

此即我联邦贸易之大略也。

十七　善举述略

语云，观树必于其果，鉴人必于其为。旨哉斯言，良

[1]加菲，Coffee，今译咖啡。

不诬也。盖善树不能结恶果，与恶树不能结善果，犹之乎善者之不能行恶，恶者之不能行善也。近今儒释道回，以及各杂教等，无不各言其教之善。究其立教实际，皆有意想所及，故不能无不偏之病。惟基督圣教，秉神之意以立言，纯全无偏，专以爱神爱人为主。今试取观人之法以观之，则诸教之善否，爽然可证矣。

我联邦之民，自由欧洲迁来，皆宗圣教为纲领。本爱人如己之意，发为作善之举，通国多端，万民普被。其间属政属民，共分两等。属政者，如兵丁水手辈，及凡劳于国事之人，遇后孤苦之时，则设法以归之，岁中由政务中筹费以报其劳。若夫国有凶岁，民食维艰，或发银或发谷，按户计丁，随方设账，则亦政中理之。他若别国有灾，政务亦间有助之者。外此各邦各邑，凡有病残之人，如聋瞽跛哑等，则各有专院以养之。至若小孩之无父母者，则设抚育之院以聚之。诸院各立数人，以司其事，一切费款悉由政务支取。

至属民之善举，约有两等，一期益己，一期益人。年中用银，综计不下四五千万。其银皆民立会捐之。会有男者，有女者，又有小孩及男女合作等会，各乡各邑，无地不有焉。

一为传教之会。不拘本国，或天下各国，延牧师诣之传教。若其地无礼拜之堂，则本会捐金以建之。至延牧师之费，亦属会中发给，每年凡用银三四百万。若他处之民，有无力建堂延师者，本会亦时助之。

一为圣书之会。会中延师，以各国之方言文字，翻译圣书，不时刊刷印送，以期普世家置一编，每年用银亦约三四百万。

一则劝世文会。如贫民之无力购书者，则印各种善书以送之，俾得启其善心。年中所费，数与上等。

一则义学之会。如贫家幼孩，有不能延师从学者，则捐金设学以教之。有男馆，有女馆，大小之学兼备焉。是学惟在本国设立，他处不备。

一则戒酒之会。会中设簿籍，愿戒者书姓名，自明其不造、不卖、不饮之故。现通国之登名者，数约三分之一。其他戒吸生烟者，亦复不少，总以其有伤于人也。至鸦片除用以作药料外，联邦全无吸食之人。

一养老之会。如民中有老而无子，及寒苦无依者，不论男妇，则立此会以养之。

一抚孤之会。其抚之之法，与政务所理之育婴同。

外此瞽者、聋者、跛者、哑者，各邦各邑虽有专院养之，而民中亦各立会以助之焉。

更有恤疯之会，专司收养病癫之人，给以衣食，俾之养病。又有化罪之会。凡监中之犯人，居处饮食，鲜有洁者。民则立会为之建屋，俾各居一房，给以衣食，课以工作，不令出本屋之外，时以善言谕之。往往出者皆感而为善云。又有防恶之会，凡游手非为之民，则立会养之，俾得安居以消其恶念焉。别有劝和之会，专主解纷释怨之事，凡别国之有战争者，则为之调停以息其争，若民有斗者亦然。此外又有恤贫之会，如贫民之作工者，积银若干，虑其不敷用，则入银于本会，会中存其银，按月给厚利以补助之，俾贫民失业有所仰望焉。更有防后之会，如人在生之时，自愿定二十年或三十年，量力每年能入若干银于会，则会照收其银，俟其人死，亦按年给付其子，以免贫乏之患焉。其他若货船、住屋，亦多有入银防后者，倘后船沉于水，或屋遭于火等事，则会中为之造舟建屋，以补还之。

如是诸会，以故我国无甚贫者，是即联邦之诸善举也。

十八　风俗人事

天下之国，皆自以为其居地风俗为美。使移极冷之国于极热，或移极热者于极冷，彼必谓不如其故地也。至于新旧大小等国，亦莫不然。何哉？良以习俗惯也。

予新国之民，凡联邦之风俗人事，予能言之。至其真美与否，予未能定，请俟后之采风者评焉。顾或以有谓联邦风俗，多与英同，遂有以新国为英之第二等人者，予窃怪之。夫天下事所贵乎探本穷源者，欲知其所自出耳。今联邦之始，其源多出于英也。则英母也，联邦子也，焉有天下母子可以等第判乎？

兹试以我国之风俗人事论。风俗之端，本于家国。盖家者，国之镜也。大则为国，小则为家。国之有家，所以为人教养之地也，故必有夫妇而后家道成。譬之时辰钟，夫枢也，妇纽也，钟之不能废乎枢纽，犹家之不能废乎夫妇。一夫一妇，一妇一夫，彼此一体，相为表里者也。世有夫妇而不知处家者，当奉圣书为指南，斯得处家之道矣。

但夫妇之道，必自婚礼始。联邦婚礼，男子二十一岁而后娶，女子十七十八而后嫁，例不置妾。其结婚也，由男女契合，自媒以主其事，然后告于父母以定，无纳彩、奠雁[1]诸仪。娶之日，由牧师或邑官主婚，男女携手就

[1] 奠雁，指新郎到女家迎娶新娘。

之。主婚者当众谕其为夫妇，当相和顺，不得乖异之意。语毕，主婚者纪其事于籍，与之凭，以为共证。于是男女各离父母之家，另营新居。是日，女家赠以妆奁等具，略如中国赠嫁之仪。自后家以夫为主，妇以顺为正，而家道从此始焉。

住室尚修洁，粉壁光滑，一望无纤尘。室基甚高，无下湿之患。民家之屋，两层者居多。室中陈设玩器，皆极珍贵之物，图画、灯镜位置悉当。室之四周，每面各有板帘窗扇，内安玻璃以障之，光明尤甚。日暖四面之窗以受风，寒则就壁生炉，绕室帐帷幔，围炉小坐，融融然如在春风中也。室内之地，夏铺纹簟，冬铺花毯，坐具各安裀褥，用物极精巧，有非言语所能述者。室外每层留游廊，以供不时眺望之用。绕室缭以短垣，隙地植杂色花卉，四时芳香袭人。檐际悬佳鸟数种，饮啄自如，洵安居之乐境也。

出游或步或车，惟意所适。车用一马、两马、四马不等。饮食则每日三餐，餐有定晷。食时，合家男女团坐一桌。桌面以洁白枲布[1]铺之，陈设食物于上。每位前，设小盘手巾各一，以便贮菜品，暨洁手之用。食不以箸，惟用刀叉诸器，取其爽也。早晚两餐，皆随意小食，不尽其量。至午后，则陈饭、面饼、茶点、果品、牛羊、鸡鸭等肉，恣意饮啖，是为大餐。

衣冠之制，男女各别。有男冠、女冠。夏制以草，冬制以毡。又高者可七八寸，以黑绒或灰色者为之。衣服无论男女，皆紧缠其身，以白为正色。男衫长不及膝，衣钮适中，无左右衽者，下体裤脚常垂。靴履皆以皮制。女子

[1]枲布，指麻布。

率细腰，长裾拖地，笼罩四周，不见行迹，意致亦翩然也。

接生以医士，婴儿由乳媪抚养，无送礼、剃头诸俗。子生数日，或弥月，父母命以名。名既定，至老不得更焉（按联邦人姓名外，间有别名，仿佛中国之有字者。如子姓裨治文，名高理文，别名依力雅是也）。稍长，教以事真神之道。有父母在，子出必告，反[1]必面。若丧礼，则先以净水沐死者，著以洁白之衣，以大布敛其体，然后入棺。停于家二三日，即举殡焉。墓内衣砖石围砌，墓外亦然。送葬时，亲友皆服黑色。墓上立碑石，书亡者生死之日焉。

交友之道，君民一体，无贵贱之别。若他国有与国政邦政交往者，接待之礼，与待本国同，遵圣书天下一家之训也。

大美联邦志略上卷终

---

[1]“反”，原版如此，同“返”字。

卷下

第一邦 缅邦

按经纬度数，邦南自四十二度五十七分起，至北四十七度三十一分止，极长之处凡四度三十四分。东自六十六度五十二分起，至西七十一度六分止，宽处凡四度十四分。凡阅是书者，须以联邦全图与各邦图合看，便知各邦之形势矣[1]。

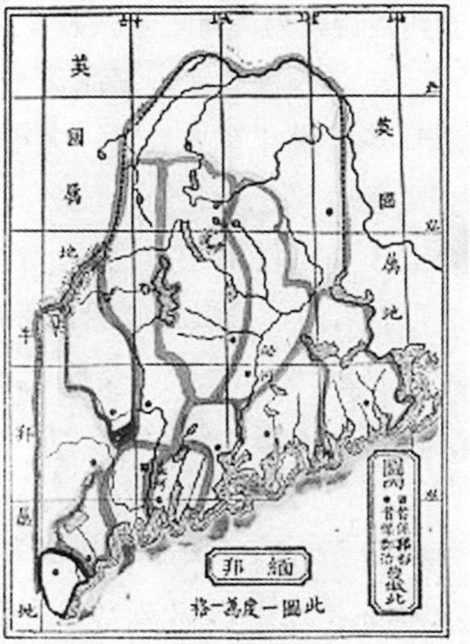

《缅邦图》

初，缅之地原属于马。在二百五十七年以前，欧洲人至新地者居于缅，后因马之玭理某人所并，故其地遂属马，与牛花马洛干等地，总名之曰新英。继后居民仍各自治。迨前四十年庚辰三月十五日，缅民请于国政，乃得自立为邦云。

邦之北及西北，与英属加拿他交界；东北及东，与英

---

[1]本章介绍Maine State，今译缅因州。文中所述东西度数乃以西经（W）计算，南北以北纬（N）计算。

属纽普伦或[1]为界；东南与南，界洋海；西与西南，界牛邦。计邦内之疆域与华地较，约比浙省五分之四。

邦中平原之地，断续相间，山峰错落，各不相连。最大者名加大田[2]，约高五百三十八丈。至论通邦之水，大率居地十分之一。邦北多河，悉会流于东之桑占河[3]（河在英属之纽地）。邦中又有大河二，曰泌河[4]（即泌诺卜斯格，在邦中之东），曰基河[5]（即基泥伯，在邦中之西），皆南入于海。湖约数百，为诸河之源。大者长百五十里，宽四十五里。

邦南近海之地，平原数十里，皆沃壤，田极膏腴。海湾甚多，附邦有岛数百，大小不等。其地潮涨，往往有一二丈者。邦之近北处，又多高山，故天时甚冷。地产木，合诸土利，材木之产过半。若杉橡等树，皆足为架屋造船之巨料者也。故其地之船，甲乎他邦。

海滨诸山，产玉及铁，而粉石与石料尤多，以之为填街壁基之用，甚坚美。土产之马约四五万，取乳之牛十四万有奇，服役之牛凡八万，菜牛约十三万余，羊四十五万，猪五六万。又牛羊油极多，五谷百果以及蚕桑苎麻无一不备。邦中枫树杂出，春取其汁熬之，则成糖。又产密[6]，因养蜂之家众也。造酒者亦不少。

邦之技艺，以造船为最，每年约成三五百只。因邦南近海，又多木料之故。习贸易者无多，皆以己船载客货为

---

[1]纽普伦或，New Brunswick，今译新布伦斯瑞克，加拿大东部省份，毗邻缅因州。

[2]加大田，Mount Katahdin，今译卡塔丁山峰，海拔约1606米。

[3]桑占河，Saint Lawrence River，今译圣劳伦斯河。

[4]泌河，Penobscot River，今译佩诺布斯科特河。

[5]基河，Kennebec Rive，今译肯纳贝克河。

[6]密，原版如此，根据意思，应为“蜜”。

业。次则捕鱼者甚繁，盖海边多岛，而居岛之家大半业渔也。

邦分十三郡，首郡名基泥伯[1]，邦都基于奥额士大[2]，邑凡三百九十有四。其间大小苑圃约有九十（乃牧牛马及种花木之地）。邦与郡邑各有专政（如邦有邦政，郡有郡政，邑有邑政是也）。然自缅以下，牛花马洛干等六邦，各政多有所同者。予马之人也，请于马邦详言之。若缅等者，予姑略之，以免赘焉。

第二邦　牛邦

按经纬度数，邦南自四十二度四十分起，至北四十五度十二分止，长处凡二度三十二分。东自七十度四十分起，至西七十二度二十八分止，宽处凡一度四十八分[3]。

牛邦，即牛含布什尔（按英称郡曰什尔，旧有什尔名含者。故民至新地，亦如其名名之焉）。其地先尝属于马纽，迨开国之际，始与盟联之十二地同立为邦云。

邦之北界，与英属之加拿他相邻，东邻缅，东南界海，南邻马，西邻花邦，以干河为界。计其地之延袤，当华地浙江三分之一。

邦中山势四出，峰岭连绵，春夏之交，草木畅茂，青翠之气，扑人眉宇，蔼如也。有名白山[4]者，山巅积雪，凝结不化，每年约有十阅月，四面常白，故名即因之。极

[1]基泥伯，Kennebec County，今译肯尼贝克县或肯纳贝克县，有Kennebunkport，即今译肯尼邦克港。

[2]奥额士大，Augusta，今译奥古斯塔。

[3]本章介绍New Hampshire State，今译新罕布什尔州。

[4]白山，White Mountain，今译怀特山脉。

大者曰华山[1]，矗矗然六百二十二丈，登高一瞬，数百里之外如在目前。嘻，亦大观也。山谷间飞瀑之地甚多，旷野有诸小湖以受水。山中多木石，又产铅锡。

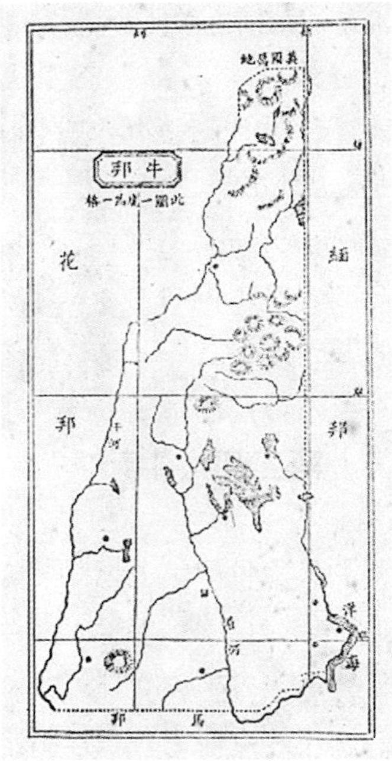

《牛邦图》

东南近海之区，约七八十里，地皆坦平。有海湾便于商船停泊，亦贸易之大港口也。邦中大湖，约长八十里，宽二十里。河道数十。有大河二，在邦中者曰眉河[2]（即眉理麦河），在邦西者曰干河[3]（即干涅底格河，与花交界处）。邦之中又有多山。山以西之诸水，皆会流于干河；山以东之诸水，皆会流于眉河而入海。

天时及土产材木，以及耕牛六畜之利，多与缅同。特产，参最多，与梅邦等。贸易之人，为商与捕鱼者甚少，大率多以养牛马为业也。邦北之民，禀清和之气，多上寿，与缅花梅等近北之邦，往往有年过百岁者。邦分郡十，首者名眉理麦[4]。邑凡数百，邦都之邑曰刚哥的[5]。

[1]华山，Mount Washington，今译华盛顿山，海拔约1917米。

[2]眉河，the Merrimack River，今译梅里马克河。

[3]干河，the Connecticut River，今译康涅狄格河。

[4]眉理麦，Merrimack County，今译梅里马克县。

[5]刚哥的，Concord，今译康科德。

第三邦　花邦

按经纬度数，邦南自四十二度四十四分起，至北四十五度止，凡斜长二度十六分。东自七十度三十四分起，至西七十三度二十六分止，宽处凡二度五十二分。[1]

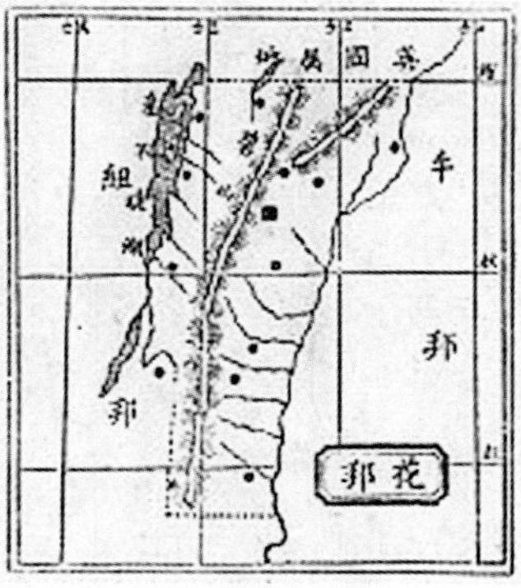

《花邦图》

花邦，即花满的，译言碧山也。因邦之山四时常碧，故名。其地初属马，继又属纽，后始自治。迨开国以来，乃升之为邦焉。

邦北界加拿他，东界牛，南界马，西邻纽，以产不琏湖[2]交界。地势与牛邦类，惟南北微与异。牛北狭南宽，花北宽南狭，彼此相邻，幅员无甚大小。

邦多山。有极长者自北至南，连亘邦中，截东西为两，间有断处以通往来，山势突兀，多杉橡之树，飞翠欲浮，终年不改，名碧山[3]。夹山有诸河，以洩碧山之水。在东者会流于干河[4]，在西即汇于产不琏湖。湖长四百余里，宽四五十里，中央有地，置郡一。别有小滩数十，皆有居民。远岫排空，绿波如画，亦水乡中之佳境也。湖中时有火船及货船停泊。

---

[1]本章介绍Vermont State，佛蒙特州。

[2]产不琏湖，Lake Champlain，今译香普兰湖或尚普兰湖。

[3]碧山，Green Mountains，今译格林山脉。

[4]干河，即Connecticut River，今译康涅狄格河。

邦分郡十四，首者名华盛顿[1]。都邑界邦之中，名满玭理耳[2]。通邦除近湖及干河之地尚坦平，余则高下不一。天时土产，略与牛同。

第四邦　马邦

按经纬度数，邦南自四十一度十五分起，至北四十二度五十二分止，东偏凡长一度三十七分。东自六十九度五十四分，至西七十三度三十四分止，极宽处凡三度四十分[3]。

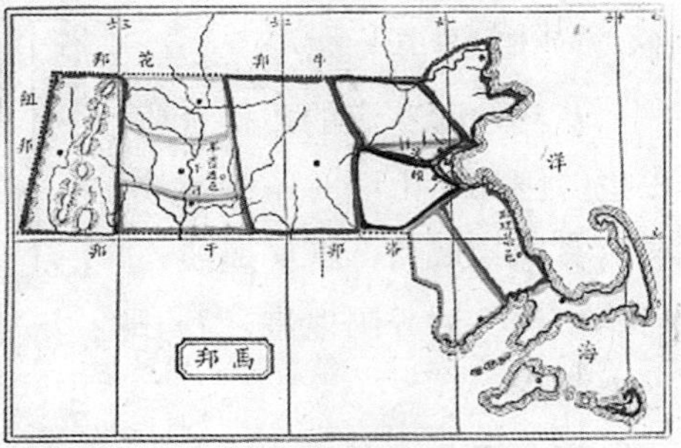

《马邦图》

马邦，名马洩朱些斯（其名看上卷《民脱英轭》之篇便知其义）。当十三地同盟时，马与其中焉。

邦之北与牛花二邦为界，东与东南俱邻海，南与洛干二邦交界，西临纽。地之宽广，当浙江五分之一。

邦中小山环列，海滨一带率平地，无层峦叠嶂。近西有长山，自北而南，迤逦直下，皆由牛花二邦来脉，极高者凡三百有五丈。通邦多小河。大者曰干河，在邦中之偏西，通贯邦中，分邦为两大分。河西有丹山[4]者，高百

[1]华盛顿，Washington County，今译华盛顿县。

[2]满玭理耳，Montpelier，今译蒙彼利埃。

[3]本章介绍Massachusetts State，今译马萨诸塞州。

[4]丹山，Mount Tom，今译汤姆山。

二十一丈有余。河东之山名合理约[1]，山高八十三丈，与予所居之毕礼遮邑[2]最近。东北又有眉河，会通诸水以入海，沿海港口，指不胜屈。附邦有小岛数十，极大者容一郡之地。

邦东有邑，在海湾名玭理某，即英民迁新地者，基始之区也。邦之东北有运河一，长百余里，宽三丈，深四尺，上接眉河之水，以通邦都。故凡牛邦土产货物，皆能源源而来。其外别有数运河，长二十里或三十里不等。邦都又有四通八达之铁路，以利火车往来。如在落山以东诸邦，马都无不能达，所以运货物者最便焉。邦内天时清和，地气较北方之邦稍暖。土产诸物与上三邦同。惟地势宽平，无硗瘠之土，颇利稼穑，故邦多田（按居乡之家，有田者多，但贫富不等。一户有至数十亩或百亩，有多至数百至千亩者。田中之事，大抵各家自为耕作。其不谙农务者，则有农学以教之。郡中设立农会，每岁农人毕集，以较优劣。苟有精于务农而得土产之嘉美者，则会中酬银以奖之，以励其余）。

土著之民，除业农之外，捕鱼者亦不少。至于贸易之盛，马约得通国四分之一。工作亦推本邦为首，缘邦中之民习技艺者多也。邦分十四郡，邑三百三十有二，邦都之名曰波士顿（首郡名叟福[3]，即邦都之郡。都之东北者名叶色個斯[4]，都之西北者名觅的色个斯[5]，都之西南者名诺福[6]，诺福之

---

[1]合理约，Mount Holyoke，今译霍利奥克山。

[2]毕礼遮邑，Belchertown，今译贝尔彻城。

[3]叟福，Suffolk County，今译萨福克县。

[4]叶色个斯，Essex County，今译埃塞克斯县。

[5]觅的色个斯，Middlesex County，今译米德尔克斯县。

[6]诺福，Norfolk County，今译诺福克县。

东南者名玭理某[1]。正南者名比士地力[2]，玭理某之东南者名板士迭布[3]。其二岛郡者，一曰独个斯[4]，一曰南得吉[5]。邦中之郡曰物细迭尔[6]，中之西北者曰夫览吉林[7]，近西者曰含布什尔[8]，中之西南者曰含布顿[9]，正西者曰白个什尔[10]）。

邑有大小，故政亦不同。邑之大者曰镇，事剧民繁，其政与国邦相类，姑不具论，论其小者。联邦无论国、邦、郡、邑，凡事皆主于民，故各邑皆有会所，以便临期集议。年中邑民公选会长，以为主会之人。另择一缮写者，以书所议之事。然后公举三四人，名曰选士（即邑官也），以董邑中诸政。另择地保数人，以襄官事（按选举之制，有书名举者，有以举手者，惟视人之多者为之），皆满一年即选代者。邑官既定，后有应行各政，则官出示于民，俾民会议以定行止。

至如邑有学堂，则每年选监学者数人，以司学中诸政（如延师以及各学之费，或某地应立学等事）。若道路之事，则选监道者以主之。邑有贫苦之民，选监乏者以济之。诸务之费，有应由邑政给者，则立科业之制以抵之。其制选立粮科数人，按民之田产家业以科之。每年每户纳银若干，

---

[1]玭理某，Plymouth County，今译普利茅斯县。
[2]比士地力，Bristol County，今译布里斯托尔县。
[3]板士迭布，Barnstable County，今译巴恩斯布尔县。
[4]独个斯， Dukes County，今译杜克斯县，由Martha's Vineyard（今译马萨葡萄园岛）和Elizabeth Islands（今译伊丽莎白群岛）组成。
[5]南得吉，Nantucket County，今译楠塔肯特县。
[6]物细迭尔，Worcester County，今译伍斯特县。
[7]夫览吉林，Franklin County，今译富兰克林县。
[8]含布什尔，Hemphill County，今译汉普希尔县。
[9]含布顿，Hampden County，今译汉普登县。
[10]白个什尔，Berkshire County，今译伯克希尔县。

即以此为公务之费。凡为粮科者，各与以俸，是为邑政。

邑之上，则有郡政。郡政者，专理民间审判之事。初十三地同盟时，每地各有郡邑。迨既立为邦，始有有邑无邑之异。无邑之政，归郡政代理之。其制当郡治地，建审院，立监狱，选设问官，以听民讼。其一切政务，皆循例为之，与邑相类。

若邦政，则自立为邦时，即预定政体，与国同（按政体，即典制也，如各职应如何立法、应如何行法之类）。邦中正副二君，皆由通邦之民选立（选举之制，与选国君同，看《建国立政》篇），定例一年满任。辅之理者，是为议士院，马邦院中凡八人（其法划邦之地为八，每分公选一人为议士）。次之则有元老、绅董两院。马之元老现计四十人，绅董现计二百四十人，皆主邦会之立法者也。

他如行法之职，除邦君议士之外，则有审院。审院之员，由邦君选派，而后谋于议士院，是院以为可乃任之。其为审员者，若果办理妥协，许即终身承任，不拘年限。审员凡三等，一为上院，官六人，内择一人为长。邦中凡有人命及重案，则此院审之。本邦除叟福郡，每年会审两次，余不过岁一审焉。

次则上院，官十员，分理各郡之政。若民间有财货结讼，及一切争斗之事，则此院审之。再次则下院，每郡各专一人，以理郡民债负，暨承受遗业、分执家产等事。而是官又有数人，相助为理，以补一人之不足。是则邦审各官之略也（其审案之制，各院皆有法师、议长、公民等陪听，一如国官之制，看上卷《理刑规制》篇）。

邦中杂税所入，每年凡银二百数十万。如银行年中入租银六十万，铁路入租银五万，房屋地租等入银六十万，入铁路借银票之息约二十万。年中外入银利约四十万，又入学堂等存项之利约五十万。至于邦之出费，数与入等。如各官俸金，年中约用银五十万（按联邦以官事之繁简，定俸金之多寡。如本邦邦君之俸，每年不过三千五百。其事繁之官，有四千五百者，有或三二千以至一千者，皆就其职之间冗为断）。兵勇饷银约七万，残废之会约十二万，监狱各费约五万，济贫约二十万，学堂约三十万，农会约二万（以上兵饷残废等，民间别有专款给费，此特邦政相助之数也）。积欠银，每年约还出七十万，贷入之银约二十万（按此不过就近年而言，非年中借贷之定数也）。邦政现存银贷等，约一千三百五十万，欠外银约六千有四万。他如民间银行，在邦都者，现存本银约三千五百万。外郡各银行，现存本银约二千八百万（按邦都银行，每七日誊写出入银数清单一纸，呈存邦政，以备查核。至若外郡，则每月呈单一次，盖以作亏赢之考也）。若夫银会（此会即上卷《善举述略》篇中之恤贫会也。其会专收人之存银，按月付利，以济两便），现凡八十六会，存银之人，约一百八十二千六百五十有五，银之总数凡三千三百九十一万之四千九百七十一万两。彼此相助之会，凡一百五十有六，银九百万两（此会与中国相邀之银会同）。防后之会，凡三十有四，银约六百万（此会即《善举述略》保房保船之会也）。

至于本邦民数，据前乙卯年核算，凡三百三十二邑，共一百十三万人（按邑满一千二三百人者，则设医士、法师、牧师各一。其有倍于此之人数，则医士等亦加倍焉）。大率户口至四五十，人在三四百之数者，则立一小学（小学分两等，有教终年者，有教半年者。教半年者，分冬夏季，如冬季则延男师教授男女，夏季则男者习农事，别延女师专教女子焉）。小学之外，邦中幼学八百，大学三，又大公学三四所（大公学即《学馆书籍》篇中之圣、医、律三大学也）。每年总费银约三百万。其各学之事，由邦之正副二君与学长八人，共为一学院，以理学政之事（八人者，归二君与议士同时选定，循序为长，每满一年，则为长者退，另选一人以补其数，届八年，前选者俱出，是为满一任焉）。

总之，联邦诸政凡有关于民者，其筹款事，皆民自理之。间有国政邦政经理一二者，不过稍示助民之意。譬以民勇论，兵所以卫民者也。我联邦之民定例男子年满十八以上者，各备器械衣甲，充当乡勇（年中除训练数日之外，余则各就本业焉）。迨至年满四十以后，则听其退。若国邦之有正兵者，乃为兵勇统率之意。其他如学堂济贫一切，皆民之事也，故民多自理之。别邦同。

第五邦　洛邦

按经纬度数，南自四十一度十八分起，至北四十二度三分止，共斜长四十五分。东自七十一度八分起，至七十一度五十八分止，共宽五十分[1]。

洛邦，即洛哀伦。东与北方接连马界，西邻干邦，南连海湾。地

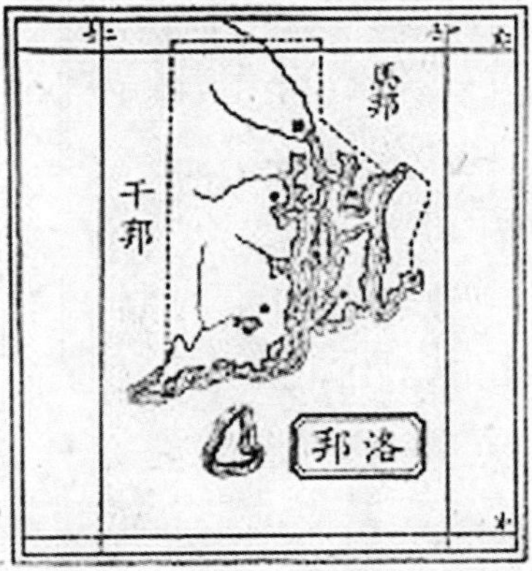

《洛邦图》

[1]本章介绍Rhode Island State，今译罗得岛州。

形偏斜，大小比马邦六分之一。邦中地平坦，无高山大河，南多海港，商船出入最便。有纽波的海湾[1]者，直达邦都，贩货物者贸迁尤利。附邦有岛，岛建亮楼[2]，高十余丈，每夜燃灯数十，光水相映，以济舟人夜行之迷（按亮楼近海之邦多有，不独洛邦也）。

邦内天时土产，与马之南界等。民数约十五万余。邦职正副君各一，元老三十四人（按本邦三十二邑，每邑公选一人为元老，兹有三十四人者，因正副二君兼为元老之首领也）。绅董院中，凡七十二人。邦费出入银数，每年均不过二十余万。工作之盛，与马相埒。邦分郡治五，邑三十有二，首郡名普拉以登兹[3]，即邦都地也。

第六邦　干邦

按经纬度数，南自四十一度起，至北四十二度二分止，长凡一度二分。东自七十一度四十六分起，至西七十三度五十分止，宽凡二度四分[4]。

干邦，即干捏底格。西界纽，北界马，东界洛，南界大海湾。

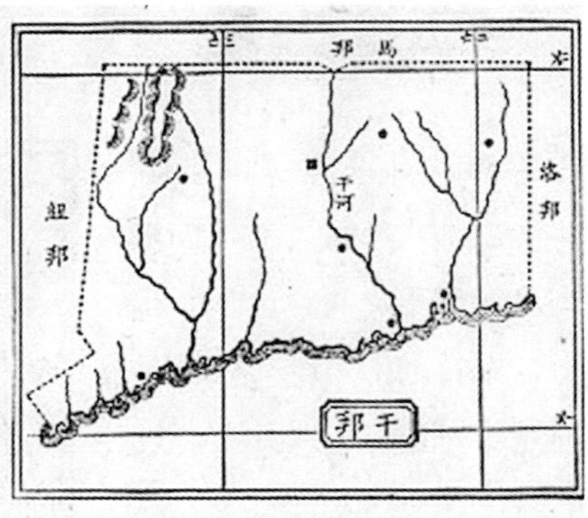

《干邦图》

[1]纽波的海湾，Newport Bay，今译纽波特海湾。

[2]亮楼，Lighthouse，今译灯塔。

[3]普拉以登兹，Providence，今译普罗维登斯。

[4]本章介绍Connecticut State，今译康涅狄格州。

地势颇不平衍，陵谷错落，高下相间。山岭由花邦起，连贯马邦，延及本邦西北，高者约百丈。山间产铜铁铅俱备。河道数十，大者界邦中，名干河[1]，皆南入于海湾。沿河地土膏腴，草木畅茂，春夏之交，秀丽可爱。至于海湾东西，均有港口，以通出水。先是西港多石矶，湍流迅急，行舟至此，往往难于进退，故西港尝有地狱门之名。近以法治之，舟行无碍，渡者颇称便焉。邦内天时清和，较马略暖。

贸易工作技艺一切，靡不咸备。邦分郡治八，都邑二，曰哈弗的[2]，曰纽赫温[3]。通邦会议每年二次（一都邑一次也）。计地之广狭，略小于花邦，然民数则较盛焉。邦中有极大之学一（按六邦中，每邦均有大学。但极大者不过二，一在马都之北，地名坚不列拟[4]，大学名哈发的[5]，前二百余年所立。一即本邦之学，在纽赫温，名叶里[6]，亦立二百余年矣）。学中生徒，各八百余人，盖在邦中亦无大于此二学者也。

第七邦　纽邦

按经纬度数，南自四十度三十分起，至北四十五度止，计长四度三十分。东自七十一度五十四分起，至西七十九度五十七分止，斜宽八度三分[7]。

---

[1]干河，the Connecticut River，今译康涅狄格河。
[2]哈弗的，Hartford County，今译哈特福德县。
[3]纽赫温，New Haven County，今译纽黑文县。
[4]坚不列拟，Cambridge，今译剑桥。
[5]哈发的，Harvard University，今译哈佛大学。
[6]叶里，Yale University，今译耶鲁大学。
[7]本章介绍New York State，今译纽约州。

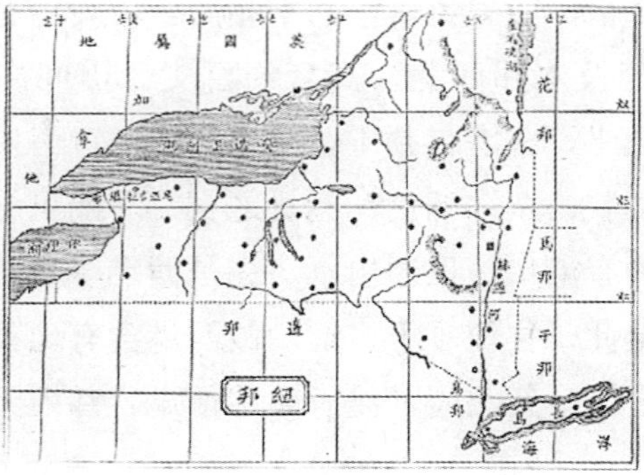

《纽邦图》

纽邦，即名纽约者。其西与北境均邻加拿他，西以二大湖为界，南邻边乌二邦，东南界洋海，东界花马干三邦。疆域形势，比浙省差广。合缅牛二邦之地相较，无甚大小之分。地广民稠，昔人称之曰国邦，盖言大之意也。

邦内山岭不一，高者五百余丈。大湖二，曰安迭里阿[1]，曰依理[2]。二湖之间，有飞瀑名尼亚吉拉[3]，自上倾注，凡十余丈，喧响如雷，声闻数里。邦中诸山之水，又汇为数十小湖，以作诸河之源。各郡别有运河，以便来往。邦东有大河曰赫逊[4]，其水自北而南，直注海湾。湾多商舶，系联邦中之至大者。隔湾有长岛，中容数郡之地。土产粉石为最，水兼两用，有可用作盐与药者。

民数约四百万。工作一切，与新英地相等。贸易以百肺禄[5]为盛，因其地近依湖，火车火船无之不可也。邦中

[1]安迭里阿，Lake Ontario，今译安大略湖。

[2]依理，Lake Erie，今译伊利湖。

[3]尼亚吉拉，Niagara Falls，今译尼亚加拉瀑布。

[4]赫逊，Hudson River，今译哈德逊河。

[5]百肺禄，Buffalo，今译布法罗。文中指布法罗市。

所收税饷与出费，每年均在三十千零三百万之数。郡治五十有九，邑七百余。都邑名阿尔别尼[1]，长四十余里，宽四五里，镇十三（首者名纽约[2]，次不谷邻[3]，次百肺禄[4]，次阿尔别尼[5]，次洛直斯德[6]，次突来耶[7]，次西里久斯[8]，次由德改[9]，次亚斯拉俄[10]，次包吉不些[11]，次阿绷[12]，次陕厄答基[13]，次赫逊[14]）。

镇之小者，如阿绷、赫逊不过七八千人，若阿尔别尼、百肺禄则有六七万人，不谷邻之民约二十万。诸镇之中以纽约之民为最多，大率六十余万。其镇长十三里余，宽里许，在长岛之西，地邻赫逊河东岸，东近东河[15]，南连海湾。东北有小河，名哈兰[16]，上通赫逊，下接东河。纽约镇适界四水之中。其间街道无数，横直坦平（横路有四五丈至七八丈者，直街统宽十丈），一望如矢。房屋栉比云连，高四五层者不可胜数。年中政务收税约七八万，出费相等。

---

[1]阿尔别尼，Albany，今译奥尔巴尼。
[2]纽约，New York，纽约。
[3]不谷邻，Brooklyn，今译布鲁克林。
[4]百肺禄，Buffalo，今译布法罗。文中指阿尔巴尼市所属的布法罗镇。
[5]阿尔别尼，Albany，今译奥尔巴尼。
[6]洛直斯德，Rochester，今译罗彻斯特。
[7]突来耶，Troy，今译特洛伊。
[8]西里久斯，Syracuse，今译雪城。
[9]由德改，Utica，今译尤提卡。
[10]亚斯拉俄，Asharoken，今译阿舍罗肯。
[11]包吉不些，Poughkeepsie，今译波基普西。
[12]阿绷，Unburn，今译奥本。
[13]陕厄答基，Schenectady，今译斯克内克塔迪。
[14]赫逊，Hudson，今译哈德逊。
[15]东河，East River，今译伊斯特河。
[16]哈兰河，Harlem River，今译哈勒姆河。

近镇之水，俱不便用。东北有可鲁敦河[1]者，远离一百二十余里，近以大筒引其水，当镇之中凿大石窟以贮之，别于窟旁安小筒枝分其水，以便各街居民之用（其法每户各置通管，中安止水之机，需用则去机以泄之）。年中各家皆纳水租，其银归于政务。因取水之工浩繁，凡费银一千五百万之多也。

第八邦　乌邦

按经纬度数，南自三十八度五十五分起，至北四十一度二十一分止，计长二度二十六分。东自七十三度五十八分起，至西七十五度二十九分，计宽一度三十一分。[2]

乌邦，即乌遮尔些。北与东北均界纽邦，东北以赫逊河为界，东南界洋海，西南界特拉华海湾[3]，西邻边邦。

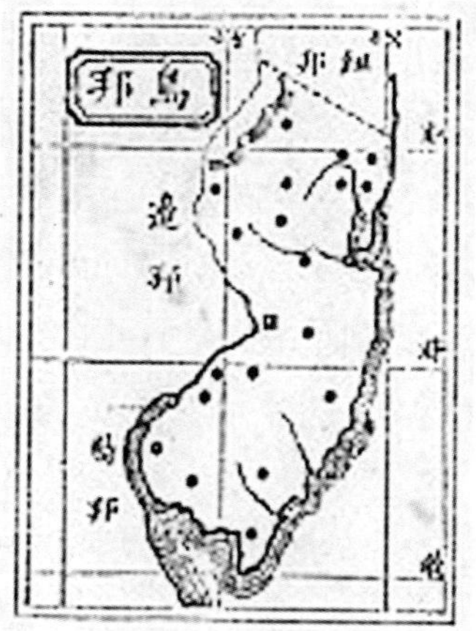

《乌邦图》

地宽狭类于马邦。西北山岭较多，皆押山之支，木石丛生。东南间有小山，沿海一带皆沙漠之地，种植不蕃。惟邦中尚肥美，土产类聚。东北接连赫河，有大海湾，与西南之特湾均为贸易港口。河道之源，多半归海。大者名特河[4]，在邦西，地气稍煖于干。

[1]可鲁敦河，Croton River，今译克罗顿河。

[2]本章介绍New Jersey State，今译新泽西州。

[3]特拉华海湾，Delaware Bay，今译特拉华湾。

[4]特河，Delaware River，今译特拉华河。

郡分十二，邑百九十余，邦都名突连登[1]。政治邦君一，无正副之分，三年一任。元老二十一，任与邦君同。绅董六十，率一年更替。审院与马邦同，分三等。大院七人，院长由君与元老选定，任七年，余六人者各六年，每年有满者出，则入一人以补之。俸金以日计，每员一日受洋五元。上院者亦七人，任与大院同。下院之员，满三年则另选焉。

第九邦　边邦

按经纬度数，南自三十九度四十三分起，至北四十二度止，计长二度十七分。东自七十四度四十分起，至西八十度三十六分止，计宽五度五十六分[2]。

边邦，即边西威业，译即边氏林野也（其原见上卷《开国原始》篇）。邦北界纽，东接乌，南临特玛费三邦，西界呵海呵。

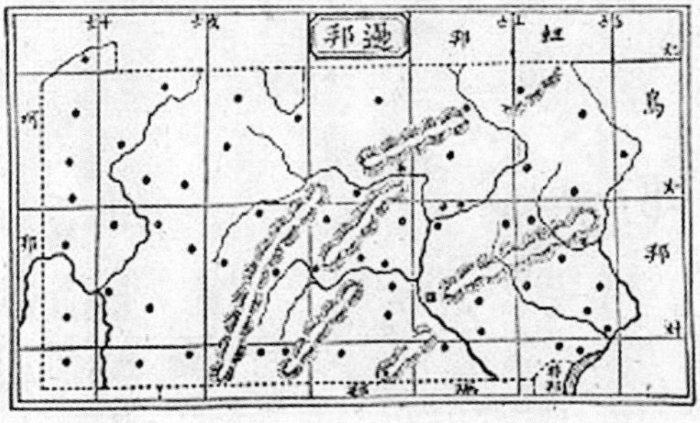

《边邦图》

[1]突连登，Trenton，今译特伦顿。

[2]本章介绍Pennsylvania State，今译宾夕法尼亚州。

疆域比纽略小，具长方形。其中长山峻岭，不下数支，皆自东北而贯西南，分邦地为三分。东西两分多平原，惟中央山岭之区，高下不一。地土通邦皆嘉美。大河有二，一曰特拉华，一曰色斯贵哈拿[1]。其余小河运河，各处相通。天时无酷冷，亦无酷热。土产杂谷等类，莫不各极其良。而煤铁则尤为最多，计联邦之所出，本邦居大半焉（按邦中东西之山皆产煤，煤分数等。居民洞山为穴，以便贩者火车出入。贩者自山载煤，运达埠头，毫不费力，加以贩值又廉，故贩往各国者甚众。考之前二年，本山煤百斤值银二两，而来中国之上海、之江苏者，竟售至十五两一担，今年复卖十二两一担，其利甚厚，吾知其源源而来无已也）。

至若贸易工作农艺一切，皆与别邦等。邦分六十三郡，邑约数百。邦都之名曰哈里斯帛[2]。镇之最繁者，曰费勒特费[3]。其镇东界特河，西连斯古结勒河[4]。离镇南行六十里，即二河合流之处。但镇之左右，虽近二河，然水多不适用。居民类皆理置通管，引取远水为用（引水之法，详上纽邦）。镇中街道一切，多与纽约镇相等，而宽广逊之。

第十邦　特邦

按经纬度数，南自三十八度二十八分起，至北三十九度四十九分止，计长一度十九分。东自七十四度五十六分起，至西七十五度

[1]色斯贵哈拿，Susquehanna River，今译萨斯奎哈纳河。

[2]哈里斯帛，Harrisburg，今译哈里斯堡。

[3]费勒特费，Philadelphia，今译费城。

[4]斯古结勒河，Schuylkill River，今译斯库尔基尔河。

四十六分止，计宽五十分[1]。

特，即特拉华邦。当前二百五十余年，为费之长官特拉华者所得，故以其名名之。地界北连边，东北近乌邦，以海湾为界，东接洋海，南与西均界玛邦。

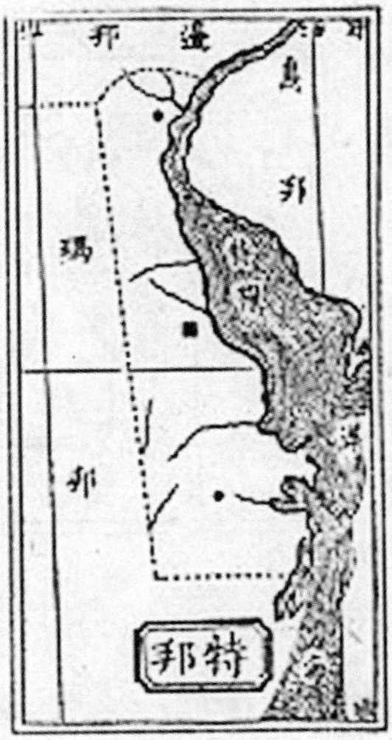

《特邦图》

地势大于洛约一半之地，惟民数则较少焉。通邦原野坦平，无高山大河，所有小河数支，其源皆入于海与海湾。地气同边乌二邦，余类别邦。郡治三，镇邑二十有六，都邑曰土花[2]。邦君之任，满四年一易。是邦地虽狭隘，然其政治教化，则与别邦无异云。

第十一邦　玛邦

按经纬度数，南自三十八度起，至北三十九度四十三分止，计长一度四十三分。东自七十五度四分起，至西七十九度三十三分止，宽处凡四度二十九分[3]。

玛邦，即玛理兰（命名之意，见上卷《开国原始》篇）。北界边邦，东界特拉华与洋海，南与西均界费邦。地比边邦

---

[1]本章介绍Delaware State，今译特拉华州。

[2]土花，Dover，今译多佛。

[3]本章介绍Maryland State，今译马里兰州。

不过四分之一，但较花界为稍大耳。

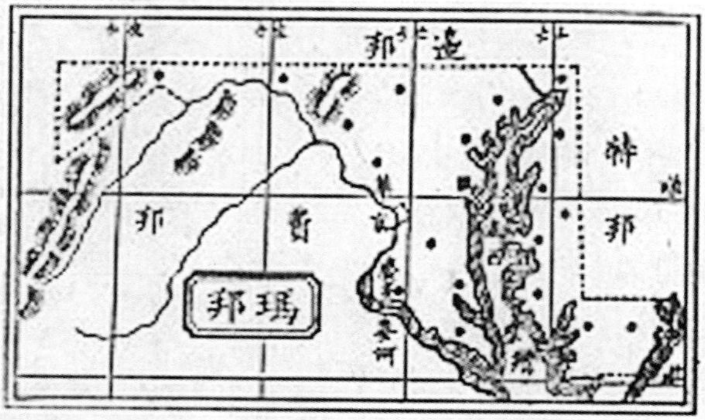

《玛邦图》

西北一带，山岭迭出，东南皆平地。中有遮西壁大湾[1]，直贯邦中，界邦为两。湾宽六七十里，长五百余里。偏西有婆多麦大河[2]，即与费邦分界之河。跨河有地曰科伦布亚[3]者，系本邦与费人公输之地，是为国都（图载上卷《邦都道路》篇）。邦内天时地利均属中和，土产咸备。山岭间有煤石。

民数六十余万。郡治二十，邦都曰安拿波列斯[4]。通邦最大之镇曰巴里底莫[5]，在遮西壁湾之西，地四方，每方约十二里。铁路甚多，各邦皆通，商旅往来最为便捷，以故户口贸易极属繁盛。本镇又有快船一种，驶行甚疾，

[1]遮西壁大湾，Chesapeake Bay，今译切萨皮克湾。

[2]婆多麦大河，Potomac River，今译波多马克河。

[3]哥伦比亚特区。

[4]安拿波列斯，Annapolis，今译安娜波列斯。

[5]巴里底莫，Baltimore，今译巴尔的摩。

远近人皆耳其名曰巴里底莫飞船[1]（按联邦极大镇除纽约外，次为费勒特费，再次则推是镇焉）。

政治邦君一，四年一任。元老二十二人，任与邦君同，惟届二年，则一班出一班入焉。绅董七十四人，任二年，俸金与元老同，每员一日银四元，外路三十里另加费一元，亦同元老。至若邦君死，则归元老之长代理，设亦不终，则绅董之长理之。审官由民选。邦会两年集议一次。大学十三，为师者九十八人。每年凡费银十有二万。考之前百三十年，有天主教会二百余人，被欧洲驱逐来居本邦。其后从者几过大半，然至于今，不过十之一矣。

第十二邦　费邦

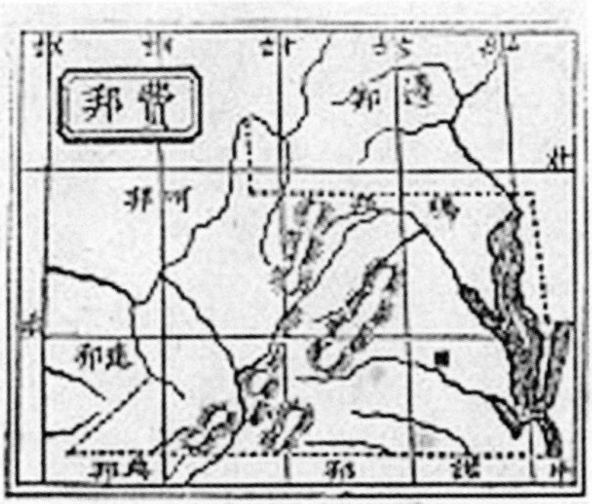

《费邦图》

按经纬度数，南自三十六度三十分起，至北三十九度四十三分止，长三度十三分。东自七十五度十分起，至西八十三度三十三分止，计宽八度二十三分[2]。

费邦，即费尔治尼亚，乃英人赞美王后之意（详上卷《开国原始》篇）。其地北界边玛二邦，东接玛邦与洋海，南连诺典二邦，西界建呵二邦。当邦之西北角，另有狭长余地，与西

[1]巴里底莫飞船，The Baltimore Clippers，今译巴尔的摩飞船。

[2]本章介绍Virginia State，今译弗吉尼亚州。

界相连，长不过一度之地，东邻边邦，西以呵河[1]为界（计自三十九度四十三分，长至四十度三十八分止）。

疆域与新英之全地等。地分四分。东分近海，容三十六郡，皆沙土之地。过此则为傍山之地，此分内容三十三郡，多平原。有开国者华君之居室在焉，名满第飞嫩[2]，去国都以南约四十五里，当婆多麦河之西（按此地乃华君居室坟墓所在。现联邦国人思其遗爱，恐其日久荒废，凡国中妇女各出己银，捐买其地，不时修理，以为前贤遗迹，暨后人怀古之地云）。中分有长岭，上自东北接贯西南，其间陵谷之区，类皆沃壤，容十九郡。向西之分，亦属平地，较东三分之地为更宽，容四十九郡。邦中大河二，曰婆多麦，曰呵海呵。别有诸小河，计在山东者皆入源于海，山西者皆会注于呵河。另有数咸泉，终年不竭，是为盐水发源之处。

地利五金俱备，而金为盛，煤盐亦多。土产五谷、百果、棉花、麻等，无不蕃生。烟草每年约出六百万斤。

据前十年清查户册，民数约一百五十万，内白人凡八十九万四千八百余，黑人凡五十二万六千八百余[3]。按黑人之自主者，不过五万四千三百余，其为奴者则有四十七万二千五百余之多也。综计四分。郡治凡一百三十有七。邦都曰理治门的[4]，在占士河[5]之旁，与东分之地相近。

[1]呵河，即下文呵海呵，即Ohio River，今译俄亥俄河。

[2]满第飞嫩，Mount Vernon，今译蒙特弗农山庄，乔治·华盛顿故居。

[3]原文如此，作者计算有误。后文有关人口数，作者也是大略言之，计算亦有疏误，请读者注意比较，不再赘述。

[4]理治门的，Richmond，今译里士满。

[5]占士河，James River，今译詹姆斯河。

第十三邦　诺邦

按经纬度数，南自三十三度五十分起，至北三十六度三十分止，计长二度四十分。东自七十五度二十五分起，至西八十四度三十分止，计宽九度五分。[1]

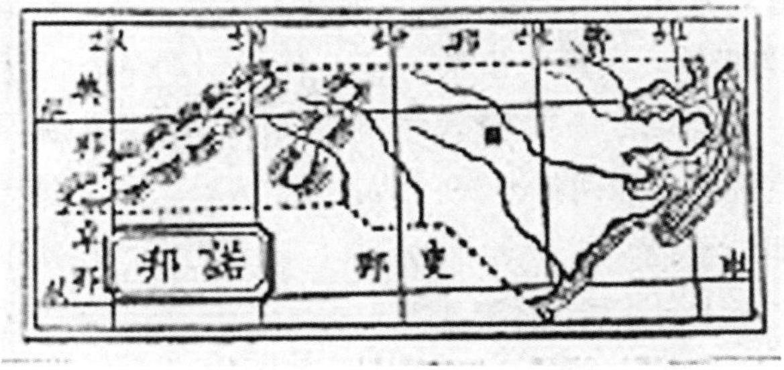

《诺邦图》

诺邦，即诺格阿利纳。诺之云者，译言北也。初，欧洲人来是地，因其王名格利阿，遂以王名名之，本无南北之分。迨前之百余年，截地为二，始分诺叟二邦云。叟者，言南也[2]。地界北连费邦，东与东南俱界海，南接叟卓二邦，西邻典邦。

地之大小，略逊于费。计分费地为六分，花邦不过六分之一，本邦约得其五，大率比福建省为稍小焉。邦内地土不一，应就地势分为三分。西分山峰罗列，高者六七百丈，陵谷甚多。中分平原辽阔，极为佳壤。惟东分近海三四百里一带，地形污下，类多停潦之区，水草丛生，民居不便。滨海小岛环峙，截水成数海湾，然皆不甚深，商船

[1]本章介绍North Carolina State，今译北卡罗来纳州。
[2]叟，South，今译南。

罕有至者。邦之东北有大河曰罗暗鄂[1]。其源入于亚壁麻尔大湾[2]。又有大尔拏士[3]、结比非耳[4]诸河，皆南入于洋海。地气除海滨水潦之地湿气甚重，余则温和。

民数凡八十六万九千余，内白人五十五万三千，黑人三十一万六千余[5]。其中黑人之自主者二万七千四百，为奴者二十八万八千五百余。地利多松木，又多松香，金铜铁煤俱备。农圃所出稻、麦、秫米、烟草、山芋、丝麻等，皆饶裕。贸易工作，大略同别邦。政治为邦君者，由公室选举，届两年一次。元老五十人。公室之员一百二十，即绅董也。郡分七十九。都邑曰老里[6]，在邦中，近东流之拏士河，居民不甚稠密。

第十四邦　叟邦

按经纬度数，南自三十二度四分起，至北三十五度十二分止，计长三度八分。东自七十八度二十五分起，至西八十三度十九分止，计宽四度五十四分[7]。

叟邦，即叟格阿利纳，言南之格阿利纳也。北界诺，东与南俱界海，西界卓邦。地类三角形，比缅邦微小，约抵山东省一半之地。地势高下，与地气之燥湿，均同诺邦。

[1]罗暗鄂，Roanoke River，今译罗阿诺克河。
[2]亚壁麻尔大湾，Albemarle Sound，今译阿尔伯马尔湾。
[3]大尔拏士，Neuse River，今译纽斯河。
[4]结比非耳，Cape Fear River，今译开普菲尔河。
[5]原文如此，作者计算有误。
[6]老里，Raleigh，今译罗利。
[7]本章介绍South Carolina State，今译南卡罗来纳州。

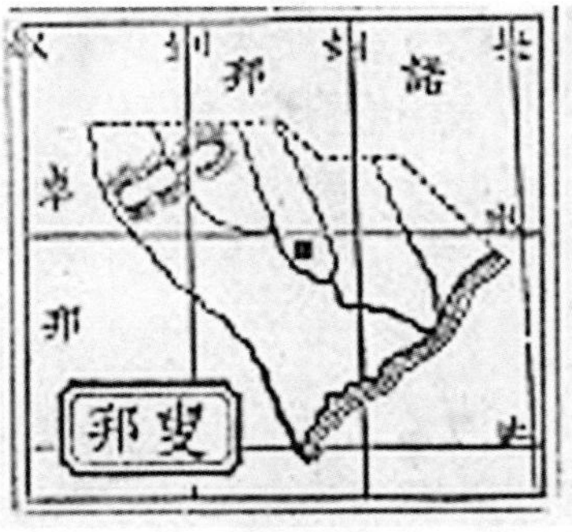

《叟邦图》

西接诺邦之岭，高者凡四百余丈。土内间产五金，但不甚多，故民不大检之。迤东一带多海湾，大比底、小比底[1]二河，其源皆合流于此。至于邦中之散底河[2]，与西界之飒番拿大河[3]，则又南行而注于海。邦中农圃最佳，所产稻谷棉花均为联邦中之极好者，余与诺同。

民数凡六十六万八千五百余丁，内白人二十七万四千五百，黑人三十九万三千九百余。其中黑人之自主者八千九百六十人，为奴者凡三十八万四千九百八十余云。政治，邦之正副二君，概由元老绅董会选，二年一次。元老四十五人，任四年，每届二年，则上班出而更下班焉。绅董一百二十四人，任与邦君同。郡分二十九，都邑曰科伦布亚[4]，在散底河之北支曰堪厄里河[5]之旁。邑之最大者曰查尔士顿[6]，近海湾，乃通邦贸易凑集之处，为前一百八十年居于是地者所筑。初本邦与诺邦俱属于费，迨后分地自治，始不相属。格阿利王遂以诺叟二地赐国后云（事在前一百二十年）。

[1]比底，Pee Dee River，今译皮迪河。

[2]散底河，Satte River，今译桑蒂河。

[3]萨凡纳河，Savannah River，今译萨凡纳河。

[4]科伦布亚，即哥伦比亚。

[5]堪厄里河，Congaree River，今译康加里河。

[6]查尔士顿，Charleston，今译查尔斯顿。

第十五邦　卓邦

《卓邦图》

按经纬度数，南自三十度二十二分起，至北三十五度止，计长四度三十八分。东自八十度四十八分起，至西八十五度四十分止，计宽四度五十二分。[1]

卓邦，即卓尔治亚。其界北邻典诺二邦，东北连叟邦，东与东南俱界海，南邻福邦，西邻雅邦。地比费邦微小，略大于直隶省。

邦中地面亦分三分，与叟邦同。押利结尼山之旁支，斜贯边玛费诸邦而来者，入本邦之西分而尽。山间有石洞，高数丈，望之泠泠然有流水焉。好事者结筏而入，深历十余里，则瀑布飞下，不可复进矣。中分悉平地，惟邦东近海之处，沙土相杂，不时泥泞，颇难于行。所有飒番拿大河，与呵结治亚[2]、拉打麻哈[3]二河，皆归注于各海湾。

地气暖于诺叟二邦，西分间产五金煤石，但开采不便，故民不甚属意焉。农家所出，豆、麦、秫米、丝麻、烟草、棉花、山芋、糖为最多。工作贸易，同诺叟二邦。民数据前十年核算，共有九十万六千一百余，内白人五十

---

[1]本章介绍Georgia State，今译佐治亚州。

[2]呵结治亚河，Ogeechee River，今译奥格奇河。

[3]拉打麻哈河，Altamaha Rive，今译奥尔塔马霍河。

二万一千五百，黑人三十八万四千六百余。其间黑人之自主者凡二千九百人，为奴者凡三十八万余。邦内分九十五郡，都曰密理治威里[1]。最大之邑曰飒番拿[2]，离飒河之口约远五十余里云。

考十三地盟联之始，卓邦为最小。其时联邦以西诸地，或属别国，或属荒野，类皆兽蹄鸟迹、人烟稀少之区。然不数十年后，所谓诸地者俱属于联邦，人丁之旺，财利之富，蔑无以加。噫，抑何兴之勃也！

第十六邦　福邦

按经纬度数，南自二十四度三十分起，至北三十一度止，长六度三十分。东自八十度起，至西八十七度四十五分止，宽七度四十五分[3]。

福邦，即福落里得。北界雅卓二邦，东界海，南接墨是科海湾[4]，西邻雅邦。地形斜长，有如曲尺（按直处长六度三十分，宽处不过三百里，东南西皆邻海。横处自东至西，宽七度四十五分，南北不过长百数十里，看下图便明）。

幅员大于卓邦，较直隶省之地稍广，乃联邦中极南之邦。通邦皆坦平，惟遖东一带与邦南，悉水潦之区，以近海故也。滨海水甚浅。邦东之桑占河[5]，与邦中之苏

[1]密理治威里，Milledgeville，今译米利奇维尔。现佐治亚州的首府为Atlanta，今译亚特兰大。

[2]飒番拿，Savannah，今译萨凡纳。

[3]本章介绍Florida State，今译佛罗里达州。

[4]墨是科湾，Gulf of Meico，今译墨西哥湾。

[5]桑占河，Saint John River，今译圣约翰河。

华尼[1]、亚巴拉基哥拉[2]等河，皆散注于沿海各湾。别有小河小湖甚多。地气在联邦为极煖之处。

《福邦图》

土地所产，以农圃为最。凡杂谷、棉花、丝麻等，莫不嘉美。工作不甚多，贸易较盛，缘邦地大半近海，商船最便于来往也。民数凡八万七千四百余人，内白人四万七千二百，黑人四万三百余丁[3]。其间为奴者三万九千三百，自主者不过九百余人而已。邦中正副二君，莅任四年则避位，另从民选。郡治二十八，都曰打拉哈西[4]。

考开国之时，是地尚属于士班雅国。迨前四十年，始为联邦所得。然居民尚少，洎乎前之丁巳年乃升为邦焉。

第十七邦　雅邦

按经纬度数，南自三十一度十分起，至北三十五度止，计长四度五十分[5]。东自八十四度五十三分起，至西八十八度三十分止，宽三度三十七分[6]。

---

[1]苏华尼，Suwannee River，今译萨旺尼河。

[2]亚巴拉基哥拉，Appalachian River，今译阿巴拉契亚河。

[3]原文如此，作者计算有误。

[4]打拉哈西，Tallahassee，今译塔拉哈希。

[5]原文如此，作者计算有误。

[6]本章介绍Alabama State，今译亚拉巴马州。

雅邦，即雅拉巴麻。前六十年，与密邦同为联邦属地，迨前四十余年，始各由部而升为邦焉。地界北连典，东邻卓，南接福邦与墨湾，西界密邦。

《雅邦图》

地势长方形，大小同诸邦。西北有长岭，高者约百余丈，乃押山之尾支，入本邦而尽者。山产煤铁，然民不甚采之。邦中之河，皆贯邦南流。大河名雅拉巴麻[1]，其源注于磨庇理海湾[2]。

地气向南极暖。通邦皆膏腴之壤，所产多五谷、百果，而棉花、稻米以及盐糖则又最盛焉。工作无多，贸易以棉花为重，皆由磨庇理湾出洋（按联邦通国所出棉花，本邦约居六分之一）。

民数计七十七万一千六百余，内白人四十二万六千，黑人三十四万五千一百[3]，其间黑人之自主者二千二百余，为奴者凡三十四万二千八百之数。郡五十二，分两分，南地者郡三十四，北地者郡十八。都曰满恩米力[4]，邑之繁盛者名磨庇理[5]，在海湾之旁。但湾中之水甚不适用，邑民皆仿纽约、费勒特费二镇之法，引取远水云。

---

[1]雅拉巴麻，Alabama River，今译亚拉巴马河。

[2]磨庇理海湾，Mobile Bay，今译莫比尔湾。

[3]原文如此，作者计算有误。

[4]满恩米力，Montgomery，今译蒙哥马利。

[5]磨庇理，Mobile，今译莫比尔。

第十八邦　密邦

按经纬度数，南自三十度十分起，至北三十五度止，计长四度五十分。东自八十八度十二分起，至西九十一度三十六分止，计宽三度二十四分[1]。

《密邦图》

密邦，即密斯昔比者。其地北界典邦，东连雅邦，南接墨湾与禄邦，西邻禄耳二邦，以密河[2]为界。

地之宽广，与纽邦同。形如锯刀，缘密河之曲折多也。通邦坦平，河道颇不少。大者即密河，在邦界中沿流直上，凡长千数百里。邦之东北，地势微高，故邦内之水，有东下而入于雅邦者，有西下而入于密河者。惟邦中之水，则直注于南界之墨湾。地土除近密河之处，年中间有水患，余悉沃壤。

气候之寒暑，与雅邦相似。土产多稻、麦、丝、麻、秫米、山芋、棉花、糖等物。贸易惟在本邦，罕有外贩者。民数总计六十万六千五百余，内白人二十九万五千七百，黑人共有三十一万八百人，其间自主者九百三十，为奴者凡三十万九千八百余。邦内计五十九郡，分两分，在

[1]本周介绍Mississippi State，今译密西西比州。
[2]密西西比河。

南者郡三十有六，在北者郡二十有三。都曰查克逊[1]，在比尔里[2]之西，译即珠江也。商贾业聚之邑曰纳栀士[3]，与密河相近，火船商舶往来贩运称极便焉。

第十九邦　禄邦

按经纬度数，南自二十八度五十五分起，至北三十三度止，计长四度五分。东自八十八度四十分起，至西九十四度二十三分止，计宽五度四十三分[4]。

《禄邦图》

禄邦，即禄细亚那。北界耳密二邦，东界密邦与墨湾，南亦接墨湾，西邻德邦。地比边邦微小，较浙江省又加大焉。

通邦地面坦平，西北略高，东南与近南一带，半为积潦之地，附邦之东南多小岛。邦内河湖甚多，大者为密河。又有捏的（译即红河）[5]，与华世大[6]二河，俱合流于密河。近密河之处，地势低于西北约一二十丈，河道多半高于地面。故当河泛滥时，常有水患。地较南与密雅等邦，而寒过之。

---

[1]查克逊，Jackson，今译杰克逊。

[2]比尔里，Pearl River，今译珠江或帕尔里弗。

[3]纳栀士，Natchez，今译纳奇兹。

[4]本章介绍Louisiana State，今译路易斯安那州。

[5]捏的，Red River，今译红河或雷德河。

[6]华世大，Atchafalaya River，今译阿查法拉亚河。

土产煤、铁、盐、石膏等物。农圃之利，有杂谷、秫米、烟草、棉花、糖、无花果等。工作贸易，与邻邦同。民数五十一万七千七百六十，内白人二十五万五千四百余，黑人二十六万二千二百余。其间黑人之自主者一万七千四百六十，为奴者二十四万四千八百余人。邦分四十七教道（按教道即郡也。因是地先为天主教人所居，故有是名，后归联邦，遂仍之焉）。都之所在曰巴安禄施[1]。商贾聚集之邑，曰纽呵连尼斯[2]，在密河之旁，贸易与诸大镇相等。

初，凡在密河以西、落机山以东诸地，除德邦属墨是科国，余皆为欧洲人所据，继后归于法国。前之五十八年，联邦以银二千万余购之，于是落山以东者皆联邦之地矣。遂于前五十年立本邦为部，越一年乃升之为邦焉。

第二十邦　德邦

按经纬度数，南自二十五度四十五分起，至北三十六度三十分止，计长十度四十五分。东自九十三度三十分起，至西一百六度四十五分止，计宽十三度十五分[3]。

德邦，即德过瑟斯。当二十五年以前，原属墨是科国，迨二十五年始划地自立，越一年乃入联邦，于是立之为部，继复升为邦焉。

地界北连印甸，东北接耳邦，东近禄邦，东南界墨湾，南与西南接墨是科国，西连尔柳二部。地合禄密雅卓

[1]巴安禄施，Baton Rough，今译巴吞鲁日。

[2]纽呵连尼斯，New Orleans，今译新奥尔良。

[3]本章介绍Texas State，今译得克萨斯州。

福五邦之疆域略小，而直隶省则又不及本邦四分之一焉。

地势东南近海一带较低，过此则为平原，再过至于西北，则多落山之支，地微高。山产金银铜铁铅，及各种大木皆备。至于水道，则邦中甚多，贩运最便。河之大者，有理呵骨兰[1]、理呵牛齐斯[2]、哥罗拉度[3]、比捏苏[4]、替里尼底[5]、些比理[6]、捏的等河。别有小河，类皆自西北流注东南之海湾。其水间有可以作盐者，或作药者。地气因邦域甚广，故各方之寒暖互异。

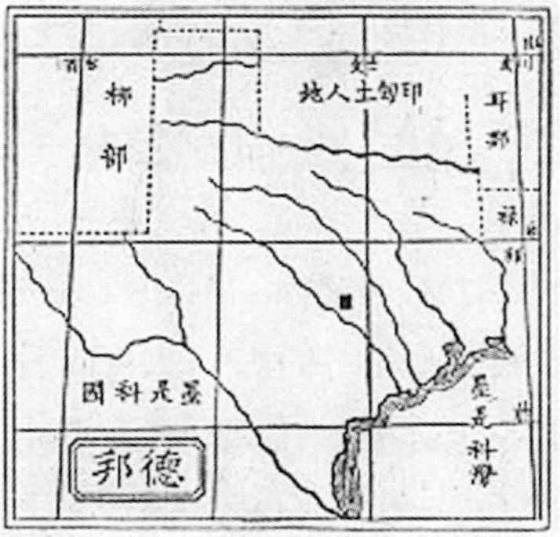

《德邦图》

土产五谷、百果、棉花、烟草、丝麻、糖等物，极为繁盛。民数二十一万二千五百余，内白人十五万四千余，黑人凡五万八千[7]，其间黑人之自主者约四百，为奴者五万八千一百余人。此前十年之数也。前五年再核，则多至四十八万有奇之数。外有别国之人来寄居者，则不可胜数，然以欧洲人为最多。邦内之地，总计立为郡者，数凡八十，其余野地尚多，均在邦之西偏，因户口不繁，故

[1]理呵骨兰，Rio Grande River，今译格兰德河。
[2]理呵牛齐斯，Neches River，今译内奇斯河。
[3]哥罗拉度，Colorado River，今译科罗拉多河。
[4]比捏苏，Pecos River，今译佩克斯河。
[5]替里尼底，Trinity River，今译特里尼蒂河。
[6]些比理，Sabine River，今译萨宾河。
[7]原文如此，作者计算有误。

犹未能成郡云。邦都曰奥士定[1]，距墨是科海湾尚七百余里，在哥罗拉度河之东。

第二十一邦　耳邦

按经纬度数，南自三十三度起，至北三十六度三十分止，计长三度三十分。东自八十九度四十分起，至西九十四度四十二分止，计宽五度二分[2]。

《耳邦图》

耳邦，即耳刚色斯。其地北界默，东邻典密二邦，南接禄邦，西南连德邦，西邻印甸土人地。疆域大于直隶省，而比雅邦微小焉。

地势邦西略高，东界殊卑下，每年密河涨漫时，恒为水患所苦。东北有数小湖，近湖一带，悉为水潦之地，民居颇为不便。邦中小山罗列，峰岭相望，但高者不过二十丈。山多木，又多飞禽、野兽，间产煤石五金等，民以取之不便，故皆未经开采焉。其上别有热泉数十处，泉水率作硫磺气，可作药用。邦内河之极大者，即密河。在邦东又有自西阻东、横贯邦中入于密河者，是为耳刚色斯河[3]。其名回的[4]者，译即白河也。地气西北冷于东南。

[1]奥士定，Austin，今译奥斯汀。

[2]本章介绍Arkansas State，今译阿肯色州。

[3]耳刚色斯河，Arkansas River，今译阿肯色河。

[4]回的，White River，今译白河或怀特河。

贸易均出本邦，罕与外交。通邦无银铺（因邦政先曾开设银铺，后以亏本故，不准民再立矣）。农圃最盛，居民务者约四分之三。土产多牛、马、羊、豕、鸡、鸭、五谷、秫米、棉花、山芋、糖、盐等。民数二十一万九千八百余，内白人十六万二千一百，黑人四万七千余。郡分五十一，都曰历地洛克[1]，在耳河之南。

第二十二邦　典邦

按经纬度数，南自三十五度起，至北三十六度三十五分止，计长一度三十五分。东自八十一度三十七分起，至西九十度二十八分止，计宽八度五十一分。[2]

《典邦图》

典邦，即典揑西，前六十年立为邦。北界与建费为邻，东、东南界诸邦，南接卓雅密三邦，西连耳，西北界默邦。地面南北短而东西长，西北与东南二角微缺，西南与东北二角微长，成斜方形。约比边纽二邦略小，然大于浙省焉。

[1]历地洛克，Little Rock，今译小石城。

[2]本章介绍Tennessee State，今译田纳西州。

地势多山岭，故通邦之地，皆一起一落，高下相间。邦之东有押山数支，皆自东北斜贯南方。又有干布阑的山[1]，亦自东北贯至南方，俱蜿蜒数百余里。上多洞穴，或探之，有深入至三四十里者。山间之地，多平陵大谷。

地产五金煤石，又多大木及造屋之石。间有药泉，饮其水谓能去病云。至于水道，则西有密河，北有干布阑的河[2]。邦中又有大河，自干布阑的山之东北发源，南经雅邦，复由雅之西北回贯本邦，与干布阑的同注于呵河者，则典捏西河[3]也。地气寒暑均平。

贸易、工作、农圃、土产等，均与联盟诸邦大略相同。民数共一百万二千七百余人，内白人七十五万六千八百，黑人二十四万五千八百余。其间黑人之自主者不过六千四百人，而为奴者则二十三万九千四百余也。郡共七十九，计在干布阑的山之东者二十有八，在邦之中者三十有二，在西分者凡十九郡。都曰那是越里[4]，在干布阑的河之南。

第二十三邦　建邦

按经纬度数，南自三十六度三十分起，至北三十九度六分止，计长二度三十六分。东自八十二度二分起，至西八十九度四十分止，计宽七度三十八分[5]。

---

[1]干布阑的山，Cumberland Mountain，今译坎伯兰山。

[2]干布阑的河，Cumberland River，今译坎伯兰河。

[3]典捏西河，Tennessee River，今译田纳西河。

[4]那是越里，Nashville，今译纳什维尔。

[5]本章介绍Kentucky State，今译肯塔基州。

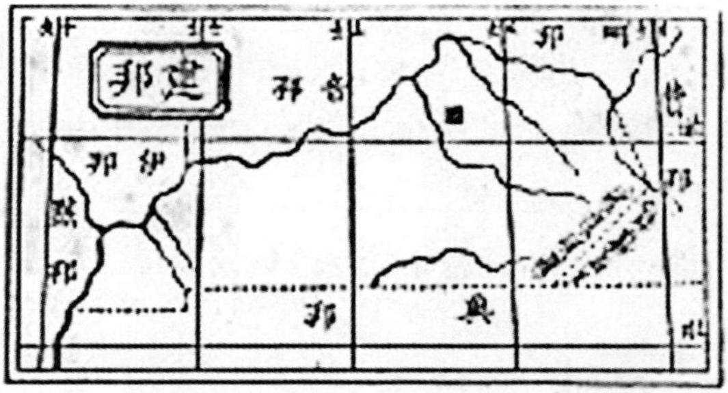

《建邦图》

建邦，即建德基。其界北连音呵二邦，东邻费邦，南接典邦，西界默伊二邦。约比缅邦微大，而小于浙省。

地面平衍处居多。邦东有干布伦的山[1]，斜亘东南，下接典邦。邦之北境一带，离呵河数十里，另有无数小山排列，皆不甚高。地有五金，民不尝采之，又产木与煤石。山间多咸水药水之泉，洞穴比典邦更多。别有一洞，春夏之间，风由外入，秋来则风自内出，至其深浅，颇难穷究。昔人有入之者，据云行五十里不尽而返。邦中小河甚多，大者曰呵河，由邦之东北沿邦西流，下通密河，以为呵音伊三邦分界之限，凡邦中之干布伦的河[2]、典河[3]及诸小河皆入之。地气当联邦南北之中，故温和为最。

田土皆肥沃，所产若秫米、烟草、麻苎等极盛，而五谷更蕃。贸易均在邦内贩运，鲜有外出者。考前五年之民数，计凡一百十一万人，内白人八十万余，黑人之自主者十万有奇，余则尽奴仆，数约二十万。邦分百郡，都曰佛

[1]干布伦的山，Cumberland Mountain，今译坎伯兰山。

[2]干布伦的河，Cumberland River，今译坎伯兰河。

[3]田纳西河。

兰飞的[1]。邑之大者曰虑士威里[2]，在呵河之南。政治，邦君正副各一，由民选，任均四年，满则别举，无连任之例（若正君立一二年病故，则听民另选。若在三四年病故，则副君代之。或副君亦故，则元老之长代之）。元老凡三十八人，任与君同。绅董一百，皆任两年。邦政集议，每二年一次焉。

第二十四邦　呵邦

《呵邦图》

按经纬度数，南自三十八度二十四分起，至北四十二度止，计长三度三十六分。东自八十度三十四分起，至西八十四度四十二分止，计宽四度八分[3]。

呵邦，即呵海呵。当联邦开国时，尚属野地，后十余年始有往居之者，迨前五十九年乃立为邦焉。其界北接米邦，又连衣湖，东邻边费二邦，南界建邦，西并音邦。地大于浙省而小于禄邦。

形类方正，但东南一角微缺。邦北有衣里湖[4]，南有呵海呵大河，近河湖之地，皆一望坦平。惟邦中冈阜相

[1]佛兰飞的，Frankfort，今译法兰克福。
[2]虑士威里，Louisville，今译路易斯维尔。
[3]本章介绍Ohio State，今译俄亥俄州。
[4]伊利湖。

接，地形隆起，故邦北之诸河，皆分入于衣湖。邦南之河，若穆士敬翁[1]、西呵度[2]、米亚密[3]等，皆分入于呵河。地气比边邦之东境稍暖。

邦东地土产煤铁及林木甚多，又有咸泉盐井等（井之深者可七八十丈）。农圃极佳，秫米及绵羊毛所出最多。工作贸易，亦颇繁盛。邦中大学、医馆，以及养赡聋、哑、目盲、各残废之仁会，无不全备，略如纽马等邦。民数据前五年，凡二百三十一万余。郡分八十七。邦都曰科伦布[4]，在西呵度河之东。镇之大者名津津拉地[5]（言西邦王后之处，喻地之美而大也），在西南呵河之岸，盖在联邦中分。密河谷之诸邦中，其镇多而且大者，要当推是邦为首焉。

考联邦立国之始，诸邦皆有属地。在呵河以西，如音呵伊等是也。其时战争未息，需费尚多，公议各输属地于国，凡有欲是地者，入银于国以购之，以抵兵费之用。于是定例居其地者，民数额满，准其自立为邦，同与盟会。如呵邦者，其最先自立者也。

第二十五邦　米邦

按经纬度数，南自四十一度四十分起，至北四十七度四十分止，计长六度。东自八十二度二十五分起，至西九十度三十四分

[1]穆士敬翁，Muskingum River，今译马斯金格姆河。

[2]西呵度，Scioto River，今译赛欧托河。

[3]米亚密，Miami River，今译迈阿密河。

[4]科伦布，Columbus，今译哥伦布。

[5]津津拉地，Cincintina，今译辛辛那提。

止，计宽八度九分。[1]

米邦，即米世干。北界苏湖[2]，东界休伦[3]、衣里等湖，南连呵音二邦，西邻威邦以米湖[4]为界。地处四大湖之间，水面与陆路几相埒。大率分邦为九分，水得三分有奇，约稍小于浙省之界；地得五分有奇，约比福建微大。若在联邦中相较，不过稍大于耳邦，然综其水陆而论，可以合江苏安徽之地相比焉。

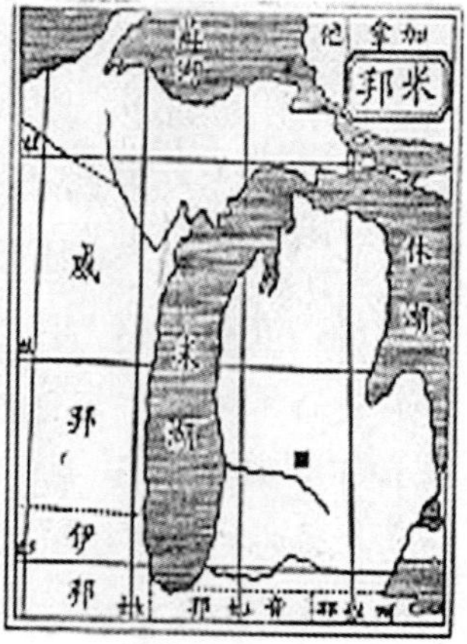

《米邦图》

地势为湖所阻，截然中断。南地皆属平原，北地间有小山，高者不过二十丈。山有盐井，又有药泉。地土多砂砾，产铜铁，而铜之多，颇以是邦为最。邦中小河不少，均散入于诸大湖。湖之各种鱼鸟，生育极蕃。农圃所出，五谷亦佳。

民数凡四十万。郡六十四，都曰览星[5]。邑之大者，名地推来耶[6]，在邦之东南休衣二湖之间，贸易甚为繁富。政治，邦君一，副君一，元老三十二，绅董七十二人，均系两年一选。他如学堂仁会等，皆同呵邦。

---

[1]本章介绍Michigan State，今译密歇根州。

[2]苏必利尔湖。

[3]休伦湖。

[4]密歇根湖。

[5]览星，Lansing，今译兰辛。

[6]地推来耶，Detroit，今译底特律。

初来是地者，在前之二百五十年时，以法人为最先。越百年，法之天主教人，至者日众，于是始建地推来耶镇而居之。迨前九十七年，英人复驱而得之。洎乎联邦开国，始属联邦，然犹是部也，前二十四年乃升之为邦。

第二十六邦　音邦

按经纬度数，南自三十七度五十一分起，至北四十一度四十六分止，计长三度五十五分。东自八十四度四十九分起，至西八十八度二分止，计宽三度十三分[1]。

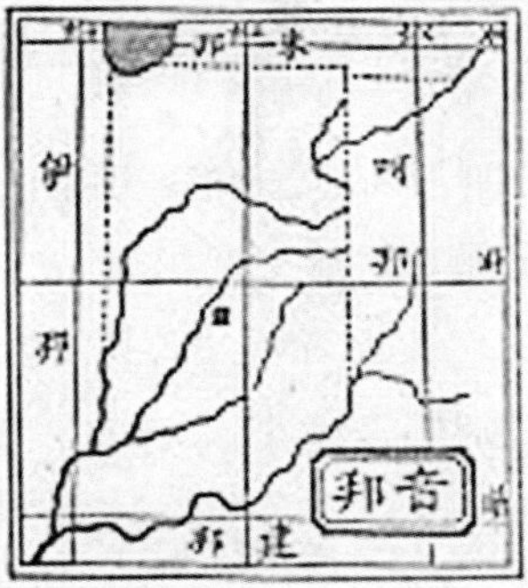

《音邦图》

音邦，即音地亚那，前四十五年始为邦。北界米邦与米湖，东邻呵邦，南接建邦，西连伊邦。地比缅邦稍大，而小于浙省。

邦内无崇山峻岭，不过略有小山。山产煤铁，多大木，若松、杉、橡、枫、榆、木棉等树多有之，兼有咸泉。西北小湖甚多，与湖广之地相仿佛。其大者曰海骡湖[2]，是处地土微卑湿。邦中有华帕是河[3]，由东贯西，以为与伊邦交界之处。又南有呵河，皆为本邦最便之水道。近华呵二河之地，地势悉坦平，盖沃土也。

[1]本章介绍Indiana State，今译印第安纳州。

[2]海骡湖，Lake Cedar，今译锡达湖或雪松湖。

[3]华帕是河，Wabash River，今译沃巴什河。

至其天时寒暑，类同呵邦。贸易工作，不大繁盛。务农之家极众，多桃、梅、苹果、葡萄、核桃诸佳果，又广畜牛马禽兽等（等按前五年核之，马骡凡三十余万，牛八十万，羊九十余万，猪凡二百七十万）。其民数约一百十九万丁。邦分九十一郡，多镇邑，都曰音地亚那波列士[1]（音地亚那者，印度也，言其土人略与印度同也。波列士者，都也，言音地亚那之都也）。又有谓是都为铁路之总会者，言各邦之火车皆须会聚于此也。盖都中多铁路，计凡八条（都东者，通呵邦之地列顿[2]，约长三百余里。东南者，通津津拉地，约三百三十里。都之南者，铁路有二，一通马地逊[3]，约二百六十里，一通遮费尔孙威里[4]，约五百四十里。都西者，通地理好的[5]，约二百余里。西北者，通拉非邑的[6]，约一百九十余里。都北者，通皮鲁[7]，约二百二十里。东北者，通元任西地[8]，约二百五十余里）。

总计密河以东之诸邦，凡商民来往、货物出入，未有不会于是都者，盖是都乃据诸铁路之要云。至密河以西之铁路，方经创始，故不具论。政治，邦君二，元老五十，绅董一百。余如学堂、仁会等，皆与呵海呵之略同。

---

[1]音地亚那博列士，Indianapolis，今译印第安纳波利斯。
[2]地列顿，Dayton，今译代顿。
[3]马地逊，Madison，今译麦迪逊。
[4]遮费尔孙威里，Jeffersonville，今译杰斐逊维尔。
[5]地理好的，Terre Huate，今译特雷霍特。
[6]拉非邑的，Lafayette，今译拉菲特。
[7]皮鲁，Peru，今译帕鲁。
[8]元任西地，Fort Wayne，今译韦恩堡。

第二十七邦　伊邦

按经纬度数，南自三十七度起，至北四十二度三十分止，计长五度三十分。东自八十七度四十九分起，至西九十一度二十八分止，计宽三度三十九分[1]。

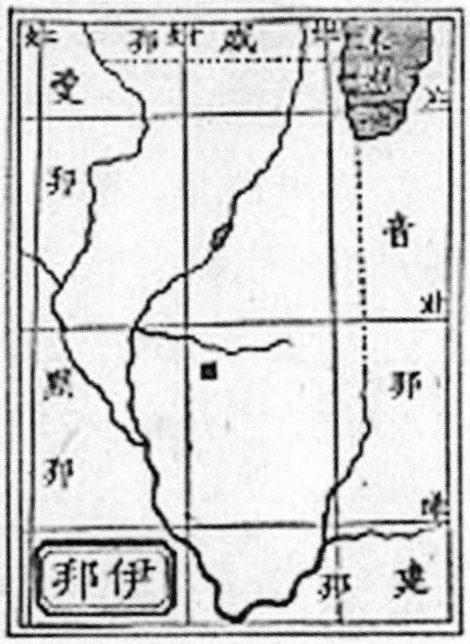

《伊邦图》

伊邦，即伊利那倚，前二十三年始继呵音之后而为邦。其界北与威接，东北连米湖，东邻音邦，东南界建邦，西南与西邻默爱二邦。地之大小，同山西省，约比米邦微隘。

邦之西有密河，东南有华帕是河[2]。邦中又有伊利那倚[3]、格斯格斯格亚[4]等。暨诸小河，悉各随地势，顺流下注。故有北入米湖者，又有西入密河，而东入华帕是者，皆缘邦中之地，多小山以间之。山产铜铁煤及各佳木，而铅为最，多铅之所曰厄里纳[5]。工作亦以采铅为盛，盖取之不尽用之不竭云。

习商贾者，多与外邦相交易。田土极膏腴。地气无严寒酷暑。土产山芋、秫米、稻麦、葡萄及各种佳果等，又多飞禽野兽。

民数凡一百二十四万余。郡分九十九，邦都曰士兵非

---

[1]本章介绍Illinois State，今译伊利诺伊州。

[2]华帕是河，Wabash River，今译沃巴什河。

[3]伊利那倚，Illinois River，今译伊利诺伊河。

[4]格斯格斯格亚，Kaskaskia River，今译卡斯卡基亚河。

[5]厄里纳，Galena，英文单词意为方铅矿，今译加里纳或采矿镇。

里[1]（今年辛酉，联邦所选之国君者，姓林根者[2]，即是邦都邑之人也）。邦多邑镇，其最大者曰市高俄[3]，在邦东北米湖之岸。镇四方，街道颇稠密而宽广。当镇之中，有小河一条，长四五里，深十余丈，上连米湖，下分两支，一出镇南，一出镇北，商贩之船往来不绝。又铁路甚多，火车尤便，是地贸易之盛，宛与汉口镇相仿佛（按镇中居民，考前二十年，不过五千人。越五年，则一万二千。又五年，则二万八千，再则八万，今乃十万有余。其生聚之盛，可想见矣）。

第二十八邦　默邦

按经纬度数，南自三十六度三十分起，至北四十度三十分止，计长四度。东自八十八度五十五分起，至西九十五度三十八分止，计宽六度四十三分[4]。

默邦，即默疏理，前四十年始升部为邦。地之北与爱邦相连，东接伊邦，东南建邦，南邻耳邦，西南近印甸地，

---

[1]士兵非里，Springfield，今译斯普林菲尔德。

[2]林根，Abraham Lincoln（1809—1865），今译亚伯兰罕·林肯，出生在肯塔基州平民家庭，先后做过农工、摆渡、测量、邮递、士兵、律师、议员等，酷爱读书，深知下层民众疾苦，后到斯普林菲尔德任律师，成为一生的转折点。林肯1860年当选美国第16任总统，1864年连任。他是美国历史上第一位平民总统，任期内带领美国人民赢得南北内战，维护了联邦统一，颁布《解放黑人奴隶宣言》《宅地法》等，废除了奴隶制，对美国民主政治和经济发展产生重大影响。1865年被刺杀。林肯一生历经波折，饱经风霜，品质高尚，永不放弃，幽默乐观，深受美国人民乃至世界民众敬爱，更是世界著名的政治家、思想家，被共产革命导师马克思评价为“达到了伟大境界而仍然保持自己优良品质的罕有的人物”。

[3]市高俄，Chicago，今译芝加哥。

[4]本章介绍Missouri State，今译密苏里州。原版经纬度介绍中：“南自二十六度三十分起，至北四十度三十分止，计长四度。”可知“二十六度”为笔误，应为“三十六度”。

西齐刚部，西北界拿部。地较大于山东，而比缅邦约宽一倍焉。

《默邦图》

邦中小山颇不少，惟西南有岭一条，较诸山略高，名呵撒克山[1]。山地多木石，及各种佳果，又产银铅铜铁煤等。邦中小河不胜缕述。其大者则邦东之密河，与密河西支之默疏理河[2]（默疏里者，多泥之意，言其河水混浊，故以泥河名之也）。是河比密河更宽，由联邦之西北落机山发源，流经万里而贯本邦，邦中小河皆入之。东南一带，微有水潦之区。

地气通邦和平。工作民不甚务，贸易同邻邦。土产有稻、麦、秫、芋、麻、苎等。民数八十三万余，内有黑人约十万，其为奴者八万有奇（按默部未入联邦以前，国会建议定制：凡在联邦三十六度三分以南之地，用奴者听；其在是度以北有犯制者，咸勿准。是时默邦始与盟会，而有奴仆者若许，故国政力争之。然而默邦不能改也。彼此执议数年，始创一约曰：除默邦外，自后再有入联邦者，必遵前制，有以默邦为例者，必勿纳。于是国人皆诺，遂名是约曰默疏理相准之法[3]）。

邦分一百郡。都曰遮费尔孙[4]，在邦中当默河之南。其大镇曰桑路斯[5]，邻密河之西岸，在默疏理流入密河以下之地。

---

[1]呵撒克山，Ozark Mountains，今译奥扎克山。

[2]默疏里河，Missouri River，今译密苏里河。

[3]此处所讲是指1820年美国《密苏里妥协案》。

[4]遮费尔孙，Jefferson City，今译杰斐逊城。

[5]桑路斯，St. Louis，今译圣路易斯。

第二十九邦　爱邦

按经纬度数，南自四十度四十分起，至北四十三度三十分止，计长二度五十分。东自九十度十二分起，至西九十六度五十三分止，计宽六度四十一分[1]。

《爱邦图》

爱邦，即爱约娃，前十五年始立为邦。其界北与梅邻，东界威伊二邦，南界默邦，西界拿第两部。幅员约与雅邦诺邦同，而微小于福建。

地势较平原略高，倏凹倏凸，仿佛冈陵相接之势。邦之东西各有大河，东曰密河，西曰默河，即与邻近邦部分界之处。邦内另有无数小河，河流各分东西。西地较高，又与默河相近，故流于西南之诸河，形势多短促，流于东南者河道颇迂远。其最著者曰弟磨尼斯[2]，及爱约娃[3]等河，皆会归于密河。诸河之岸，地土肥润，林木秀美。旷野之区，无树木，多茂草，足供游牧，与威邦同。

地利，五金煤石俱全，而铁为至盛。气候寒暑，与音呵相类，而寒于默邦。土产稻、麦、秫、芋、各类杂谷，及丝、麻、果实等。贸易不出本邦，多以土产相交易。

民数据前十年约二十万，前四年则五十一万矣（按内有自客地来移居者，如新英之民约二万余，边费等邦者约八万，

[1]本章介绍Iowa State，今译爱荷华州。
[2]弟磨尼斯，Des Moines River，今译得梅因河。
[3]爱约娃，Iowa River，今译爱荷华河。

联邦之南地者约二万，邻邦者约二十万。外国来居者，如日耳曼、荷兰之人约三万九千，英人约三万，瑙威人三千，法人二千余，其他别国之人约一万。而本邦之民不过十万有奇。盖凡新立之邦，地广人稀，类多如此也）。统计男丁凡二十七万，女丁凡二十四万，户口约八万之数。邦分郡四十有九，都曰弟磨尼斯[1]。最大之镇曰度卜克[2]，在邦之东北隅，约离密河之西岸不远云。

第三十邦　威邦

按经纬度数，南自四十二度三十分起，至北四十六度五十八分止，计长四度二十八分。东自八十四度八分起，至西九十二度五十四分止，计宽八度四十六分[3]。

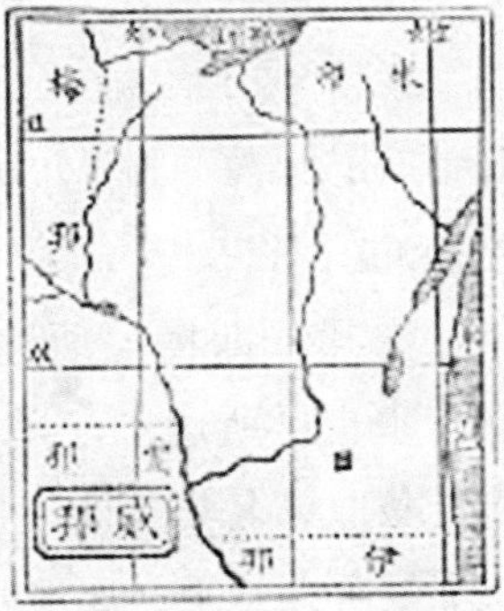

《威邦图》

威邦，即威仕干清，前十五年始升为邦。北界苏湖与米邦，东界米湖，南界伊邦，西南爱邦，西界梅邦。疆域比雅耳等邦略大，仿佛中华之福建省。

地势层次隆起，作覆釜形。西北一带地微高亢，然小湖甚多。邦内又有小岭数条，势亦蜿蜒。水道，邦中河湖最多。北有苏湖，北方之诸河入之。东有米湖，东方之诸河及直壁洼

[1]弟磨尼斯，Des Moines，今译得梅因。

[2]度卜克，Dubuque，今译迪比克。

[3]本章介绍Wisconsin State，今译威斯康星州。

河[1]入之。西有密河，邦中之威仕干清河等入之。诸小湖中，以威尼辈俄湖[2]为稍大。通邦水色，无论河湖，皆清澄可爱。气候极平和。

地利，产铜、铁、铅、煤、石膏、大木等，及农圃之属。贸易均在本境。民数据前五年，凡五十有五万。郡分三十一（按郡外，本邦旷土尚多，以居民稀少，故未立为郡云）。邦都曰马地逊[3]，在四湖之中，盖都之四面，各有小湖也。其镇之大者曰密华基[4]，在米河[5]之西岸。初联邦之人居是地，不过三十年。前二十年核之，民数二千人，后十年则多至二万，前五年乃三万矣。他镇相类。

第三十一邦　梅邦

按经纬度数，南自四十三度三十分起，至北四十九度止，计长五度三十分。东自八十九度三十分起，至西九十七度二十分止，计宽七度五十分[6]。

梅邦，即梅尼所达，前戊午年始升为邦。梅尼者，译言水也；所达者，译言天青也。言是邦之水色，有如天青，故取以名其邦也。

其界北连英之属地，东邻苏湖与威邦，南接爱邦，西界弟部。地土之大，同广西与江西省，约合诺叟二邦之地。

---

[1]直壁洼河，Shboygan River，今译希博伊根河。

[2]威尼辈俄湖，Lake Wennebago，今译温纳贝戈湖。

[3]马地逊，Madison，今译麦迪逊。

[4]密华基，Milwaukee，今译密尔沃基。

[5]原文“米河”，经核查，当属笔误，应为“米湖”，即密歇根湖。

[6]本章介绍Minnesota State，今译明尼苏达州。

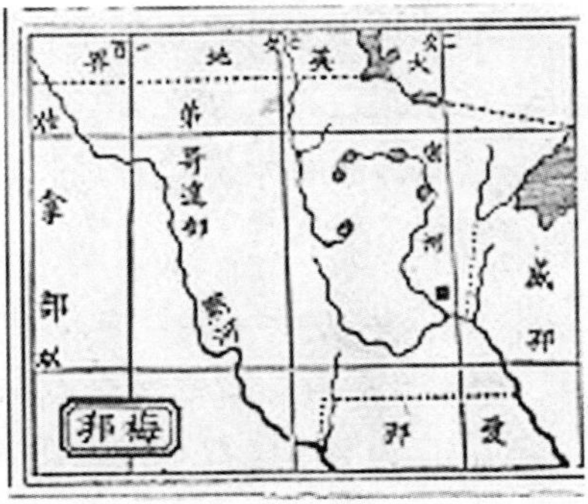

《梅邦图》

地势，当邦中偏西之地极高，以较墨湾之海面，凡高二百余丈。邦北与西，山岭甚多，皆高平如原。邦中一带，亦多平地。

然有湖无数，大小不等，类皆有小河以相贯通，略如串珠之式。其最大者曰红湖[1]，又东北有林湖[2]，半属英地半属联邦，诸湖皆多鱼与水鸟。有名倚答士克湖[3]者，乃密河之源。其源由邦中逶迤而东，以次南流至海，凡长七八千里。按密河在邦境中，沿流约二千四百余里，盖在桑安多尼瀑布[4]之上者，凡一千八百里，在瀑布以下者六百余里，邦东之小河皆入之。邦东北之水，另分入于苏湖，以次至于东海。其源约长八九千里。邦西又有诺捏的大河[5]（意即北红河也）。其源亦自邦内，北流至英之属地，长亦五六千里，邦西之诸河入之。按密河与北红河发源之处，相距不过数里，但不相通，间有以人力舁小舟过此，则较为便云。邦中别有梅尼所达河[6]，长约与邦内之密河等。西界又有壁格素[7]等河（意即大素河也），即与弟部分界之处。

[1]红湖，Lake Red，今译红湖或雷德湖，分上、下两部分。

[2]林湖，Lake of the Woods，今译伍兹湖。

[3]倚答士克湖，Lake Itasca，今译艾塔卡斯湖。

[4]桑安多尼瀑布，St. Anthony Falls，今译圣安东尼瀑布。

[5]诺捏的大河，North Red River，今译北红河或北雷德河。

[6]梅尼所达河，Minnesota River，今译明尼苏达河。

[7]壁格素，Bois de Sioux River，今译大萨克斯河。

通邦地土多沙石，林木皆生于滨水诸地。其他旷野之处，惟草最茂，一望无际。邦内有瀑布，甚耐观瞻，名梅尼哈哈[1]，译言水笑也。地气甚冷，河冰凝结半年始解，然雨雪最少。

土产五谷、百果皆备，而野米至多。山岭之间，产铜、铁、铅、煤、野兽等。又其地有一种红泥，可作陶器。

据前十年，民数不过六千，前五年乃有七万，前三年则十六万。考是邦向有印甸土人，近被联邦教化，亦能读书务农，为联邦之良民矣。邦内除未立郡之野地外，现分五十三郡。邦都曰桑保罗[2]，在密河之东岸，桑安多尼[3]之南五十里。沿密河一带有数镇。又邦之西北与英地分界之处，有镇一曰便比纳[4]，乃前数十年英之侯爵瑟克尔格者所得。其镇居民约一千五百，皆土人，贸易或以兽皮，或五谷等。出入驾车，皆以犬代。

政治，邦内正副君主各一，每任二年，元老三十七人，绅董八十人，余如审判等官，皆与新英各邦略同。

---

[1]梅尼哈哈，Minnehaha Falls，今译明尼哈哈瀑布。
[2]桑保罗，St. Paul，今译圣保罗。
[3]桑安多尼，St. Anthony，今译圣安东尼。
[4]便比纳，Pembina，今译彭比纳。

附

第一部　弟部

按经纬度数，南自四十二度三十分起，至北四十九度止，计长六度三十分。东自九十六度三十分起，至西百三度三十二分止，计宽七度二分[1]。

弟部，即弟哥达（按称部者，所以有别乎邦也。邦部之分，乃视民之多寡为断。民多者升为邦，政皆自立。民少者立为部，政事一切皆国政遣官理之，故曰部也）。北界英之属地，东邻梅爱二邦，南与西均界拿部。地土约合费诺二邦之大，比于华之江苏安徽省焉。

部中山岭最多，东有诺捏的及壁格素河，即与梅邦分界之限。西又有默疏理河，贩运甚便。其余土产一切，略如梅邦。按是部原属梅地，因梅于戊午年既升为邦，故于是年中分其地自立为部。现部内野地尚多，居民不过数千人，故犹未能成邦也。

第二部　拿部

按经纬度数，南自四十度，至北四十九度，计长九度。东自九十五度二十分，至西百十三度三十分，宽十八度十分。

[1]本章介绍Dakota，今译达科他区，原为印第安人聚居地，1830年被美国从法国手中收购，1889年分为北达科他州、南达科他州。

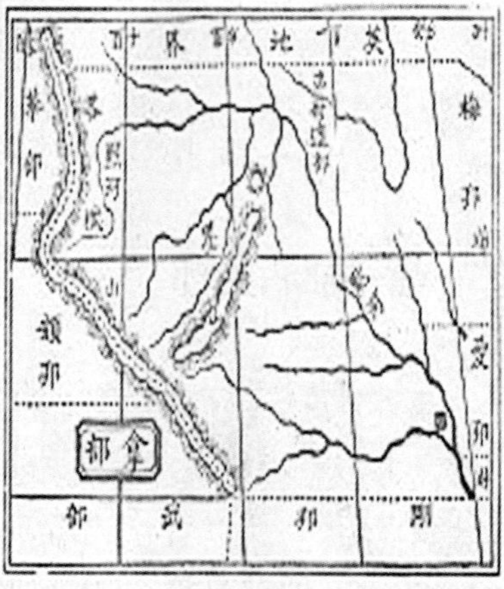

《拿部图》

拿部，即拿布拉士格[1]。其北界英之属地，东邻弟部与爱邦，东南界墨邦，南接刚邦，西南连武部，西界颁邦与华部。地之宽广，约兼有江苏、安徽、河南、山东、山西、直隶六省之地，比合爱、威、米、梅、弟五邦部为更大。

地势因西界有长岭一条，故地形殊高，然渐东则渐下矣。长岭名落机山，北由英之属地，下接本部西境，回环起伏，以为华部、颁邦、武部与本部分界之限。岭之延袤，约长数千里，直过联邦之南境，高凡一千三百五十余丈。部中又有小岭一，名墨山[2]，斜亘部中，迄于西南。部东有默疏理大河，其源即出于落机山。河分两源，均在北四十五度，西一百十三度之地，然后合流而归于一派。如部内之叶落斯惰[3]（意即黄石河也）、拿布拉士格[4]等河，皆东流入之。

近西一带，地土沙漠，河道多浅涸。惟大雨时降，或雪消之候，始形涨溢焉。地气、土产、贸易等，皆同弟部。民数前数十年不过五千，前四年乃有万余矣。现分郡

[1]拿布拉士格，Nebraska，今译内布拉斯加，内布拉斯加州的前身。但本章也混杂了Montana State（今译蒙大拿州）的内容。

[2]墨山，Black Mountain，今译黑山。

[3]叶落斯惰，Yellow Stone River，今译黄石河。

[4]拿布拉士格，Nebraska River，今译内布拉斯加河。

三十有奇，都曰呵马哈[1]，在部之东南默河西岸。

第三十二邦　刚邦[2]

按经纬度数，南自三十七度起，至北四十度止，计长三度。东自九十四度四十分起，至西百六度五十分止，计宽十二度十分[3]。

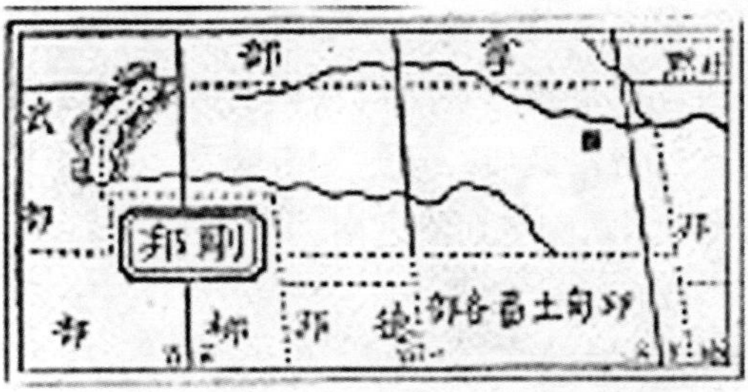

《刚邦图》

刚邦，即刚色斯，初属绿细亚那[4]，前七年始立为部，今年辛酉春乃升为邦。北界拿部，东邻默邦，南接印甸地，西南连柳部，西界武部。幅员同默爱二邦，约比华之直隶山东两省。

邦内野地甚广，多茂草，游牧最佳。西有落山，绵亘南行，又旁多小岭。地势由东而西，渐渐低下，略如平坡。东有呵撒克山[5]，由此蜿蜒而入默邦，亦颇不短率，

[1]呵马哈，Omaha，今译奥马哈，原为内布拉斯加州的首府，今内布拉斯加州首府为林肯（Lincoln）。

[2]原版如此排版，兹保留原版。

[3]本章介绍Kansas State，今译堪萨斯州。

[4]绿细亚那，Louisiana，今译路易斯安那。

[5]呵撒克山，Ozark Mountains，今译奥扎克山。

即默邦呵些治河[1]发源之处。邦之东北有默疏理河，由此流至默邦。又有刚色斯河[2]，其河分五大支，皆归于默河。邦西又有耳刚色斯河[3]，由落机山发源，横贯邦中，南经印甸地，而入耳邦。其余小河，未能悉数。河滨之地，类多林木。

地气通邦和平。种植诸物，南北如一。田亩亦颇肥沃。工作之民，与务农者，邦东居多。地利，金银煤石及五谷、果实等，百物咸备。民数据前五年不过八九千人，后二年乃有二万，又后二年则四万余矣。郡四十余，邦都曰里敢布顿[4]，在刚色斯河之南。

第三部　印甸

按经纬度数，南自三十三度三十分起，至北三十七度止，计长三度三十分。东自九十四度二十分起，至西一百度止，计宽五度四十分[5]。

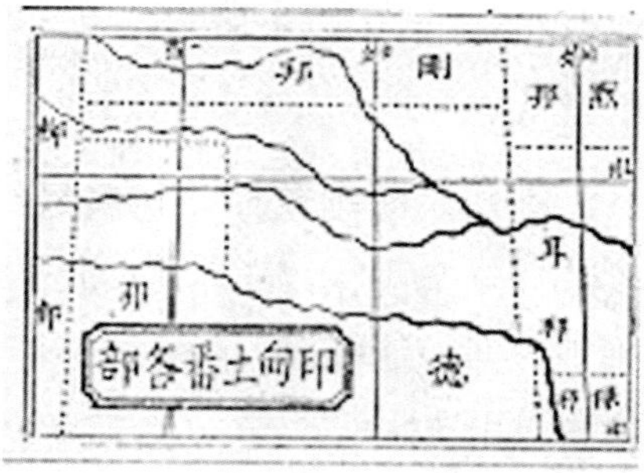

《印甸土番各部图》

[1]呵些治河，Ogeechee River，今译奥格奇河。

[2]刚色斯河，Kansas River，今译堪萨斯河。

[3]耳刚色斯河，Arkansas River，今译阿肯色河。

[4]里敢布顿，Lecompton，今译莱康普顿。今堪萨斯首府为Topeka，今译托皮卡。

[5]本章介绍Indian Reservations，今译印第安保留地，俄克拉荷马州的前身，位于美国西部。Oklahoma State，今译俄克拉荷马州，原为印第安人的聚居地。美国白人政府采用欺诈和暴力手段，将印第安人残杀驱赶，强行迁徙到西部荒袤之地。印第安人这一艰辛历程就是充满血与泪的“西迁之路”。禆治文在该章隐藏了这段血腥历史。

印甸，即新地土人各部之地。北界拿部，东邻默耳二邦，南与西均连德邦，西北界柳部。地同费玛二邦，比新英地略小，约类华之江西省焉。

居民皆土人，丁口约十数万。内有十余族类，各分部落。每族定居一方，创立政治，各有首领等官，彼此相和。居民皆聚族而居，自为村堡，类能耕读一切，亦有会堂学馆等制。土产诸物，如牛羊杂畜，五谷花果等，皆同联邦。

原其始，各族皆散处四方，后因别国人来此，互买其地开创新国，即今之联邦国。于是当国之中，择地一区，名曰印甸地，俾诸族类悉居于此。而联邦人时传教于其地，以故其民俗渐移，技艺工作亦骎骎乎日盛。联邦又与之立约，各不相扰，俾得安居云。兹就印甸诸族可知者，略附一二于后。

知落机族[1]，原居押利结尼山，于前三十五年，始创政治，后十年因尽卖其地于联邦，乃移居于印甸之北东二方，当耳刚色斯河之北，地约得印甸三分之一。

初，此族素无文字，因被传教者所化，居民另创一种新字[2]，数虽八十有五，其用无穷，至今咸遵从之。族分八分，首领一，任四年，辅理者三员，任各一年，审官分三等。族众公会分两班（下班每分公选二人，计十六人。上班每分选三人，计二十四人）。年中集议一次，会堂所在曰达理卦[3]。

吉栗士族[4]，始居于卓雅二邦，后移此。习俗政治，

[1]知洛机族，Cherokee，今译切洛基人。

[2]指的是切洛基语。

[3]达理卦，Tulsa，今译塔尔萨。

[4]吉栗士族，Creek，今译克里克人。

皆同知落机，与西米孥里族[1]相邻，均在耳河、加拿他河[2]之间。卓道斯与知格亚骚斯，亦二族合居，在加拿他河之南。文字政治，同知落机。地分四分。卓道斯族得三分，知格亚骚斯族不过一分。二族各有首领，会议者四十人，会堂之所在加密诗。是二族之民，凡男者俱为兵，间亦有为联邦之兵者。每分督兵者，以三十二人为例，别有将军者，总督其诸军焉（按以上诸族来源，其民皆不能自解，又无载籍可考，是鲜有知者。然以愚意窥之，觉其形色习俗，颇与亚细亚洲人相仿佛。又亚洲人现今间有由太平海遭风来联邦者，或其初亦系因此而至亦未可知）。

第四部　柳部

按经纬度数，南自三十一度三十二分起，至北三十八度止，计长六度二十八分。东自百三度起，至西百十七度止，计宽十四度[3]。

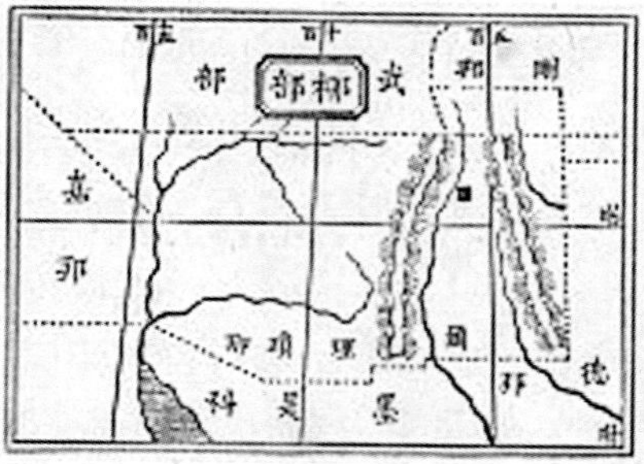

《柳部图》

柳部，即柳墨是科，前二百八十年为士班雅人所据，前十五年始入联邦，后五年乃立之为部。其地北界武部、刚邦，东邻刚邦、印甸与德邦，南界德邦

[1]西米孥里族，Seminole，今译塞米诺尔人。

[2]加拿他河，Canadian River，今译加拿丁河。

[3]本章介绍New Mexico，今译新墨西哥部，1912年建州。

及尔理琐那[1]，西连嘉邦。地同华之云南贵州省，而比伊爱威三邦略小。

部内山岭重叠，起伏不一。极长之岭，即落机山，自北贯南，直近部中。山东之地，渐西渐高，以近山故也。部内河道甚多，其大者曰理呵骨阑[2]，在落山之间，南入于德邦。又有在西者曰哥罗拉度[3]，即与嘉邦分界之河。在南者曰理呵吉拉[4]，乃尔部分界之处。

通部地土，肥瘠不一，气候温和。山地产金、银、铜、大木等，旷野多茂草，游牧最便。居民务农者亦颇不少，但技艺文学尚未极盛云。民数据前十年，约六七万。部分十数郡。都曰散地费[5]，与理呵骨阑河之东岸，约远六十里。

第五部　尔部[6]

按经纬度数，南自三十一度二十分起，至北三十三度二十分止，计长二度。东自百六度五十分起，至西百十四度四十分止，计宽六度五十分[7]。

按尔部，即尔理琐那。初属墨是科国，前七年入归联

---

[1]尔理琐那，Arizona，今译亚利桑那 ，详见下文。

[2]理呵骨阑，Grand River，今译格兰德河，西班牙语又作Rio Grande del Norte。

[3]哥罗拉度，Colorado River，今译科罗拉多河。

[4]理呵吉拉，Gila River，今译希拉河。

[5]散地费，Santa Fe，今译圣菲。

[6]该部分原文中无插图。

[7]本章介绍Arizona，今译亚利桑那，原属新墨西哥，后1912年从新墨西哥中分出独为一州。原文数据如此，作者计算有误。

邦，与柳部合，后一年乃分之，去年庚申始立为部。其地西北东三方，均界柳部，南界墨是科国，约比柳地六分之一。

部中山峰罗列，偏东有落山直贯而过。部之三面均以河为界。理呵骨阑在东界，由部之东南入墨湾[1]。北之理呵吉拉、西之哥罗拉度河，皆入嘉湾[2]。地利多金矿，其余土产一切，略同邻地。

第六部　武部

《武部图》

按经纬度数，南自三十七度起，至北四十二度止，计长五度。东自百六度起，至西百二十度止，计宽十四度[3]。

武部，即武达，初属士班雅，后归墨是科国，前十二年始入联邦，前三年乃立为部。其界北抵颁邦，东北界拿部，东邻刚邦，东南与南均连柳部，西接嘉邦。

地之宽狭，较比德邦稍大，约同华之云南四川两省。部内长岭极多，东有落山，蜿蜒而下，以与拿部、刚邦相分界。西有西亚拉尼哇达山[4]，乃与嘉邦交界之处。部中之稍东，又有哇撒支山[5]，悉落山之一支，自东北直贯至

[1]墨西哥湾。

[2]加利福尼亚湾。

[3]本章介绍Utah，今译犹他部，1864年建州，始称犹他州。

[4]西亚拉尼哇达山，Nevada Mountain，今译内华达山脉。

[5]哇撒支山，Wasatch Range，今译沃萨奇岭。

南境，界部为两分。稍西又有衡波的山[1]，势亦颇绵亘。当二山之间，南北各有一岭，横亘西分。中间之地，高约五六百丈，居民以其四周有山，名之曰环地，盖象形也，是部内山岭之极大者。其余小山，四处罗列，难以悉载。

诸山之水，随处汇聚，成为数湖，诸小河入之。河之大者曰索列[2]，意即盐湖也，长约三四百里，宽百余里。其大河名哥罗拉度，在部内分两支，皆自东北之落山发源。水滨之地，树木甚多。山地产金、银、铁、煤石等，但居民未尝采之。地气寒暖不齐，土产无多。

前五年民数五万有奇，另有土人约二万。郡十余，都曰费里马[3]，适当本部之中。最大之镇，名索揑吉西地[4]，意即盐湖镇也，在都之北，较都为更繁庶。现国人思自落山以东起，以次而西，逾诸山岭，接创铁路数条。有由北而达太平海岸者，有由南而至于海滨者，有由中路而至者，皆取便于火车往来。且自东诣西，计日可达，而国中土产一切，随在皆易于流通矣。然方经建议，尚未举行也（按通国旧分为三大分，东分与中分已建铁路相通，惟西分之地未创，故议兴之耳）。

第七部　华部

按经纬度数，南自四十五度三十二分起，至北四十九度止，计

[1]衡波的山，Humboldt Mountain，今译洪堡特山脉。
[2]索列，Salt Lake，今译盐湖。“河”乃原文，但对照语境，当为笔误，应为“湖”。
[3]费里马，Fremont，今译费尔蒙特，今犹他州首府为盐湖城。
[4]索揑吉西地，Salt Lake City，今译盐湖城。

长三度二十八分。东自百十一度五十四分起，至西百二十四度四十分止，计宽十二度四十六分[1]。

《华部图》

华部，即华盛顿，前十四年与颂邦合为一地，迨后十年始分开为部。北界英属地，东界拿部，南界颂邦，西界太平海。地同诺叟卓三邦，约比四川省微小。

部东有落山绵亘东界，蜿蜒东南而下。当中之偏东，别有数岭与落山相依附。偏西亦有数小岭，小岭之外又有长岭一条，名驾斯结的[2]，最高之处凡一千八百丈。山距滨海之地，约二百余里。而滨海之区，另有长岭一条，乃海岸山，约高八百九十丈。两岭之间，又有数山横亘其中，入磴道然。山内之地，势颇平衍，与部中之地相似。

部内极大之河，名科伦布亚，分南北两支。一支出本部之东北，一出颂邦，均发源于落山。部西滨海一带，海港甚多，西北有儒安弟福加小海[3]，海湾名皮与直的湾[4]。

[1]本章介绍Washington，今译华盛顿部，1889年建州。

[2]驾斯结的，Cascades Mountains，今译喀斯喀卡山脉。

[3]儒安地福加小海，Juan de Fuca Strait，今译胡安·德富卡海峡。

[4]皮与直的湾，Puget Sound，今译皮吉特海湾或普吉湾。

田亩之区多肥沃。山产金、银、铁、煤、各种大木等，又多飞禽异兽。民数前三年一万有奇。郡二十余，都曰阿林比亚[1]，在部西皮与直的湾之旁。

第三十三邦　颎邦

按经纬度数，南自四十二度起，至北四十六度十八分止，计长四度十八分。东自百十六度四十分起，至西百二十四度三十分止，计宽七度五十分[2]。

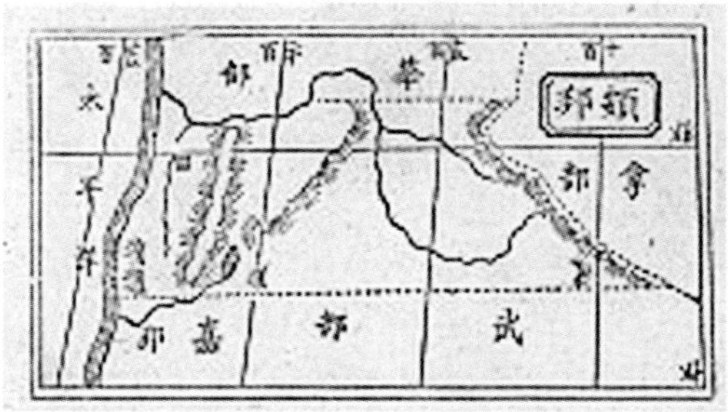

《颎邦图》

颎邦，即颎里恩，前三年始由部升为邦。按是地作部之时，东自百八度四十四分起，本与拿部为界。后裁邦之以东七度五十六分之地，属华部理之，名其地曰灼灼尼[3]。而于百十六度四十分起，为邦之东界。故邦域之地，转狭于为部之时焉。

现邦内之地，北连华部，东邻灼灼尼地，南接武部与

[1]阿林比亚，Olympia，今译奥林匹亚。

[2]本章介绍Oregon State，今译俄勒冈州。

[3]灼灼尼，Shoshone，今译肖肖尼。

嘉邦，西抵洋海。约比威爱二邦，同与华之云南省。

邦内长岭，层见叠出，计分邦为三分。在邦中之东者曰卜路[1]，意即黛山也；在邦中之西者，即驾斯结的；沿海者即海岸山，名可士的捏蚩[2]，言其临海也。西分之地，当海山之间，地土极腴，宜于农圃。中分亦颇不恶。惟东分之地，未经开垦，荒野甚多。

邦中河之大者，即科伦布亚河，在北与华部为界，其南支入邦之东，又为灼灼尼地分界之处。邦中山岭，产石、煤、木料、金砂等，水族多鳞介之属。地气和暖多雨。民数前十年不过万余，后三年则三万，前二年乃有八万余矣，内有华人约五千。郡二十余，都曰撒冷[3]，在邦之西北。

第三十四邦　嘉邦

按经纬度数，南自三十二度二十分起，至北四十二度止，计长九度四十分。东自百十四度二十分起，至西百二十四度二十五分止，计宽十度五分。[4]

嘉邦，即嘉理符尼亚。当二百九十年以前，曾有英之水师官至其地，相其土色，谓其地必产金。继后此地为士班雅人所据，久之又属于墨是科国，迨前十二年始议归联邦。于是联邦人往经营其地，夫然后黄金现，移居者日众。民遂创立政治，前十年乃立为邦焉。

---

[1]卜路，Blue Mountain，今译蓝山。

[2]可士的捏蚩，Coast Ranges，今译海岸山脉。

[3]撒冷，Salem，今译塞勒姆。

[4]本章介绍California State，今译加利福尼亚州。

其地北界颁邦，东邻武柳尔三部，南接墨是科国，西抵太平海。地形斜曲而长，与华部、颁邦同为联邦中极西之土。其疆域之延袤，约比伊爱威三邦，较华之山西甘肃省稍大。

《嘉邦图》

邦内有长岭两支，在东者曰西亚拉尼哇达[1]，在西者曰海岸山，皆在邦内，长二千余里。其峰巅最高之处，约一千四百丈，名满杀士大[2]，年中常有积雪。山面松橡丛生，森然凝碧，望之如施屏障。东山者金矿尤多，即所称金山者是也。现产金之区，长凡千余里，宽约百里，居民名之曰金田[3]，言其金之多也。他如市镇诸小山，产金处甚众，难以枚举。来采之人，日以万计。海内各国趋之，如众水之赴壑。其间华民去者，几数万。

两山之间，地势宽平，土壤肥美，长约一千五百余里，宽百五十里许。近海一带小湾无数，其大湾名桑法兰西士哥[4]，湾之口名金门[5]。河之大者有二，在北者曰撒格列明度[6]，在南者曰桑卓尔金[7]，其左右之小河皆归

[1]西亚拉尼哇达，Nevada Mountain，今译内华达山脉。

[2]满杀士大，Mount Whitney，今译惠特尼山。

[3]金田，Gold Land，今译黄金地或金田。

[4]桑法兰西士哥，San Francisco Bay，今译旧金山湾或圣弗朗西斯科湾。

[5]金门，Golden Gate，今译金门。

[6]撒格列明度，Sacramento River，今译萨克拉门托河。

[7]桑卓尔金，San Joaquin River，今译圣华金河。

之，而合流于桑法兰西士哥湾。邦南有湖名都拉利[1]，南方之诸小河多注之。当淫雨之际，湖水骤涨，邻近百里之地，往往成水乡焉。

地气近北较温和，惟两山派间，盛夏炎蒸最盛，赖有海风不时吹荡，稍觉凉爽。地利除金之外，银、铜、铁、水银、石、煤、大木咸备。农圃所产，稻、麦、秫米、各杂谷、丝麻、棉花、烟草、百果、诸蔬，并皆佳妙。海滨及河湖内，鳞族繁多。

民数现四十万一千九百七十余，内有黑人二千，印甸土人三万，华人五万余。其市邑之喧哗，楼阁之壮丽，商旅如云，舟车幅辏，诚所谓富邦也。邦分四十余郡，都曰撒格列明度[2]，在邦中。镇之最繁者，即桑法兰西士哥[3]。邦政学堂诸制，皆与马干等邦略同（按本邦之金，自戊申年开采起，本年镕之，实得五百万余。己酉年得金二千万余。庚戌年得四千五百万余。辛亥得金四千八百万余。壬子得四千六百万余。癸丑得五千五百万余。甲寅得五千二百万余。乙卯四千五百万余。丙辰得五千一百万余。丁巳得四千九百万余。是皆联邦历年所得金之大数。以后诸年所得，多寡不定，然总不远乎以上之数云。至于他国之人，以及华民所检查得者，不在此数内）。

---

[1]都拉利湖，疑为 Lake Salton或Salton Sea，今译索尔顿湖，加州南部最大湖。

[2]撒格列明度，Sacramento，今译萨克拉门托。

[3]桑法兰西士哥，San Francisco，今译旧金山或圣弗朗西斯科。

补余

且夫国以民为主，故凡有地土者，得民则昌，失民则亡，此诚定论也。我联邦当开国之日，幅员偏狭，民物无多。乃不数十年，疆宇日辟，庶产日繁，珍奇集于四方，财利充乎府库，勃然而兴，遂成大国。其故何哉？则得民之验也。所以采风者，但考其民之多寡，即可觇其国之兴替。是民数乃国志中不可偏废者也。予故补之。

联邦定制，凡各邦之民，年中各邦自核之，具其数。每届十年，则国政一总核之，故事较便而数甚详。（按前七十年：庚戌联邦民数凡三百九十二万九千八百二十七人；庚申年则五百三十万五千九百二十五人；庚午年则七百二十八万九千八百十四人；庚辰年则九百六十三万八千一百三十一人；庚寅年则一千二百八十六万六千二十人；庚子年则一千七百六万八千四百五十三人；庚戌年则二千三百十九万一千八百七十六人。）去年庚申核数，凡有三千一百六十四万一千九百七十七人。印甸各族土人不具。内有黑奴三百九十九万九千三百五十三人。（查国初十年之奴仆，不过六十九万七千八百九十七人，二十年乃八十九万三千四十一人，三十年乃一百十九万一千三百六十四人，四十年乃一百五十三万八千三十八人，五十年乃二百万九千四十三人，六十年乃二百四十八万七千四百五十五人，七十年乃三百二十万四千三百十三人。去年之数见上。）通国分南北二分。（北分之邦，例不役奴，现计民数一千八百八十万二千一百二十四人。南分之邦，多用奴者，现合奴仆亦一千二百四十三万三千五百八人。诸部之民，总计四十万五千三百四十五人云。）

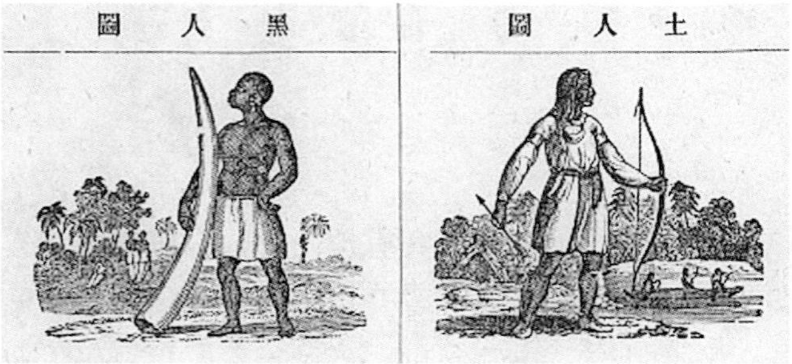

《黑人图》和《土人图》

考新地之有奴仆，始于初得新地之时。至贩奴之弊，则开端于葡萄牙也。（是时新地多属士班雅，而葡萄牙则由阿洲中有属地，故得贩黑人云。士班雅王又以新地人少，特准每年买奴四千，故后欧洲各国遂多有以贩黑人为业者。至联邦之有奴仆，则由前二百四十年，来迁于新英时，有荷兰人载黑奴来费地售卖，自后各地转卖，遂多奴矣。既而英人悯奴役之甚苦，类于牛马，乃于前五十四年，以水师巡海，禁卖奴者，违者罪之而罚其舟。我联邦亦于前五十三年仿之而行。迨前二十一年，英人又立不役奴之禁，是时其属地皆乐遵之，纵其奴去。惟西海岛之民不欲，计其奴凡有八十万。英王乃自出八千万银赎之云。故附及之。）

大美联邦志略下卷终

跋

裨治文先生者，联邦之通人，植之业师也。学博古今，笃行纯正，诚圣教中之贤士哉。当华美初定和约之日，联邦公使大臣顾圣者，曾荐先生襄赞其事[1]。国政数欲官之，先生不受，语人曰：人生若驹隙，富贵乃浮云耳，吾初志传道，岂为荣禄所易乎？此其不慕势位之心，可概见矣。

顾其自奉甚廉，终岁怡然。然或创义学，设医局，立恤贫之会，印劝善之书，则竭力从事，虽耗千金不之靳。行己乐道，心无旁骛，终日孜孜，惟以昌明圣教为务。故其德徽道范，允为列邦人士所钦崇也。

先生生于美之马邦，名仪来哲，字高理文，裨治文者其姓氏也。先世本英人，因英王残害其异己者，故与诸善士挈眷避此，遂世家焉。先生之兄弟姊妹，同胞者凡八人。先生居其次，生即颖悟，长笃于学。世业农，先生且耕且读，考试屡邀上等，少壮登国学。国学者，犹中国之翰林也。居平博通才艺，而于圣学尤为精习。暇时博览群史，旁及前人所译吾儒四子书，及诸典籍，知中国孔子之设教，与他立异鸣高者迥别。

然闻流俗之世，趋向靡定，或流于道，或流于释，独

---

[1]顾圣，Caleb Cushing（1800—1879），今译顾盛，马萨诸塞州人。1844年，顾盛代表美国政府，与清政府签订第一个中美条约《望厦条约》。谈判时，裨治文充当顾盛的翻译兼顾问。

未有知救世主之圣道者，因慨然曰：儒教之忠恕，即圣教之爱人如己也。邦域虽异，本同一源。吾何不以大父之训诰，普告异派同源之兄弟，使知有所依归乎？遂嘱昆季侍严亲，躬经险阻，航海来游，时道光之九年也。

初抵粤，未谙华语。适有本国友人，向以刊印著作为业，因欲返国，以先生文行兼优，坚请接办。辞不获已，遂以联散活字之法，授华童而教之。植时得列门墙，蒙先生循循善诱，视予犹子。愧植不敏，深负雅教。

先生在粤数年，终日手不释卷，无惰容，殆所谓学而不厌、诲人不倦欤。稍暇，复恐华人不知美国联邦之事，于是著《联邦志略》一书。后林文忠公撰《海国图志》[1]，曾备登之。徐松庵[2]中丞《瀛寰志略》，亦多采录。近日本国人名可行者，复从林本摘出《联邦志略》，以国语译之。足征先生著述，景仰一时，固不独外国为然矣。惜旧板漶漫，求者日众。先生召植曰：是书初作，尔与有劳。今垂二十余年，国事日有增益，吾将重刻新之，子盍为我校乎？植重因师命，不敢辞。书成，恭叙先生家世，及是书之原起于后。

时辛酉之岁孟夏中浣

受业端溪梁植敬跋。

[1]林则徐（1785—1850），原籍福建侯官，字元抚，又字少穆、石麟，谥号文忠，世称林文忠公，清代著名政治家和思想家。但是此处梁植所述有误。《海国图志》乃是清代人魏源撰写。魏源（1794—1857），原籍湖南邵阳，代表作《海国图志》《圣武记》等，是近代开眼看世界的著名思想家。

[2]徐继畬（1795—1873），字松龛，山西五台人，代表作《瀛寰志略》，近代开眼看世界的先驱。

哈佛所藏《亚墨理格合省国志略》残卷

哈佛大学所藏
1844年香港藏版

卷之一 初觅新土

尝思天地未开辟之先，原有上帝创造**之者**[1]。故有天地而后有万物，有万物而后有男女，有男女而后有夫妇，有夫妇而后有父子，有父子而后有君臣，有君臣而后有列国焉。初，人稀物鲜，知识无多，事无纪录，所以至今博古之士，亦言其大略而已（见《纲鉴易知录》）。

自古历代相传，只言地不轮动，不知地转如球也。故当时爰居爰处，惟知近有本国，远在邻邦，安知山川**迢递**[2]，**岭海**迴隔，尚有至极之国乎？其后**渐**知天下中列三方：东则亚细亚，内分数国，曰大清、曰日本、曰朝鲜、曰琉球、曰越南、曰暹罗、曰天竺、曰鄂罗斯所属细密里野等国是也；西则欧罗巴，中有法兰西、荷兰、葡萄呀、西班雅、英吉利、阿理曼、瑞典、伊大理、鄂罗斯等国焉；西南则亚非利驾是也。**因此洲居民鲜与外人交往，故所分国数，殊难尽悉，未敢妄列。而**东西与西南三方，从未知西极亦有人焉。即有知地球之义者，只言其大略耳。

普鲁西国即单鹰国[3]，迨后有一名个班慝固者，暗想

---

[1]《亚墨理格合省国志略》上卷与《美理哥合省国志略》上帙基本相似，但该版无序言和目录，其中文字亦略有差异，故校者详注《美理哥合省国志略》，略注《亚墨理格合省国志略》，着重指出其文字增减修改的不同，用黑体标明，不再赘述。如“之者”乃作者对照《美理哥合省国志略》修改时新加。

[2]迢递，意为遥远。

[3]普鲁西国，Prussia，今译普鲁士王国，乃近代德国形成的核心力量，国徽乃是单头鹰。德国因为普鲁士的历史缘故，继承了单头鹰国徽的传统。鹰被人视为智慧、力量甚至自由的象征。鹰作为国徽，在历史上较常见，尤其是欧洲。比如俄罗斯国徽乃是双头鹰，而波兰、奥地利国徽则是单头鹰。美国官方纹样乃是白头鹰徽图，成为美国的国家象征，以至被很多人当成美国国徽。

地圆如球，东西两方之间，必不无土地，**然尚无人驾船往觅**。**至明朝弘治五年，有伊大理人，名哥伦布，知此地理**，原禀本国之主，求发船以往，国王不允。复奏葡萄呀国王，亦不允。后连年奏西班雅国王，延至八年，然后蒙允。许以大船一只，小船二只，三船内共百余人。**斯时旁观者固笑其愚，即同舟之人亦云无为，乃**于弘治五年八月初三日**望西**启行。行历二十一日，不见堤岸，同舟水手人等，防有绝粮之忧，**众欲**将他抛弃**大**洋，即行返掉。船督哥伦布看破斯情，惟用善言相劝。后渐见空中有鸟，远有堤矶，且岸畔青草蒙茸，由是欣然有喜色，提千里镜而远眺，乍见人烟，鼓棹前驱。船至傍岸，手执小旗祷谢上帝扶持之恩，同舟者方相视赧然，**以为弗如**。于是众皆托足于斯。后至弘治六年正月，舟旋返国。迨弘治十年间，复有船至，因船主亚美理哥久驻此地，故后人即其名以号其地也。

又明朝正德年间，有欧罗巴人解缆西行，先到新地，由新地过亚细亚之中华、印度等国，而后还欧罗巴。亦有解缆东行，先过亚细亚之印度、中华等国，而后至新地，由新地旋返欧罗巴，**不过八九月之间即可周行全地**。可知环圆地球之说，有明征矣。初有葡萄呀人名马其兰者，禀请**本国之王**发船五只而往，先到一地，是小吕宋之南，因与土人相斗致死。由是立嘉奴为船督，环地而返。返之日，王赐以一银铸小球，上刻字云：始环地而旋者，其嘉奴乎。意以记其始也。今有船自东往西，或由西返东环地而返，计不过八九月之间，即可周行全地，岂非地球之说有验也乎？（见《寰天图说》）

亚美理哥之地，号曰新地，又曰西方。然则欧罗巴、亚细亚、亚非利驾三方，必称旧地，又通号东方。是可知天下有新旧二大地之分焉（观地球图，即可知列国之山川矣）。新地固非古无而今有，奈古来所未知，而近世寻到，是以号称新地以别之也。其地又分南北二方，广阔相似，中有窄地相连。南北二方所属，各有数国。北方之极处，则属英吉利、鄂罗斯二国。但其中处，则有美理哥合省国焉（观美理哥合省国全图，即可知矣）。

卷之二 分野度数

夫**亚墨理格洲**美理哥合省之名，乃正名也，或称米利坚、**亚麦利加**、花旗者，盖米利坚与亚墨理驾二名，实土音欲称船主**亚墨理哥**之名而讹者也；至花旗之名，则因国旗之上，**以花记其省数**，每省各有一花，故大清称之为花旗也。至所云**亚墨理格**者，即**亚墨理哥**也；合省者，因前各治其地，国不统系，政无专理，后则合各省而以一人为首领，故名之曰合省。是则今之称亚墨理格洲者，固正而不讹。后云合省者，亦正而不讹也。

（各省之名，其一缅省，其二新韩赛，其三华满，其四**马沙诸些**，其五啰底岛，其六干尼底吉，其七新约基，其八新遮些，其九边西耳文，其十呵嘻呵，十一引底安，十二伊理奈，十三美苏里，十四底拉华，十五马理兰，十六费治弥亚，十七建大基，十八驾啰连北省，十九典尼西，二十驾啰连南省，二十一磋治亚，二十二亚喇罢麻，二十三美士细比，二十四累斯安，二十五美是干，二十六阿干骚。）

夫合省则属新方，大清则属旧方矣。不知合省与大清，其地实相背也。论其沿海形势，陆地长阔，则彼此**略**同。惟究其人物动静行藏，则天渊迥别。若环地而论，周围共三百六十度，故通国属七十余度，大清国亦属七十余度。若以南北环地而计，周围亦三百六十度，内三十余度属合省国，三十余度属大清国，故大清与合省，**实略相似**焉。大清国之京城，与北极相去不过五十度。而合省国之京城，与北极相去亦不过五十二度。所以合省国之北甚寒，而大清国之北亦然。自赤道至大清之南，相去不过二十度。而合省之南至赤道，亦不过相去二十九度。大清之东**界**大洋，而合省之东亦然。可知合省与大清，东、南、北皆无异，惟大清之西，皆列国为交界，而合省西则**汪洋**无际焉。大清地方，至康熙、雍正、乾隆年间，渐次加增，合省国亦犹是也。合省北**界**英吉利附庸之国，南**界**墨息哥国，东**界**压澜的海，西**界**[1]太平海，然以普天下分为二十一分，而合省仅**居其一耳**。

卷之三　创国缘由　附英吉利、法兰西两国相争其地

原夫创国之始，**至今不过三四百年之久，非远而无稽**。**其初**有伊大里、法兰西、西班雅、英吉利、荷兰等国人，迢递而至贸易，**然亦只是年来年返**。后**各国之人因**见居民兵微将寡，计少谋稀，无不欲攘其土地。适值年荒，民多就食于**他方**。故国**中**人有饥色，野有饿莩，病卒者多，而得存者少。各国**睹此情形**，遂**乘其危**加之以师旅焉。新国之不能自立，**而其地遂为各国所分裂也明矣**。

迨明朝万历年间，有英吉利人，禀皇后**往**开新国，

[1]将“有”修换成“界”，突出了地理上的“临近”意思，更加准确，是香港版的进步。

皇后准之，后遂称其地曰费治弥亚，意即贞节女地也，究亦赞美皇后贞节者欤。后有人奏于占士王，请立为直隶之省，并建城。王准奏，即令七人管治，内一人为首，而六人助之。至大小文武官员，亦任伊选择。乃称其城曰占士城，无[1]亦颂王之意也。

嗣于泰昌年间，因英吉利王严谕庶民，奉上帝者，同归画一，不得自任己意创立门户，故遵之者无罪，逆之者加刑。由是禀王而徙居新国者，二三百人，盖欲随意而奉事上帝故也。其时二三百人皆驾舟至新国，时界隆冬，寒风凛冽，而且土人前染有痘疹之患，损命者多，兹偶得英吉利二三百人至，痊疗天行，相与交好，能不欣然击节乎？英吉利人来时，始自玭理某埠开船，故即以此名新州，曰玭理某，后又名之曰新英吉利。时玭理某地方内，有一种土人其头目名马沙雪，与英吉利人交厚，后分茅列省，有马沙诸些省，盖为此头目而名之也。

自泰昌元年至天启九年，到新国者，共计三千余人。因所至者众，故不住马沙诸些、玭理某等处，而迁住新韩赛、啰底岛、缅各省焉。其时地名虽各异，惟总名则曰新英吉利耳。后各省之名，亦各因其旧矣。初英吉利人至新方者，特欲得随己意钦奉圣道，故一至后，即建殿堂以事上帝，设官职以治群黎，立学校以教子弟。由是欣欣然有盛世之治矣。

万历年间，复有荷兰人至新地，居新英吉利南方，名

[1] 香港版“无”字破坏了原文意思，不如新加坡版准确。占士城，即 Jamestown，今译詹姆斯敦，名字取自英国国王詹姆斯一世（James I），有颂扬英国国王开疆扩土之意，亦有主动归附英国寻求庇护的诉求。

其地曰新荷兰。至康熙三年，地内英吉利人逐荷兰人，改名之曰鸟约基，即新约基，至今遂以之名其省焉。

当崇祯年间，新荷兰之南有瑞典人居此，名之曰鸟遮些，即新遮些，后荷兰人逐之而取其地，新荷兰既为英吉利人所夺，遂连新遮些亦并归之矣。又新遮些之南，亦有瑞典人居处，称其地曰底拉华。荷兰人先夺之，后亦尽归英吉利。

康熙二十年间，有英吉利人卫廉边者，其父前为水师提督，捕盗极多，王赐以金不受，惟禀欲得新方一地。于是王授以印信而往，故后名其地曰边西耳文也（边者，姓也；西耳文者，野地也。总而言之，边之地也）。

崇祯五年，有英吉利人禀王，欲居新国之极南。王果准奏，遂名其地曰马理兰（马理者，后也；兰者，地也。合而言之，则后之地也）。

顺治五年，有英吉利人至新方费治弥亚省之南，称其地曰驾啰连，内又分南北二省焉。

自万历年间，始有费治弥亚省。及雍正十年，始有磋治亚省。越百数十年后，渐次而有十三省也。（其一费治弥亚，其二马沙诸些，其三啰底岛，其四新韩赛，其五干尼底吉，其六新约基，其七新遮些，其八底拉华，其九边西耳文，其十马理兰，十一驾罗连北省，十二驾罗连南省，十三磋治亚。）

以十三省内人口而计，共约有一百数十万。各省督抚皆由英吉利国派委，而以英吉利例治之，以统理全辖之焉。惟各省内人心不足，不能划一，故各省间有分争，即本土之人亦不能免，观此为国不亦难矣乎？

自十三省之设既备，有法兰西国人至新地之北而居，因名其地为新法兰西，后亦名干拿大，渐次由北过西而至南一带，皆有民居，并建炮台，意在防虞新地内之英吉利人也。于是费治弥亚省之总制修书，使华盛顿呈于炮台内之将军。

书内大略云：毋庸多设炮台，免失两国相和之义。将军不允，故华盛顿回复总制。时总制即修书达知邻省，并奏于王。康熙二十年，王遣大将军带兵船数十只、军兵数千人，至费治弥亚省，酌量战阵之事，遂于康熙二十一年至二十三年间，与新法兰西地之人久战，胜负未分。

迨至二十四年，法兰西之大将军名瞒鉴、英吉利大将军名吴里富，两军对垒于贵壁，各用炮械，至两大将军皆受伤，虽回营后俱死。惟英吉利取胜，于是逐黎庶，毁炮台，夺其土以为附庸之地，于康熙二十五年然后兵旋奏凯也。

卷之四　民脱英制

康熙年间干戈宁靖之后，国治岁丰，黎民繁庶，贸易兴隆。至乾隆年间，英吉利王欲加征税饷，土人不服，虽屡次乞恩宽免，惟英王不允，为此众民遂生背叛之心。究其源，则有英吉利土商船数只，至大清贩茶回国，按例本归卖者上税。英吉利王则谕：公司船至此，不向卖者收饷，而令买者输纳也。斯时有公司船数只到马沙诸些省城波士顿、新约基省城新约基、边西耳文省城费拉地费、驾罗连南省城查士顿等处售卖，但因新例不美，故所有至查士顿之茶皆囤积于栈，竟无一人到买，二三年后，变为枯淡无用之物。至费拉地费与新约基之茶船，皆被土人驱逐，不许进口。而波士顿之茶，夜被居民改装，盖笑脸上船，搬其茶投于海中。于是新国四方人相传曰：英吉利王若征买税，我们皆不买。

英吉利王闻之大怒，遣兵至新国，连别项饷务，亦要强派加收。众民不从。王即欲缴回前所颁发之印信。迨至乾隆三十九年，新国之民约有三十万丁。时除磋治亚省外，每省各有众衿耆至费拉地费，商议此事，无非只欲两相和好，复诸旧制。于是奏王云：请止加征之例，并恳撤兵回国，俾得互相和睦如初，不胜翘望之至。又致书英吉利国中之人曰：彼此均同一国之民，何可启干戈之斗，致相残虐？万望原情善为理处，使群黎各安其生为幸。复修书达知本国人曰：凡我邦黎庶，切宜照常躬耕乐业，安于贸易，慎毋以兵旅为忧。英吉利王一接是奏，愤怒益盛，固不撤兵回国，乃反添将入境。艟艨一至，即劫新方之货船；战士初临，立焚各城之垣壁。若此英吉利国之凌虐新方也，岂浅少乎哉?！故衿耆复议，再奏于王，求罢兵船。此奏一出后，刻即备兵丁战艘，立华盛顿为帅，以防不虞。迨已奏至再至三，王仍不允。

迨乾隆四十一年，新国衿耆于番七月初四日出示谕众民云：凡不遵王法而自创立邦国者，皆叛逆之所为，我等皆不欲冒此不韪之名。无如英吉利王加征粮饷，残害黎民，并以诸不法之事，苦虐我民。故我等于万不得已之中，始欲设立新政，自守疆域尔。复又具词投诉各国，咸使天下闻知。其大意谓：

天下之人皆同此心，心同此理。上帝生民，大小同体，赋以性命，使各安其分。又立国政以范围之，致众民不至流于邪僻，而有所归倚也。乃不持不扶，则将焉用其政。然其政非甚有害于民生者，尚可忍而不变。乃英吉利王之凌虐我国，一而再，再而三，我众亦已忍之至经年屡月，乃英吉利王亦复如是，故不得不议立首领，永不遵英吉利节制，乃合各省为一国。今而后只称为合省国之名。

至英吉利王凌虐我国之事，指不胜屈，姑胪列数款于后，使天下共鉴公判是非曲直焉。

一 凡设制例皆欲正而不私，虽已屡次奏请，奈英吉利王不准行焉。

一 凡国政之不美者，官民皆欲变之，而英吉利王乃不从，纵有已变通者，其亦不准行。

一 按律增改制例，王须与衿耆互议。乃英吉利王，往往妄据己见增删，不与衿耆相议焉。

一 每年各省衿耆会集省城，酌量规矩。时英吉利王即遣人驱逐之。

一 遇有公事，各衿耆到议厅酌量之时，王即委大宪驱散之也。

一 无论衿耆会集所议何事，王既遣人驱逐后，即不许其复再聚集。

一 土人稀少，原望欧罗巴人至此居住。乃英吉利王禁之，欲免户口日繁也。

一 旧例犯法，必须依法详细审断严刑。兹王妄据臆见，不遵行之。

一 旧例按察司之职，或先由衿耆议选，或先由王先行择定，均要同商。兹英吉利王自主，不听衿耆谏议。

一 旧例各省文武官员，俱有定额，职俸养廉，皆民措办。乃英吉利王，不与衿耆同商，擅加官额。

一 旧例各省弁兵，均有定数，粮饷由民备办。兹英吉利王擅自增设派调各省，亦不商之于衿耆。

一 旧例文武员弁，或本土或外省人不定，有事文武必同议。兹英吉利王不然，武员则必以京城之人供职，有事不与文员商酌，惟武员主裁，权在武而不在文也。

一 英吉利王加征钱粮多于前制，禁停贸易，大异常规。察院自行升降，衿耆不与商量，往往违背法制，扰累小民。

一 英吉利王自不恪守制例，故制衰而民无以聊生。今立新政，创邦国，亦无如之何尔。

一 英吉利王所调各水路巡兵，所行无非劫掠货船及毁拆城池、纵火烧房屋而已。保民反以殃民，我民何能堪此？!

一 英吉利王使弁兵常居民舍，致伊时行欺侮。

一 凡被巡兵劫去之良民，勒令从他为贼，往劫别艘之资，不然则凌虐而加害。

一 英吉利王屡次下谕唆耸各省纷争，并挑弄苗人害及居民，使各不相安生。似此残暴之事，笔难罄尽姑录数款，使天下之皆知我等之自创邦国，实出于万无可奈而已。

以上各款，英吉利王数行，土人屡谏，而王益怒，残害尤甚。迨后又请英吉利人助谏云：如王不从，恐国中人心变动，而不能忍其害也。英吉利王愈怒，终不肯改。由是无如之何，不得不自创邦国，另立新政。既立新郑，则将各款事由遍示各国，使普天下人闻知焉。

卷之五　创国史略

夫英吉利王既知十三省合为一国，愈益其怒，遂岁岁添兵入境争战。一年之久，未分胜负。后遇法兰西国人相助，故合省得以与之相拒至六七年之久。时三国战船共有数十只，兵将数十万，既战至经年累月，阵亡者固不胜数焉。至乾隆四十九年，英吉利王自知不能得志于合省，乃遣数钦差讲和。而合省国衿耆亦欲罢兵息民请撤战船，遂同各钦差盟于费拉地费，永相和好焉。夫当争战时合省之兵皆民也，今既相和，则众兵尽散，弃甲投戈，又复为民。法兰西亦已返兵。华盛顿自归田里矣。

斯时虽国泰民安，然犹必须立首领，设国法，使邻邦知之而不敢正视，群庶畏法而勉励恪遵。此新国之首务也。故乾隆五十三年春，各省衿耆至费拉地费会议其事，共推华盛顿为首。议至四月毕，及散归，各执所议之条款回本省，告于省内之人，再议一年，复至费拉地费酌夺永著为例。国法虽定，尚未有文武员弁，遂议立华盛顿为国首领，文武各员，亦议定焉。首领之名，由是而始。又当战阵时军费之项，约二十余万元，亦议于首领每年所收之饷摊偿此项也。

按乾隆五十九年，计合省国之民，有三百九十二万一千三百二十五人，内为奴者六十九万五千六百五十五人。是年共收得饷银，四百七十七万一千员[1]。时尚无京城，衿耆共谋议筑，故买费治弥亚与马理兰交界之河，名颇多麦者，周围三十五里以筑京城。其河口至京城之地，约有百余里。

由是国内之规模律例既备，乃立与邻国通商交往之制，以绝后世之祸根。其一，视四海如一家，凡事不可自恃；其二，两国往来，无分彼此；其三，别国争战，劝和

[1]原版如此，当为刊刻的错别字，应为“元”。

为尚。自彼时以来遂与欧罗巴洲内法兰西、荷兰、瑞典、英吉利、葡萄呀、西班雅、鄂罗斯、大尼、阿理曼等国，亚非利驾洲内麻啰哥、安遮耳、都尼士等国，亚细亚洲内都耳基、阿黎米、暹罗等国相交，常有官员往来也。自立制法以后，国渐日强，而与列国皆安好矣（合省于各国皆有使官派往，独大清粤东则无，只设有贸易领事及商人而已）。

按国中制例，首领之位以四年为限。华盛顿践阼[1]二次，共在位八年，传与阿丹士。时因欧罗巴洲内有法兰西国夺合省国货船，合省遂预设艟艨战士，复以华盛顿为帅，与之较论二年余，然后平安如初。嘉庆五年间，华盛顿卒。国人以其有大勋劳于国也，皆呼之曰国父。嘉庆六年间，阿丹士在位四年，传与遮费逊。计其时户口，增至五百三十一万九千七百六十二丁。遮费逊在位八年，遂传与马底逊。迨至嘉庆十七年，欧罗巴内列国干戈未息。时英吉利梢人不足用，乃捉合省船之梢人以补之。而合省遂与英吉利国相斗。二年后，始复平安矣。嘉庆二十二年，马底逊在位八年，传与瞒罗。瞒罗在位八年，传与阿丹士之子。阿丹士之子在位四年，传与查其逊。计至道光十七年春正月二十八日（合省则三月初四日也），则在位八年，今又传位与泛标伦矣。

盖立首领设国法之时，已有十三省矣(见第三章)。至乾隆五十六年，则有华满，五十七年则有建大基，嘉庆元年则有典尼西，七年则有呵嘻呵，十九年则有累斯安，二十年则有引底安，二十一年则有美士细比，二十二年则有伊理奈，二十三年则有亚喇罢麻，二十四年则有缅，二十五

[1]践阼，指践祚，意同中国的“登基为帝”。

年则有美苏里，道光十六年已垦美是干及阿干苏。通计共二十有六省，户口约一千三百万余。此合省国创国之大略矣。

卷之六　原居苗人

尝欧罗巴洲内各国人初至新方之时，洲内已有一种人，言谈举止皆出类拔萃之辈，然不识其始自何来，即彼亦不自知，惟见其行藏有如亚细亚之苗人焉，故欧罗巴洲内各国之人，虽尝留心考察，然亦殊难知其端倪焉。

以欧罗巴人始到时，计其人丁，约有十数万。以今计之，则三四十万矣。考其地，则分为数十排。论其貌则昂昂数尺，视其体肤则若红铜之色，观其眼发则如黑漆之光。其发长而粗，其身高而健，其心明且哲，交友言而有信，处仇不共戴天。倘如议事，老者必严肃而恭。设若出兵，战者无虚心而怯。或被人欺侮，时虽愠坐不言，瞬息思量，即起汤蹈火务必雪之。倘遇敌擒，则束手待毙，断无屈膝以求人。此乃苗人之动静性情也。

惟无书籍，不知字墨为何，无非打猎钓鱼，张弓放箭，且不识耕锄纺织，汲水炊烟。所食者，果木菜瓜而已。由是日积月盈，虽有膏肓之病，无方无药，惟求叱法之人以禳之。除钓猎之外，并无别事，遣兴则或焚树歌跳，或赌博舒怀而已，其余家中琐事则皆付之妇人也。至其衣着，炎夏则自乳至膝皆围兽皮，冬寒则全身衣毛皮。又有面涂五色，头插鸟翎，意示人以威也。虽有房舍以栖身，不过篷寮而托足，内无一物，四壁萧条，惟得家人，依依寂寞。寒来暑往，不识谷米为何；饮血茹毛，惟知禽兽有用。既无金银铜钱以贸易，但有树皮珠石以交商。不设官员首领而治邦，惟立总理头目以议事。婚姻无法，不时逐妇而之他。殡葬无方，未见有棺而归土。所拜者，日月星辰之灵、泥雕木塑之像。

年长月久，**类皆如是**。**迨至**道光元年，有合省国人至**其地**，于是**始教之**立国法，定章程，导以士农工商之事，然后风俗渐**归化育**焉。至道光十六七年间，有数排土人与合省国相斗。**但合省不独与之对仗，反劝土人相和，尤勉之讲习礼义，慎毋堕入恶俗焉。观此则合省人之和平亦可知矣**[1]。

卷之七　户口册

盖在合省国中，从无亚细亚洲内之中华、日本、暹罗、越南各国人至，**只有**欧罗巴内伊大理、法兰西、荷兰、英吉利、西班雅、瑞典等国人而已。**即各国之人亦不过年来年返，是以凡至合省居住者，惟英吉利为最**。

故合省人物，**面貌言语**，动静行藏，规模体制，皆不异于英吉利焉。其后法兰西、荷兰等国**之人，亦有三五成群往彼居住者**，由是合省户口繁滋，日盛一日。康熙二十八年，约有一十二万丁。乾隆二十一年，约有一百万丁。乾隆四十年，约有三百万丁。乾隆五十五年，计有三百九十二万一千三百二十八丁（**前此**未设计户口之法，故举大数**言之**。至此而始立**十年一算**之法**耳**）。嘉庆五年，计有五百三十

[1]此处较新加坡版增改较多，凸显了裨治文隐瞒粉饰美国白人在殖民地时期，用尽手段欺骗驱杀作为当初的恩人即印第安人之历史，用单一基督文明的眼光刻意贬低印第安文明，实为虚伪和不公。该处修改与历史事实颇为不合，读者须谨慎。

一万六千五百七十七丁。嘉庆十五年，计有七百二十三万九千九百零三丁。嘉庆二十五年，计有九百六十三万八千一百八十一丁。道光十年，计有一千二百八十六万六千九百二十丁（内为奴者约二百万口）。

然虽生齿日繁，亦不见有人众地狭之嫌。盖合省地方有如中华之广，而中华之人民已过三万余万，况合省之未过一千三百万者乎。大凡天下之国，几无有怯户口繁滋者，只恐有好逸恶劳之徒耳。

或曰合省国原是英吉利罪人，因获罪充军至此，始创邦基。然其说实谬，皆不学者之妄言耳，乌可信乎？任其初，无非英吉利之人迁于乔木。故凡事或英国人善，而合省之人亦有良者。可见彼此皆同矣，惟其风化，实赖英吉利人之启迪耳。

卷之八　山川　天时附

夫合省地面之高低，山河之广阔，寒暑之气候乃此。其地面大势，列为三分。东离压澜的洋数十里，有亚罢拉既俺山，自南至北，其景如画。西离太平海数百里，又有治臂外山，自北而南，其形如线。自亚罢拉既俺山东至压澜的洋为一分，自亚罢拉既俺至治臂外岭亦为一分，自治臂外岭至西之太平海又复为一分。所谓分而为三者此也。由亚罢拉既俺山之东北转而南，沿海行去，地渐广大。其东北角山海相连，毫无余地。东南则平阳地上，山河相间，山顶亦有瀑布流。论其河道，由基泥伯小河，渐下则有美里麦、干尼底、哈地逊、底拉华、苏贵哈拿、颇多麦、璘晏屋、奴细比底、卸番亚等河。其西之治臂外山，约有百丈高，与太平海相隔，约一千五百余里。凡流注于太平海者，无不经过此山。其中有一美士细比大河，由北而贯至南，又有美苏里、呵嘻呵等河流入墨息哥国之海湾焉。其北则有素比哩耳、美是干、胡珑、伊里、安大里珂、磋治、汕玭琏各大湖也。

合省气候，南北寒暑不同。北方甚寒，愈南愈暑，由南而北，热亦渐减矣。至田地亦然。北地可以依时而耕，南方则近水，有时海水泛滥污浊难堪，不能按节候耕获，此地之异也。北之边界，与北极相去不过三十五度。若在北极至国之南界，则相去六十五度。在国之南界，至南之中赤道，则相去二十五度。可知国内之地，共为三十度无疑矣。

若以三十度列为三分，则于近北极之一分，每岁之中，有四五月尽是雪片频飞，甚至冰坚能跑马；中央一分，每岁内二三月之久，残梅雪补，亦不过几点而已；近南方之一分，阳和晴暖，甚且荷净纳凉。故三分既不同，而三分之内又各有春夏秋冬四时也。一年之四时不同，每月之寒暑亦异。每月之寒暑既异，万物之生产自不能齐，其大略可想见矣。

凡欲知土地之美恶，必先知寒暑风雨之时候。故国中巧智之士设一寒暑针，用年月日较之，则可知其寒暑。欲知风信，则必须以年月日纪之，方可知其大略也。且如马沙诸些省波士顿城，每年有北风三十日，西风四十九日，西北风六十四日，东北风四十三日，东风三十二日，东南风十六日，南风三十七日，西南风八十八日。在华盛顿省城，北风五十六日，西北风八十七日，东北风三十五日，东风十六日，东南风二十四日，南风四十日，西南风五十五日，西风五十六日。在累斯安省爸顿而碌城，十一月内，北风则三十九日，西风七日，东北风十一日，东风五十九日，东南风十六日，南风七十一日，西南风十五日，西风一百四十六日。则土地美恶，亦可知矣。

又凡欲知雨水多寡，须在上年每月日纪天之星辰云雾，庶可知之矣。夫在马沙诸些省波士顿城，每年约有二百二十四日天晴，八十四日兴云，三十五日下雨，二十二日降雪。在华盛顿省城，每年天晴二百二十二日，兴云五十八日，下雨七十二日，降雪十三日。在累斯安省巴顿而碌城，十一月内，天晴一百六十二日，兴云七十六日，下雨九十七日，降雪则无。犹此可知寒暑风雨之不同矣。

卷之九　土产　禽兽附

凡天地间日用之物，无不从地中产出，而至要者，则莫如金、银、铜、铁等。合省之金石，亦有数类，惟亚罢拉既俺并治臂外二岭，则青、赤、白等石俱有，以之建屋、填街、筑提、叠砌，无所不宜。至石中生者，则金、银、铅、铜、铁、锡之类是也。

金则甚少，迩来始知亚罢拉既俺山之东、驾啰连北省、驾啰连南省、磋治亚、典尼西、亚喇罢麻等省有之焉。计道光四年所取之金，估价银不过五千员[1]，五年则一万七千员，六年二万员，七年二万一千员，八年四万六千员，九年一十四万员，十年四十万六千员，十一年五十

[1]原版如此，当为刊刻的错别字，应为“元”。

二万员，十二年六十七万八千员，十三年八千[1]六万八千员，十四年则增至八十九万八千员。

银与铜及水银，则或有或无。铁则各处繁多，不胜之用。惟锡及各项珍宝甚稀。煤炭，则边西耳文等省良且多焉。合省原是新国，树木丛茂，黎庶尚少，故人只取树木为薪，而不取煤炭。但至今则非昔比，烟户渐繁，日盛一日，然树木固不减于前时，煤炭亦愈多于往日，可永无乏用之忧。盐亦素称为最盛，盖洋水可以煮盐，而合省则三面皆洋，且有山中盐海子及卤石亦可为盐，此其所以盛也。更有一山，其水可作药者，故名曰药水，中有油气，而竟可燃灯焚物，故土人名其山曰魔鬼山（凡金银铅铜铁煤炭，皆中华例禁不许人取。惟合省准之，盐亦然）。此乃物产之异者也。

原合省野地多，民房少。故五谷、百卉、菜蔬、草木，日增月盛，畅茂繁滋，不能悉数。树木则约有一百三十余种，高者约有三丈余。而至高则莫如橡木，间有八九丈者，以之作船作柱皆甚美，是以国人多用之，其木则有四十四种。次则核桃，亦有十样，居民摘其子为果，伐其木为柴。又次则枫树，高而且茂，其汁甘甜，可以煎糖，每年约出糖数千担。美苏里省内有一树最大者，身围四丈六尺。再则桦树，甚好观瞻，其皮可作箱篮，或代瓦盖屋，并以之作舫渡河。本土苗人用以作三板，轻捷异常，去则背负至海，回则背负归家，渡海既快于别船，行路且易于携带。又其次则有榆、栗、松、柏、杉、柳，及养蚕之桑等，故合省亦有绸缎。以上各种树，只数省有之。至

[1]原版如此，根据原文和新加坡版比对，“千”字应是“十”字的误印。

各处皆有者，则平果[1]、葡萄、沙梨、桃、梅等果。惟甘蔗、稻谷，则合省南方有之也。

走兽则有黑熊、豺狼、狐狸、海虎、水獭、野狸、猯鼢、鹿、牛、马、虎、驴、狣、兔等。飞禽则有鹘、鹫、鹰、枭、鹦䳇、杜鹃、啄木鸟、瀫乌燕、鸠、鹧鸪、山鸡、鹳、䴊、鹅、雁、鵁鶄、鸧庚、鴈、鸡、鸭、孔雀等。昆虫则有蛇、蝘、蝶、萤、蚕、蜂、蜻蜓、蚱、螳螂、蟋蟀、蚊、蛏、蚁、蚮蠼等。鳞鲋则有鲢鱼、大口鱼、民鱼、鲨鱼、鲥鱼、鱵鱼、鳣鱼、倒虫等。此各省产物之大略矣。

卷之十　田农

尝思农事为国家要务。合省之田，既良且多，国人亦皆知务本，故农人日益众，农事亦日益繁矣。

曩开国之始，民不谙农务，多是游民，日久而知识渐开，乃耘野为田，筑基为界。时野多树木，故必伐而后可以为田，又必留四围之木作田围，以防走兽践踏也。围内伐下之木，则用火焚之，留其灰在田，然后布种，二年后即秀茂蕃滋。此乃开耕新地，毋庸下田料者也。再开沟洫以通水，犁田土以下料，循时而耕，自无不利。

田中产物，以粟米为最，合省虽无地不有。而人食之者固多，禽兽食者亦不少。或磨粉为面，供人日用之需；或用水熬煎，给禽兽朝夕之用，均无不可。至麦与

[1]平果，通“苹果”。

薥薥[1]、薭米、大豆、小豆、荞、黍等，虽非四方皆有，惟四方则皆用之。麻亦然，然其种则有粗幼之别。幼者用以为布，粗者用以为缆为帆。又有烟叶及棉花。烟所销无几，不过鼻烟、卷筒烟、碎叶烟三者而已，故每年种者甚少。棉花则通流各国，故岁岁渐多。青黛所销亦不少，故种者日多，而今则桑为捷生而快长者也。另有姜、芥、葱、蒜、韭菜、黄瓜、冬瓜、胡瓠、茄、菘葵、莴、薯、蕌、酸酱、甘藿等物。果实则有柚、橙、柑、梨、桃、樱桃、梅、葡萄、莓、李、胡桃、栗等。花则有葵花、红花、山丹、蔷薇、鸡冠、柳絮、人参等。此不过举其最茂盛者耳，其余尚难尽述。

农器亦不一。耕田之务，惟男子是任。如有重物，不用肩挑，惟驴、马、牛驮负之而已。且业农之事，不独庶民为然，即首领及官员士子于闲暇日，亦无不耕者，如华盛顿是也。

卷之十一　工作

夫天下之理虽同，人之知识有别，故开国之初，亦有无知无识不谙工作之事者。然有人力而无物本，固不能成器，即有人力物本而无知识，亦难终成器。必三者兼备，而物始成焉。即如中华之绸缎，既有人力物本，又有知识，何怪其绸缎之巧乎？如中华之匹头，已有人力知识，独无物本，亦何怪其匹头之不成乎？又如独无知识而不能成器者，如中华之时辰标是也，虽有人力物本，亦何所用乎？

---

[1]原版如此，疑“薥”字重复。

如有物本而无知识，则可延他国知识者以**教习之**焉。或有知识而无物本，亦可往别国**运带之**焉。或有知识物本而无人力，**当用物力以代之**，如水力、火力、兽力是矣。夫彼有运往，此有贩回，岂非器物所由成，而两国相益乎？试观合省国之棉布、麻布、大小呢、铁器、木器、磁器等物，则可知矣。

昔国之南方，棉花稀少，**并甚难得清洁者**，因一车一机，则一人纺织之故。纺织之人既寡，故棉布之价最高。迄嘉庆二十年间，国人知识日广，每地放车数十架，不用人力，而以水力运行，纺数十车之花，以一女儿监之而已。至织布亦然，每地置机数十张，不用人力而以水力旋绕，织数十机之布，亦惟一小女督工而已。故今之棉布日增，即知识日广之故。兹**国中**有一纺织所，内有纺花车一万五千架，每日能织布四千丈，共计八百人，男一百，女七百。一女每月工银，十二元至二十一元不等。内一总管，理所有出入之买卖，其工银每年三千元。另有一人，总理八百人之事者，其工银每年二千元。至商主所赚之项，则**不过**十之一已。

举此织纺所**而论**，则知棉花价不能高昂矣。乾隆五十五年前，每年**从未有产棉花至**三万八千斤者。至道光五年间，每年多至二万七千万斤，估价银二千七百万大元。**只**留五分之一在本国自用，余皆**贩往**别国也。自道光六年间至今，棉花日增，比之二十年前之价，则已低三分之二矣。然今之为商者，得利反重于二十年前，是**以织布亦日多也**。初棉布未盛之时，则有苎萝布以代之。**后因**棉花日增，苎萝日减。

至大小呢所由成，本在羊身而出，故牧羊者不少。每年春季，则剪其毛而售卖。其年养羊毛价高，则多养其子以剪其毛。若该年价少，则多杀其子以食其肉。然究造大小呢源，则始自英吉利运来，其后国人习而为之，但总不如英吉利之巧，故土人不买本国者焉。及传至今，则用水力为之，故益巧而益多，并流贩于别国。间有一家之内，亦用人力为之，则不过留以自用。其水力为者，则卖与他人也。

至于铁器，则合省极多，故制器有各样之别。玻璃一器，料虽同而制有异，如千里镜与玻璃罐，眼镜与窗门是也。若磁器，国内虽有其坭，惟不能制如中华之巧，今亦略有之矣。书板则极多，盖不用一定不易之板，而用铅字活板也，故国中铸字、制纸、印书三等人甚多。至所卖之帽亦不少，每年所卖，约值价银一千三百万元之多。鞋亦然。木器则有为屋，为车，为台，为椅，为船，为桅，为火轮船等物之异也。

卷之十二　贸易

农工商贾，俱为国之要务，是则贸易一事，不可不备言之矣。

合省之贸易固不少，即出外为商，贩卖于别国，向别国运货而回者，亦不能悉数。盖既有农工，即有商贾，以粟易布，以布易粟，然后农工之业始分，布帛菽粟、日用之器始成。亚墨理格洲合省耕织既众，买卖亦日多，初出外为商者极少，惟今已蕃盛。至乾隆五十五年，共计出外为商者之本利银约一千九百万员。至嘉庆元年，则六千七百万元矣。其货物，不过鱼、油、兽皮、牛、羊、猪、马、烟、棉花、五谷等类，工作则有铁器、磁器、木器而已。

若在本国运往他邦，关税固少，即在外国贩回，饷亦无多。然在新地内与合省交易者，**只有**南方数国**耳**。在**欧罗巴洲**内，则有英吉利、法兰西、荷兰、葡萄雅、西班雅、破鲁西、瑞典、鄂罗斯等国；在**亚非利驾洲**内，则有埃岌多国[1]；**亚细亚洲**内，则有都耳基、回回、印度、噶喇吧、小吕宋、暹罗、大清等国。究其初至大清，则在乾隆四十八年始，由此日盛一日，**至今不下百数十舡矣**。

道光十四年，本国入口船五千六百二十八只，外国入口船三千九百五十三只，本国出口船五千八百八十六只，外国出口船四千零三只。但非同至一港，各处皆有焉。各货船每年增减皆有册报。道光十三年，一千一百八十八只，内大船六十五只。所来之货，道光十四年，变价银约二百余万。山中之物变价银约四百五十余万，屠人之物变价银约有三百余万，农圃之物变价银约八百余万，棉花变价约五千余万，烟变价约六百五十余万，工作之器变价约七百余万。此其大略。实共计变价银约一万万余，皆出口之货也。

惟以棉花为最，道光十五年，售出一百三十六万六千五百九十九包，十六年则一百六十三万六千五百五十九包。每包约价银七十元，共银一万一千四百五十五万九千一百三十大元。上年每包约六十五元，本年价稍昂，以二年相比，则十六年过于十五年二十七万包。

其在外国带回之货，约**值价**银一万二千五百余万，此乃天下通用之物，非合省始要也。**国中**首领最喜贸易日

[1]埃岌多国，Egypt，今译埃及。

繁，故有数款货物出入关口，**毋庸纳饷者焉**。

卷之十三　国政一　国领内外大宪衙门

夫国家设官分职，所以治民，则官制不可不定也。**亚墨理格洲**合省之官，有省官、京官之别。**各安省各设**一首领，一副领，议拟人员无定数，民选议事者，或十余人或数十人无定。各省设一公堂，为首领、副领及议拟、民选各人议事之所。事无论大小，必须各官合议，然后准行。即不咸允，亦须十人中有六人合意，然后可行。

本省之官，由本省之民选择公举。京都内有一统领为主，副领为佐[1]。正副统领，亦由各人选择。每省择二人至京，合为议事阁[2]。又选几人，合为选议处[3]。统领每年收各省饷项，除支贮库，不得滥用外，每年定例酬金二万五千大元（首领无俸禄，故云酬金，以下各官皆云廉俸也）。若非三十五岁以上，及不在本地生者，皆不能当此职。例以四年为一任，期满另选。如无贤于他者，公举复任。若四年未满，或已仙游，或自解任，则以副统领当之。副统领不愿，则推议事阁之首者。若伊亦不愿，则以选议处之首护理。设终无人愿当此职，则吏部尚书寄书于各省首领，遍示于民**迅择之**焉。至国统领，水陆武员固任听其指挥，即京内之文员，亦从其政令。若遣使于邻邦，或迎使于别国，皆统领治理**之焉**。副统领亦由民选举，**四年一**

---

[1]统领，即President，总统；副领，Vice President，副总统。

[2]议事阁，Senate，今译参议院。

[3]选议处，House of Representatives，今译众议院。

任，酬金每年五千元，因所司无事，每年不过推他为议事阁之首而已，此酬金所以微也。

至议事阁与选议处，皆以每年十二月内之首礼拜一日，同到京之公所，齐集会议。议事阁之职，每省有二人，计二十六省共五十二人也。选议处之臣，共二百四十三人。议毕，或回省或留京三五月，各随自便，来年亦复如是。是以议事阁五十二人分为三等，以二年为期，各轮流而退，复择新者，是以每等以六年为一任，不过或先或后而已。又定例年未及三十以上者，不能当此职。议事处则以二十五岁以上为例，二年为一任，期满另选，以十二月首礼拜一之日，齐集京都公堂会议。因国中农务、工作、兵丁、贸易、赏罚、刑法、来往宾使、修筑基桥等例，皆此时议定。议毕，各自回家。为统领者，将所议示民，使之遵守，时则各部之首，亦共协办焉。

吏部中亦有如左右侍郎者数人，辅佐部首。部首每年廉俸不过六千大元。户部之首，亦有辅佐者数十人，廉俸每年亦六千大元。兵部之首，则有几百人助之，廉俸亦如户部等。另有水师兵部，惟专理兵船一事，亦有辅佐数十人，每年廉俸亦如是。礼部不过数人辅之，每年廉俸四千大元。另有一部，总理各省来往书札。其部首设驿于各省冲要之处，如有书札寄某处，则以路之远近计程资之多寡，其银以每年四季包封呈送。驿内人工银，由部首发，部首廉俸，每年亦六千大元。

国之大政有三：一则会议制例，二则出示谕人恪遵，三则究问不遵守之故。是以京都有一察院，院内共七人，以每年正月齐集，究人因何不遵法律之故。审毕，或二三月之久，然后回家。且在各省亦分设七院，每年以四季齐集，究问不恪守例者。但**既为审官**，则不能会议制例。会议制例官，亦不能兼摄审问也。

卷之十四　国政二 制例之设定

国无例则不立，例不制则不成。然制不得其人，则例亦未尽善也。惟圣君贤相准情酌理，立千古**不易之法**，然后可以流传百世而无憾。

合省国制例有五：一曰国例，为二十六省所通行；二曰省例，各省不同，惟各守其省例而已；三曰府例，每府亦不同，惟生于斯者，即守于斯焉；四曰县例，各县自立其规，各民自遵其制；五曰司例，**由司自立**，惟所属者则恪遵焉。此五例中，又小不能犯大，如司则不得犯县例焉。国例乃京城议事阁同选议处会议，分发各省。今将各大典悉列于左：

一 岁征粮饷，所有动支各项，皆于饷内拨发。

一 国帑不敷，议拟及民选各臣相议，预为筹办，免致拮据之虞。

一 宜与各国贸易，**并各省相交**，即本土苗人皆同一体。

一 流民准其寄居入籍，以免**流离失所**。

一 设局铸银，务权衡轻重多寡，以归划一。

一 严禁伪造番银。

一 设驿传递公文书信，时常修筑基桥，以便往来。

一 出示谕人学习六艺。如六艺中有能超众者，则示以奖赏，并能于各器用中，自创新样、开前人所未及、为今人所乐效者，亦奖赏之。

一 在各省立察院，以审判民间之事。或三省立一、二省立一，看省分之大小酌议。

一 宜防海贼剿劫。如有捕获，无论本国外邦，必照例治罪。或有谋反叛逆及在外国滋生事端，尤必照例严办。

一 如遭外国欺凌，统领必先晓谕万民。倘未便请和，致有干戈之变，务必踊跃向前。若两相盟会，即可戢兵奏凯。

一 当以钱粮招民为陆路之兵。

一 当以钱粮招民为水路之兵。

一 水陆兵士务守范围，不得放肆。

一 大兵临境，万民务必踊跃效劳。

一 万民肯为国出力，即议给口粮。

一 宜专设法以治京城。

前例十七条，如有不遵者，则设法以引导之。除此例外，首领亦不能胡为。虽有贤德及富贵之人，皆不得以虚爵衔封赠。大小文武，不得受丝毫贿赂。如统领遇馈送当受者，亦必商之议事阁及选议处，使大小文武，皆得仿此而行。国人宜以律例为重，不徒以统领为尊。

此外则由各省文武自立例款，以约束其民，但不得以省例犯国例。即各府文武，其曰立例以治，乃使经权常变，各得因地之宜，惟亦不能以府例犯省例耳。下至县司，均同此理焉。

卷之十五　国政三　布政之大小官宪

夫律例既制，则不可不遵守矣。虽一国之内，皆以统领为尊，然不过四年一任。当其初践位之时，必誓曰：我必先循例正身，然后尽力治民，断不徇私也。至兵丁兵船之事，则推统领为主。其中凡有不遵约束者，皆能示之以威。六部之首，亦必推统领选择，而副者则由正者择焉。设有升调革拆等事，皆请命于统领，既蒙允行，方将文凭盖印发出，然后赴任。国内倘有人犯法，察院审判后，如所审不公，则统领亦可以复审而赦之。设与外国相争，外邦求和，统领必与各官会议，然后方能如其所请。或外国使来，或我国使往，皆统领管理也。每年各省官会议之际，统领将一年收支之项并言行各事和盘托出，以示于众，并凡本年未行诸事，亦示之于各省官。若各省官散后，复有要事，统领不能决断，并与例有不符，统领则出示，召各省官复至会议焉。此外更有统领应为之事尚多，兹只言其略耳。第所有条例，统领必从之，亦必示人以恪遵。如在例外，统领亦断不为之，是以统领亦无异于庶民焉。

至各省亦有例。其首领初立例时，亦如统领自誓。即省内各事，亦如统领国内之事。府州县司皆仿此。惟省、府、州，道路遥远，居县者每艰于往返，故如有事会议，亦为商之于县里而已。凡议事人例无二十一岁以上者不得与知。然议事每常以三、四月为期，如有要事，则无论何月。每年议事多少次数，亦属无定。惟现任之县主，晓示谕民，所议何事，集于何所，何时齐集。至期有耆老通知云：今议新县主等事，祈众先公举一人管理，后议一人誊录。于是各将所欲公举之人，写其名于纸上放盒内，后开盒，以人多公举者为之。理事之人，接前任县令须知一本，读与众知。须知内或选省州县官，或本县内事，所有一切，皆秉公示众。选官选人之时，领事人质于众曰：现当选何人，祈明以对。或有人起而对曰：请自裁夺。则领事再语于众曰：如众中有欲吾选者，则举手为号。当时如举手者过半则可，如未及过半则不可。又如京中、府中、州中有要事商议，则各县例应选人至会议。领事则谓众云：今选人往京、省、府、州，众欲议**何人往**？于是众将保荐之人录名于纸上，将各纸放盒中，后启盒，以人多公举者往焉。

县中有官数人，一则以选人为首，所有县内一切诸事，皆必尽知。即非其所管者，亦必周知焉。二则在县内**收饷之官**，必悉知县内人丁多寡、何人有田若干、何人有地有屋若干。三则总理县主一年收支各数，言行各事，登录书内存档，不能苟且漏入漏出。其外则有总理揭借、拖欠、偷窃、捕盗、济贫等数人。如非长任事者，则另作生业。如常任事者，然后每年有俸禄焉。

卷之十六　国政四　审察罪名之制

且天下有国必有政，有政则必有例，有例则必示人遵守。欲人遵守，则有审理犯例者。此察院所由设也。惟**本国**、省、府之察院不同，今特详细分别言之于后，以便省览。

国察院有三：管理京城者，曰京察院；管理二三省者，曰巡按察院；管理一省半省者，曰巡抚察院。

在京城者，衙门内共有七人，其间一为正，六为副，每年以正月为期，七人齐集会审各案一次。如有因事不至者，四人可审，下于四人则不能审焉。京城之内，若有不遵例者，亦京察院审之。若巡按察院审事不正，任其转告于京察院。

除京察院外，又有巡按察院七衙门。其一管缅、新韩赛、马沙诸些、啰底岛等四省。其二管干尼底吉、华满、新约基之南等二省半。其三管新遮些、边西耳文之东等省半。其四管马理兰、底拉华等二省。其五管驾啰连北省、费治弥亚之东等省半。其六管驾啰连南省、磋治亚等二省。其七管建大基、典尼西、呵嘻呵等三省。惟亚喇罢麻、累斯安、美士细比、美苏理、伊理奈、引底安、美是干、新约基之北、边西耳文之西、费治弥亚之西等省，人数无几，故以巡抚察院兼理之。惟每巡按察院审事时，如无一京察院在，则不能审。若有要事，则必有二而后可。又每年齐集二次审判。如有人在巡按察院属内犯法，则巡按察院审之而已。

至巡抚察院衙门，共三十三，每院内一巡抚察院。每年审事四次。若有要事，则无定矣。倘审不公，亦可以转告于巡按察院。此皆国察院也。其外亦有数省察院，省内犯法，则省察院审之。至若府州亦如是。

凡察院内必有**各科房、差役等**，听命于察院。凡原告被告，或有愚而讷于言者，则有识例善言者，助他作状，并同上堂代诉。人犯既齐，察院则在本犯地方择衿耆[1]以助审。衿耆则以十二人至二十四人为额，多则二十五人，少亦十一人。如是犯之亲戚兄弟朋友，固不能为，即先知有此事者，**亦不能为**。审时，衿耆听原告被告之词，照察院之例，出而会议，遂定曲直。众衿耆将情由写明，交于察院，各散回家。察院观何是何非，即照例定罪。每县中亦有如中华之地保者几人，主观和小事者。

原各国、省、府立律例规条之意，实为保护国家人民而设。故立一律例院，使人咸知遵守焉。共计国内律例院有数十余间，每间有一师**长教**，进院习读者，以三年为

[1]衿耆，在汉语中意为耆老，这里特指经过美国法律认可的陪审员。

满，皆不过训告规条律例而已。

卷之十七 国政五 刑法监狱之制

观今世之人，多弃善而从恶，无所不至，民间恶弊，不能尽数，不得不设刑法监狱以罪之，以示惩儆焉。且国历数百年之久，犯罪之人比新开之地固多。

兹特以合省国而论，其犯法之由，亦不外反叛、杀人、打劫、放火等，但以反叛为重。昔曾相传一官欲反叛，后拿至察院审判，并无凭据，即放回家。自立国以来，未之有也。**次则**以杀人**为最**，每年多少不定。打劫者又其次，一年之内断不能无，**然实鲜少**。其四则放火，以二十六省共计，每年不过五六次已。其五则强奸，每年亦有二三次。其六则情奸，亦时有之。其七则冒名伪造。其八则窃盗为非。其九则相斗相争。其十则醉后胡为。此大略也。

今专以马沙诸些而言，**则余省可概知矣**。其犯法监禁者，道光元年则有七十一人，二年则八十四人，三年则九十一人，四年则一百零七人，五年则八十六人，六年则九十六人，七年则八十一人，八年则八十人，九年则一百零四人，十年则七十九人，十一年则一百一十五人，十二年则七十一人，十三年则七十六人，十四年则一百一十九人。是年内，窃盗者八十八人，冒名伪造者十人，打劫者四人，放火者一人，争斗者五人，情奸者六人，强奸者二人，脱逃复捕获者一人，杀人者二人。以上各年监犯，以十四年截计，除审后放出监外，尚存二百七十七人。

至刑法则有三：一则缢而死，二则收监，三则罚银，并无枭首、充军、拷打等刑。凡反叛、海盗，皆拟以缢之罪。杀人者，二十六省皆拟以缢罪。强奸、打劫、放火等，亦有以缢刑之，或永收监焉。其余或收监，或罚银，无定制也。

各省各府皆有监狱。监内左右上下，皆用大石为之，或数人一房，或一人一房，极其洁净，亦有小窗以通风。房外四围，有栏杆余地，以为散步之所。收监后，管监官务使犯人穿洁衣，食佳物，又日以善言劝戒，约束之以事业。今以道光十五年计，马沙诸些监内犯人所作工银，除管监官、**教犯人之牧师**，并看门兵丁等工食，连与各犯衣食所用外，尚存银七千二百九十六员，尽拨充公也。

卷之十八　济贫

且夫贫乏之人，各处难免。惟究其原，多因盗贼水火之灾、风雷饥馑之患，或货船溺于长江，或身体伤于疾病，以及闲游、赌博、鸦片、宿娼，此即贫之原也。若欲有以塞其源，必先设法以杜其弊。

合省国中，如人既入艰辛贫乏之境，**则有**统领及王公大臣绅衿耆老等，议以济之。是故于未贫之先，预存或贫之虑。既贫之后，常防愈贫之忧。此济贫之议，诚杜渐防微之至矣。如防火毁，**则房屋多以砖石叠筑**，**并设水车水筒**，以备不虞。**若**防电闪倾颓，则立长铁杆于门以拒之，电见铁杆，即自顶旋绕，至杆下而去。若防水患，坚筑基围。倘虑贼狂，设兵巡海。若赌博闲游，则推诚告诫。苟无知愚懵，则教诲谆谆。倘或不意无备，忽堕贫苦，则谕其同姓先济之。

然律例又不能强，即不肯济，不过国人哂之而已。或同宗亲友等不能济、不肯济，则本县捐廉以济之。亦有将贫人带回家作工者。倘无人肯带，则本县设济贫院以居之，各分以事业，所得之项，全数入县官。倘生子女，本县即延师教之。府省亦然。至省垣村族，不许有一丐食者，流离于闾阎市井之中。然非先立一济贫之法，又安能禁人之丐食乎？

此合省济贫一法，诚尽善尽美矣。凡有国者，**尚其仿效之乎**？

卷之十九　辨教邪正

天地万物，未有之始，原有一上帝创造。故合省之民，惟知恭敬崇拜一皇上帝，此外则无所祈祷矣。然此教何由得而知之？曰有一旧遗圣书为证。此书从何而至？乃上帝指示摩西圣人所录也。夫不能见上帝，又怎能知上帝之意而录之耶？**此皆蒙上帝赐灵神默示**，故得而录之也。**既得录矣**，又谁能识其字乎？因摩西子孙传于世，而后始知也。由是合省得而为训诂焉。此书云何？其一上帝之**行为**，其二万民之本分，其三后世之永福永祸。

夫上帝先乎天地万物**而在**，不可得知**其由来**，惟无所不知，无所不能，无所不在，至正至大，至智至诚**而已**。故风雷云雨、日月星辰、草木花卉、飞禽走兽、鳞介昆虫，并凡天之所覆、地之所载，莫非上帝创始也。故名之曰天父、曰救世、曰圣神者，实一上帝矣。此其一也。

凡人生于世，莫不禀受于天。既禀受于天，则知上帝之恩不浅，**人不可不恭敬崇拜之乎**。次则生我之父母，亦当报罔极之深恩。同气之兄弟，亦当念相关之休戚。后推孝友之情，以施于天下，而为善惟日不足，庶人之本分尽矣。此其二也。

且人莫不有灵魂，常不息不灭永远常在者也。因其不息不灭，故信上帝而为善，则死后赏永福于天堂；违上帝而为恶，则死后罚永祸于地狱。此其三也。故合省有专信圣书者，亦有不肯信者，不能悉述。此教之大略矣。

夫人孰不知爱敬其亲？上帝生人，即人之亲矣。为之子者，可不爱敬之乎？人既爱上帝，上帝即怜悯之。惟上帝乃无形无影，恐人不知其教诲之心，故留书于当世，以表传其道焉。原圣书始于夏，终于汉，分为新旧遗诏两半，其已有二千余年，其二已有三千年。俱至善无恶，学之可以进德。临民则公而无私，忠而不佞，不苛刻，不猛烈。为民则不妄求，不倦隋，守一定之规，救患难之人。所禁者相争相斗、偷盗劫掠、虚言妄语、醉酒胡为等。

其书半是亚细亚之西希伯来人所写，半是欧罗巴之东希腊人所写。至各国所以皆有是书者，盖后人所译者也。

设天下之学如同一家，何有中外之别乎？至若每七日为一礼拜日，亦名安息日，是以不作工，惟读圣书、养善心教人而已。国中并无和尚道士及设祭等事，惟有教圣书之士耳。每乡各有礼拜堂，择乡中善读圣书者讲之，乡人在旁听受。如年长以倍，则父事之。十年以长，则兄事之。此乡中之常礼也。

卷之二十　土音本源

夫合省之文字，始自何来？实本英吉利国也。然有法兰西、荷兰等国皆不效，而独效英吉利者，何也？因初时人稀物鲜，虽各国皆来贸易，惟英吉利者已居十有九，从其音者较多，至今则全与英吉利无异。亦有文字相同而言词独异，如法兰西、荷兰者是也。然百中未尝无一二相同，因二国至贸易者亦不少。亦有文字不同而言词亦异，如满、汉、日本、安南、暹罗之类是也。

虽文字言语不同，而切音未尝有异。满固不异乎日本，日本亦无异于合省。且合省不过仿英吉利国文字二十六字母耳。

字母云何？其一曰A音唉，二曰B音碑，三曰C音飔，四曰D音哋，五曰E音依，六曰F音鸭符，七曰G音芝，八曰H音咽住，九曰I音矮，十曰J音遮，十一曰K音跏，十二曰L音唉儿，十三曰M音唵，十四曰N音燕，十五曰O音轲，十六曰P音丕，十七曰Q音翘，十八曰R音鸦，十九曰S音唉时，二十曰T音梯，二十一曰U音嘤，二十二曰V音非，二十三曰W音嗒不如，二十四曰X音鹅时，二十五曰Y音威，二十六曰Z音思。其中三字虽无别字贯之而亦能独用者，如A、I、Q是也。A者，一也。I者，我也。O者，叹词。

字母虽止二十六，乃相连相生，变化无穷。连字之法，有以二字连成一句，或三字至九字不等。从左手起而横读，非如清文自上至下读也。二十六字母，散之则无穷，合之则有限，其用不测，然虽三尺童子，亦可学习。凡天下事物，皆赖二十六字详说之。其始岁历几百，稿三易而始成，故虽盈千累万之书，亦不外此二十六字母也。今不独英吉利、合省用之，即法兰西、荷兰及天下之国，亦多用之焉。

卷之二十一　学馆

尝思玉不琢不成器，人不学不知理。凡人少时不学，必至四十、五十而无闻，所谓少壮不努力，老大徒悲伤也。

故合省国中无论男女，皆三四岁进学者多。其学馆定例，每乡设一所，乡中富者科银延师，教一乡子弟焉。若乡中无富者，则在省中官员处借助。其就学之童，每日往返。所学者，**书写、算法**、地理志、鉴史、圣经等。男女皆可为师。若女，束脩银每月不过六元至十元而已，并教女童刺绣矣。男则二三十元不等。亦有专教一家者，所教之学，不外乎此。

又有县中学馆，有无多少不定。惟乡学馆不拘贫富，县学馆无束脩者不可进，因以此项延师故也。其馆本处人禀县主而后建，或县主公同建造者亦有之。其中所学，比之乡学又略大矣。

更有省中学馆，多少无定，省中富者建之，或设会而以会项建之，或省中官员助之。馆中条律，择数人议之，并司其事，然后遍告同学。学者以每年**考试**一场为例。至期司事齐集，伺候考试。得中者入馆内习四年，不得中者再回乡**县学**肄业，明年复考，如中华之秀士焉。在内学习者，以四年为例，每年有新者进，亦有旧者退。如不遵律戒，不待四年，亦可以逐之。既习四年，则进为举人矣。散馆后，或为官、为士、为农、为工、为商，而各司其事焉。

另有大学馆，惟许已中举者进焉。所学有三：一圣文，二医治，三国中律例规条。二者不可兼得。又以三年为期，期满列为进士之班矣。省中学馆，每省一二所不等，三四所亦不等，惟通省内通融计算约八九十所。每所延师五位至三十位不等，然截长补短，每所约十位矣。其师每年束脩银，一千至三千余元不等。受业者每年每位送束脩银一二百不等。每馆之徒二三百不定，第通融计算，不过百四五十人矣。

另圣文大学馆[1]，国内约三四十所，每所教圣文师四五位，受业者约七八十人。又医治大学馆，约三四十所，每所为师者约七位，其徒数十人。习律例之馆，师徒多寡，亦与医馆大同小异耳。

卷之二十二　书籍 刊刷各器附

凡人身体不可无衣食以养，心志不可无书籍以扶。上古无书籍，后人即**因其事而思作之焉**，是以刊刷日精。

合省或以铅字摆板，或以铅字一定之板。其活板不过二十六字，如中华之点、画、撇、企、钩**而已**。又不用手刷，而以磨柜推之，故能于千百万字中，刷于一时也。

所刊刷者，经、史、诗、词、歌、赋，并新闻纸。其纸各家不同，约千余样。初原无此也，因前有欧罗巴刊刷，布告四方，由是合省日渐精巧，至今犹盛。其纸长至五尺，阔至三尺。自欧罗巴至今，约三百余载。惟自合省至今，约百五十年矣。其纸不钉装，底面皆印字，或每日一出，或七日出三四张，或半月出一张不等。每一出，多者约有二万张，少者约有五百张。每年收看新闻银一元至十二元不等。内载船只来往时日、货物价钱增减、买卖田地、租赁房屋时价，并官员士子兵丁言行，及天下一切事物。

[1]圣文大学馆，指美国基督教所立的神学院。

另外亦有每月新闻书，书内载钦天监、医生、乐工、律例、学问、劝世文等事。其书有一季一出者，约二三百篇。做书之人，将已所览前人之旨，折驳于每季书之中，亦有如中华之时宪书。一年一出者，约三四百篇，内载日月出没、日月蚀之原由、士农工商、本年应如何做、天下各国、本年人数增减。惟无吉凶趋避之日，至其书亦不过纲鉴、典史、舆地志、先贤言行记略，并天文、音乐、大小学文章、劝世文等书。

其书有一本为一套，数十本为一套，并有各国来者，一概价钱无定，半元数十元不等。为士之家，或藏一二千书。院里或藏一二万。亦有富豪家，立一书斋，置各书于内，任人观览，惟不能携回家而已。

此国中书之大略也。

卷之二十三　各艺

夫国家之要，士农而外，则莫如工矣。是技艺不可不讲也。合省原是新国，故各艺与欧罗巴、亚细亚等国不同。如做船只，则桅帆桨橹，与中国大异，即筑屋建楼、铺置各物亦然。兵器亦不同，火炮能用弹子数十斤，手枪之口则有小剑，但无弓箭长针与藤牌而已。

亦有吹弹敲打之乐器，及笔、墨、书、画各具之不同。因新国不及中华之久，虽各艺皆有，未甚精巧。惟国人皆好乐及歌唱，故有吹弹敲打各乐。童蒙学读之时，即有乐师教以弹唱。或闲居独处、送客迎宾则唱之，或早晚祈祷、礼拜参神则唱之。至兵丁之乐，则吹笛、敲鼓、响角而已。

又有画地理、山水、人物、花卉、鸟兽等画工，最为世所尚。次则雕刻之工。又其次则建华屋、筑高桥等工。或有能出巧计、作新样之物，则地方官奖励之。如**火轮船**并以水火织布之类是矣。

卷之二十四　仁会

今夫天下疾苦困穷而无告者，固不可胜数，惟得仁者拯救之，或可稍活耳。故合省立仁会而济在监之犯。昔监内弊端叠长，由监出者，更有甚于前时。于是会中使人察监内言行各事，遂改各监之规模，而二十六省皆同也。监内分善恶两途，善者居广大之所，恶者居浅窄之所，俱不能相见。前收监者无事业，今则一日不能闲，并有善书于礼拜日诵焉。故今之犯法收监者出监后，即痛改前非。又前监中所费极多，今立例以犯人作工。故每年除支外，反有余资（见十七章）。

又聋盲哑者，原属无用，今国内立仁会、设馆以训习焉。如聋哑者，亦以手调音而教之。盲者即有凸字书，使他以手揣摩而读。至幼而失怙恃者，亦有院养育，如中华之育婴堂焉。

若醉酒胡为，亦非善事。计每年酒项不下数十万之多。故设一节饮会馆，内藏一簿，登戒饮者姓名在内。己虽不饮，亦不能强人，愿进不愿进各从其便。既进后，则不能再犯规。至今则国、省、府、县亦然，共计约有四五千间。其登戒酒簿者，约二百万人。即制酒之铺变而贸易别项者，约四五千间。将酒铺卖人另寻别项生理者，亦约七八千间。故酒费日少，戒饮之人日多也。又城中设医生七十五人，访察酒之损益。今则皆知其无益而有损矣，故戒而不饮者，今已过半矣。

至水手辈，多是贫乏之人。故会内亦济之，并及其妻儿也。凡无力延师训习者，亦设院延师以训之。

国人于礼拜日皆不作工，故设一会所，逢礼拜日教人。内藏书极多，**如道路遥远者**，亦可借回家自习，至礼拜日复拿回。又不至学馆诵习者，亦延师至家而教。亦有刊刷小书分派，令人学善者。亦有一院专刊圣书出售，如无力买者，亦可送之。另有一会名曰劝和会，如两人相争，或邻省相斗、两国不和者，劝之。盖合省之会**极多**，难以尽述。每会中所用，多者每年不过二十万，少者不下数百元。此各仁会之大略矣。

卷之二十五　五伦

原夫开辟之始，未有人类。上帝既造一人为万物之主，又立一女子以配之，相与耕耘而度四时。夫妇之礼，自此始矣。历代相传，合省亦无异，但无立妾及少年预聘之例。

年十五以上者，访求淑女，但非亲谊，则踵府谒其父兄，结断金之好。既往来三五载，知此女之贤愚，女亦知此子之善恶，或对面而订佳期，或各书而达父母。若相允肯，结秦晋之亲，并无奠雁迓轮及礼饼等聘定之礼。

娶之日，男女升堂携手，有一官或族正等，书其二人名曰：此非勒揹等情，乃二家情愿之事，由此至老，不得拆今日之鸾俦。于是盖之以图书印信，其后报丁册内，列他夫妇姓名。自后必夫唱妇随。外事不决则问夫，内事不决则问妇。家以夫为主，妇以顺为正也。子虽未离怀抱，倘父过于爱惜，母必责之，而母严于父。既离膝下，则责任又在父矣。

当幼时，必教之崇拜上帝，而以出告反面约束之。至二十岁以外，则随其所之，从其所好。兄弟则以长者为率，余皆听其指挥。朋友则与中华大同小异。

至君臣之义，则合省原无，惟有上下之分，国领、省领、府领、县领之不同耳。各首领之动静起居、饮食衣服，亦不外乎平民，但人人皆恭敬之而已矣。

卷之二十六　礼仪规模

夫人生天地间，无本不立。礼义规模，国之本也，亦即人之本。本既立，则其末可举而措之矣。为父母者，可不于幼稚之年而训之于庭帏乎。然为子者，亦宜学事父母之礼，以尽孝道。常于朝夕崇拜上帝，不可惑于偶像也。少时或与父母同榻分衾，若四五岁以上，则必另置一榻，教以早起而沐浴整衣，勿至怠惰也。

夫合省之衣服**乃此**。其帽高至七八寸不等，或以黑绒、灰色绒为之。其矮者，或圆，或六角、八角。帽前有一片牛皮为之，以防日光射目，常有帽带系之。冬寒则以法兰仁毡为内衣，短小无领。外套一汗衫，四围缠身，不甚宽大，其领高出至于颔下，有一颈巾系之。其外盖一背心，前夹后单，高至颈膊。下则用法兰仁毡为短小之裤，外套大裤，上至腰腹，下至脚掌。汗衫在里，前后有两钮扣，以十字交加带，过膊吊扣。后盖一长衫，四围缠身，光滑无纹，袖长至掌，领包至枕后，前长如背心，后长至臀。以羊毛毡为袜，长不过膝。鞋以牛皮为之，底面皆然，但底厚不过四五层，薄则一层，面亦有带系之。靴亦长不过膝，底厚者多，上下皆用牛皮，穿时以大裤脚盖之。所有衣服钮扣，皆开在正面，无左右开也。

饮食则每日三餐。早膳或饭或面包，或猪、鱼、牛、羊，烧、煮不等，亦有牛奶、鸡蛋、牛油、茶、架非（**架非是将青豆炒焦研末水煎，或白滚水冲隔渣，用以代茶**）各物。自七点钟至十点，各随其便，惟不多食焉，名曰早餐，又曰早茶。至一点钟及五点，所食者乃飞禽、鸡、鱼、鹅、鸭、牛、羊、猪等，随意制作，并有生果、糖果、牛奶、鸡蛋等物，或茶或酒。合家同一台，台面用布铺盖，后置各物其上，男女各一边，每人一碟，以载各物，不用箸，惟用刀、叉、调羹等，随人畅饮饱食，故名大餐。晚上六点钟至九点不等，所食者与早餐略同。此日用饮食之常规也。

至于出外闲游访友，近则步履，远则车马。然一车用一马至四马不等，看车之大小而用。路上少必让老，遇亲朋必立侍而见礼。非故非亲，则疾趋而已。且好交结朋友，时常相与往还，留共饮食。

无论男女，未嫁娶者，必有父兄同往。既嫁后，又必有夫或子同往焉。男女俱有事业，早起后各司其事。闲暇时或读书，或访友。若有新书，人所未闻者，则读与众听。

每年月中，并无节气，每日亦无吉凶，惟七日一礼拜而已。余与中国无异。

若丧事，死后有一人与他沐浴，独穿一汗衫，敛其手，以掌踏掌，放在棺内，停三五日葬焉。山地内，或以石、以铁、以锡围之，然后放棺在内。山上面亦然。葬时亦有亲朋往送。素服不用白而用黑。山上头尾皆有石碑，碑上录亡者之生辰死忌，又围以石栏杆，防牛羊践踏也。

卷之二十七　忖度将来

夫观此合省志，则此国开创之由，及礼乐刑政、风土人情、山川时令、草木禽兽等，亦可知其大略矣。第国内地广人稀，倘为君者，能休养生息，使百姓各安其业，各遂其生，则户口渐多，而日盛一日。安见既庶既蕃之象，不可预卜于今日乎？于是导以礼义，教以诗书，使人人皆知敬畏天皇上帝，而忠以事君，孝以事亲，弟以事长，信以处友，和以睦众，义以训子，各尽其道，各守其分，则虽饱食暖居而不至流于淫邪匪僻之为矣。

此非为国之要务乎？欲如是，则必立国法，定章程，勿横征税饷，勿刻剥小民，使农工商贾共踊跃而乐利无穷。由是百姓足而君无不足，仓廪府库可永无匮乏之忧。设书院，辨正教，感其良心，启悟其德性，而仁义礼智，虽愚夫亦黾勉争趋。由是邦本固而民皆可用，敌国外患，不致有侵伐之虞。即或大兵临境，而我之国富兵强，亦何畏彼哉？

然非于太平之日，预防失国之心，兢兢业业，慎始慎终，上畏上帝，下念小民，清心寡欲，敬身修德。而乃暴虐纵恣，赏罚不平，致触上帝之怒，惹万民之怨，则众叛亲离，国家解体，亦安有不失位者哉？是在乎为君者之自取耳。

兹因纂合省志，故特跋数语，以警天下之为国君者，幸其勉诸。

美理哥合省国志略

哈佛大学所藏

1838年新加坡坚夏书院版

序

从来以天下为一家，中国为一人，是则宇宙之士，肢胲肤体，莫不皆同也。故凡天下者，亦如一人。各国分据一方，亦如人身一窍。古之邻邦通好，易地皆然。故有邂逅相逢异客，萍水忽作知交。

予生于美理哥合省国马沙诸些省[1]中，与中华有天渊之隔。热河于地球之上，敝省依于球底，两者相对焉。今予年已三十有七，忆昔渡洋海而及中华，历见英吉利[2]、法兰西[3]与荷兰[4]、西班雅[5]、牙非利加[6]、暹罗[7]、日本、中华等国之士，莫不相与为友。即各国文艺，亦曾领略。第一览之后，缱绻难忘。

回忆行年二载，习于怀中。问字登堂，时年五岁。及至力强年壮，助父于农圃牧之间。四季日工而晚课，并无虚度片刻韶华。每睹前人之旨，必研追别籍之中。父爱我而从学，使别业而专儒。由是登大学之堂，暮归晨出，艰

[1]马沙诸些省，Massachusetts State，今译马萨诸塞州。

[2]英吉利，England，今译英格兰或英国。

[3]法兰西，France，今译法兰西或法国。

[4]荷兰，Netherlands，今译荷兰。

[5]西班雅，Spain，今译西班牙。

[6]牙非利加，Africa，今译非洲。

[7]暹罗，Thailand，今译泰国，清以前古称。

难毋惮，不远二十里往返之遥，三年如此。于是同群赴考，侥拔黉门[1]。由是进省书院而肄业，将所有各国之古今文史、地理天文、律例规条、四时土产，悉欲博览研求，且习传教之法，讲道谈经。每岁掌院临场汇考，又常幸列等第之中。在内四年，每岁逾等，文凭给领。于是舍芹而拾苹，由是出而进大院，习以古圣经文。每岁考验，亦三等而分，次者进而为上。三年幸在其中，另换文凭，又逾等矣。

予时二十有八，适无内顾之忧，老父弟兄，一堂乐聚。于是欲游学于外国，以免坐井而观天，兼使异乡之言行，予得见之，予之见闻，播传异土。第斯时予也，恃己知识，如针眼之无多；富贵功名，如浮云而无有。惟善为宝，时防陷溺于恶之中；广博勤求，必究至见闻而止。

今得遇华人，领略唐书七八载。每一交接，义更重乎断金。予虽荒陋无闻，华人多见广识，惟合省地舆土产、人物规条，一切国中事物，尚未领悉于胸中。故予不揣庸愚，略为详说。以其咬𠺕吧[2]、新埠[3]、嘛喇呷[4]、新嘉坡[5]各处华人指不胜屈，生长日繁，特分类而书于此。或百年后，流入中土，苟有不耻下观者，故予为之击节设道。予言庸劣，幸勿扯碎而掷投。虽然，然以愚意推之，纵不可希圣希贤，第于未见未闻之辈，未尝无一小补云尔。

时道光十八年岁次戊戌孟夏中浣

高理文题书

---

[1]侥拔黉门，意为考试合格得以入选学校深造。

[2]咬𠺕吧，Jakarta，今译雅加达。

[3]新埠，Penang，今译槟榔屿。

[4]嘛喇呷，Malacca，今译马六甲。

[5]新嘉坡，Singapore，今译新加坡。

凡例十则

一 是书列为两帙。首帙统言全国之大略，次帙分省而详说之，使读者一目了然也。

一 词住而意亦住者，用一大白圈“○”。每意中又分前后，如时文一笔一笔者，用一黑圈“●”。意未住而词已住者，用一点“、”。句中或有暂停，而复相连者，用一小点于中“、”，以微歇之。界限分明，句读不混。

一 书内国名、地名、州、县、山、川等名，皆用双企。惟人名则用单企，以别淆混。其中亦有不少企者，以其人所共知也。

一 分类而书者，以其外国事务，人罕见闻，历乱支离，错杂难览。

一 用小注伸言于句下，为未知识者详说。

一 是书寻章择句，推古及今，皆遵本国鉴史翻绎或目击耳闻，研究其实，以正世之讹也。

一 是书称志略而不称志者，以其未定稿，而略编纂草成也。

一 读史经济，全在舆地。舆地不明，虽熟读全史，犹如说梦。故特详列于卷首。

一 地球之说，世不讲求。不知穷理博物，增人识见，自觉有味乎其言。

一　是书直道直陈，不措词华，不立注释，欲其意简言赅，以便稽考。

目　录

[1]原版无图。原版上帙中有《序》和《凡例十则》。为便于阅读，校注者将其提到《目录》之前。

下帙

---

[1]原版无省份区别，为便于阅读，校者自加。

上帙

卷之一　觅新土

尝思天地未开辟之先，原有上帝创造，故有天地而后有万物，有万物而后有男女，有男女而后有夫妇，有夫妇而后有父子，有父子而后有君臣，有君臣而后有列国焉。初，人稀物鲜，知识无多，事无纪录，所以至今博古之士，亦言其大略而已（见《纲鉴易知录》[1]）。

自古历代相传，只言地不轮动，不知地转如球也。故当时爰居爰处，惟知近有本国，远在邻邦，安知山川遥阻，云天迥隔，尚有至极之国乎？其后知天下中列三方：东则亚细亚，内分数国，曰大清、曰日本、曰朝鲜、曰琉球、曰越南、曰暹罗、曰天竺、曰鄂罗斯[2]所属细密里野[3]等国是也；西则欧罗巴，中有法兰西、荷兰、葡萄呀[4]、西班雅[5]、英吉利、阿理曼[6]、瑞典、伊大理[7]、鄂罗斯等国焉；西南则亚非利驾[8]是也。东西与西南三方，

---

[1]《纲鉴易知录》，清代浙江士绅吴乘权编辑的通史著作，简述上古神话传说时期至明代的基本大事，以简明易知著称于世。

[2]鄂罗斯，Russia，今译俄罗斯。

[3]细密里野，Siberia，今译西伯利亚。

[4]葡萄呀，Portugal，今译葡萄牙。

[5]西班雅，Spain，今译西班牙。

[6]阿理曼，German，今译日耳曼。

[7]伊大理，Italy，今译意大利。

[8]亚非利驾，Africa，今译阿非利加洲，或简称非洲。

从未知西极亦有人焉。即有知地球之义者，只言其大略耳。迨后有一名个班慝固[1]者，暗想地圆如球，东西两方之间，必不无土地。

至明朝弘治五年，有人知此地理，即乘舟而西，往寻新地。旁观者固窃笑其愚，同舟者亦云无为。乃竟极西而行，寻得一新大地。其初往寻新地者，伊大理人，名哥伦布[2]。原禀本国之主，求发船以往，国王不允。复奏葡萄呀国王，亦不允。后连年奏西班雅国王，延至八年，然后蒙允。许以大船一只，小船二只，三船内共百余人，于弘治五年八月初三日启行。行历二十一日，不见堤岸，同舟水手人等，防有绝粮之忧，众皆欲将他抛弃赴洋，即行返掉。船督哥伦布看破斯情，惟用善言相劝。后渐见空中有鸟，远有堤矶，且岸畔青草蒙茸，由是欣然有喜色，提千里镜而远眺，乍见人烟，鼓棹前驱。船至傍岸，手执小旗祷谢上帝扶持之恩，同舟者方相视赧然，羞惭无地。于是众皆托足于斯。后至弘治六年正月，舟旋返国。迨弘治十年间，复有船至，因船主亚美理哥[3]久驻此地，故后人即其名以号其地也。

又明朝正德年间，有欧罗巴人解缆西行，先到新地，由新地过亚细亚之中华、印度等国，而后还欧罗巴。亦有解缆东行，先过亚细亚之印度、中华等国，而后至新地，由新地旋返欧罗巴。可知环圆地球之说，有明征矣。初有葡萄呀人名马其兰[4]者，禀请发船五只而往，先到一地，

[1]个班慝固，Nicolaus Copernicus，今译哥白尼，波兰天文学家。

[2]哥伦布，Christopher Columbus，今译克里斯托佛·哥伦布。

[3]亚美理哥，Americus Vespucius（1454—1512），今译亚美利哥·韦斯普奇。

[4]马其兰，Ferdinand Megellan，今译斐迪南·麦哲伦。

是小吕宋之南，因与土人相斗致死。由是立嘉奴[1]为船督，环地而返。返之日，王赐以一银铸小球，上刻字云：始环地而旋者，其嘉奴乎。意以记其始也。

今有船自东往西，或由西返东环地而返，计不过八九月之间，即可周行全地，岂非地球之说有验也乎？（见《寰天图说》[2]）

亚美理哥之地，号曰新地，又曰西方。然则欧罗巴、亚细亚、亚非利驾三方，必称旧地，又通号东方。是可知天下有新旧二大地之分焉（观地球图，即可知列国之山川矣）。新固地非古无而今有，奈古来所未知，而近世寻到，是以号称新地以别之也。其地又分南北二方，广阔相似，中有窄地相连。南北二方所属，各有数国。北方之极处，则属英吉利、鄂罗斯二国。但其中处，则有美理哥合省国焉（观美理哥合省国全图，即可知矣[3]）。

卷之二　分野度数

夫美理哥合省之名，乃正名也。或称米利坚、亚墨理驾、花旗者，盖米利坚与亚墨理驾二名，实土音欲称船主亚美理哥之名而讹者也；至花旗之名，则因国旗之上，每省有一花，故大清称为花旗也。至所云美理哥者，即亚美理哥也；合省者，因前各治其地，国不相联，政无专理，

[1]嘉奴，Juan Sebastián Del Cano（1476—1526），今译胡安·塞巴斯蒂安·埃尔·德尔。

[2]《寰天图说》，由清代广东番禺学者李明彻嘉庆年间所著三卷，后李明彻又著《续寰天图说》两卷，糅合中西天文，对近代中国天文学具有重要影响。

[3]原版无图。

后则合其省而以一人为首领，故名之曰合省。

是则今之称美理哥者，固正而不讹。后云合省者，亦正而不讹也（各省之名，其一缅省[1]，其二新韩赛[2]，其三华满[3]，其四马沙诸遮些[4]，其五啰底岛[5]，其六干尼底吉[6]，其七新约基[7]，其八新些[8]，其九边西耳文[9]，其十呵嘻呵[10]，十一引底安[11]，十二伊理奈[12]，十三美苏理[13]，十四底拉华[14]，十五马理兰[15]，十六费治弥亚[16]，十七建大基[17]，十八驾啰连北省[18]，十九典尼西[19]，二十驾啰连南省[20]，二十一磋治亚[21]，二十二亚喇罢

[1]缅省，Maine State，今译缅因州。
[2]新韩赛，New Hampshire State，今译新罕布什尔州。
[3]华满，Vermont State，今译佛蒙特州。
[4]马沙诸些，Massachusetts State，今译马萨诸塞州。
[5]啰底岛，Rhode Island State，今译罗得岛州。
[6]干尼底吉，Connecticut State，今译康涅狄格州。
[7]新约基，New York State，今译纽约州。
[8]新遮些，New Jersey State，今译新泽西州。
[9]边西耳文，Pennsylvania State，今译宾夕法尼亚州。
[10]呵嘻呵，Ohio State，今译俄亥俄州。
[11]引底安，Indiana State，今译印第安纳州。
[12]伊理奈，Illinois State，今译伊利诺伊州。
[13]美苏理，Missouri State，今译密苏里州。
[14]底拉华，Delaware State，今译特拉华州。
[15]马理兰，Maryland State，今译马里兰州。
[16]费治弥亚，Virginia State，今译弗吉尼亚州。
[17]建大基，Kentucky State，今译肯塔基州。
[18]驾啰连北省，North Carolina State，今译北卡罗来纳州。
[19]典尼西，Tennessee State，今译田纳西州。
[20]驾啰连南省，South Carolina State，今译南卡罗来纳州。
[21]磋治亚，Georgia State，今译佐治亚州。

麻[1]，二十三美士细比[2]，二十四累斯安[3]，二十五美是干[4]，二十六阿干骚[5]）。

夫合省则属新方，大清则属旧方矣。不知合省与大清，其地实相背也。论其沿海形势，陆地长阔，则彼此皆同。惟究其人物动静行藏，则天渊迥别。若环地而论，周围共三百六十度，故通国属七十余度，大清国亦属七十余度。若以南北环地而计，周围亦三百六十度，内三十余度属合省国，三十余度属大清国，故大清与合省，实似是而非焉。大清国之京城，与北极相去不过五十度。而合省国之京城，与北极相去亦不过五十二度。所以合省国之北甚寒，而大清国之北亦然。自赤道至大清之南，相去不过二十度。而合省之南至赤道，亦不过相去二十九度。大清之东有大洋，而合省之东亦然。可知合省与大清，东、南、北皆无异，惟大清之西，皆列国为交界，而合省西则茫茫无际焉。大清地方，至康熙、雍正、乾隆年间，渐次加增，合省国亦如是也。合省北有英吉利附庸之国，南有墨息哥国，东有压澜的海，西有太平海，然以普天下分为二十一分，而合省仅属一分矣。

卷之三　创国缘由　附英吉利、法兰西两国相争其地

原夫创国之始，有伊大里、法兰西、西班雅、英吉

[1]亚喇罢麻，Alabama State，今译亚拉巴马州。

[2]美士细比，Mississippi State，今译密西西比州。

[3]累斯安，Louisiana State，今译路易斯安那州。

[4]美是干，Michigan State，今译密歇根州。原版并无介绍。

[5]阿干骚，Arkansas State，今译阿肯色州。原版并无介绍。

利、荷兰等国人，迢递而至贸易，然非远而无稽，至今不过三四百年久矣。此际外国至者，亦年来年返。后见其兵微将寡，计少谋稀，各国无不欲夺其土地。适值年荒，民多就食于别国。故国人有饥色，野有饿莩，病卒者多，而得存者少。各国见其情势，遂加之以师旅焉。新国之不能自立也明矣。

迨明朝万历年间，有英吉利人，禀皇后请开新国，皇后准之。遂称其地曰费治弥亚，意即贞节女地也，究亦赞美皇后贞节者欤。后有人奏于占士王，请立为直隶之省，并建城。王准奏，即令七人管治，内一人为首，而六人助之，至大小文武官员，亦任他选择。乃称其城曰占士城[1]，亦颂王之意也。

其后泰昌年间，有英吉利人至新国北方居其地，名之曰玭理某[2]。曩英吉利王严谕庶民，奉上帝者，同归画一，不得自任己意，故遵之者无罪，逆之者加刑。由是禀王而徙居新国者，二三百人，盖欲随意而奉事上帝故也。其时二三百人皆驾舟至新国，适值冬季，寒气逼人，且土人从前有染痘疹流行之患，损命者多，兹偶得英吉利二三百人至，相与交好，能不欣然而击节乎？英吉利人来时，始自玭理某埠开船而至，故即以此名新州，后又名之曰新英吉利。玭理某地方内，有一种土人其头目名马沙雪[3]，与英吉利人交厚，后分茅列省，有马沙诸些省，盖为此头目而名也。

---

[1]占士城，Jamestown，今译詹姆斯敦。
[2]玭理某，Plymouth，今译普利茅斯。
[3]马沙雪，Massasoit，今译马萨索伊特。

自泰昌元年至天启九年，到新国者，共计三千余人。因所至者众，故不住马沙诸些、玭理某等处，而迁住新韩赛、啰底岛、缅各省焉。其时地名虽各异，惟总名则曰新英吉利矣。其后各省之名，亦各因其旧矣。前英吉利人至新方者，特欲得随己意以奉事上帝耳，故一至后即起殿堂以事上帝，设官职以治群黎，立学校以教子弟矣。

万历年间，有荷兰人至新方，居新英吉利南方，名其地曰新荷兰。其后康熙三年，地内英吉利人逐荷兰人，改其地名曰鸟约基，即新约基，其后亦因此名以称其省焉。

当崇祯年间，新荷兰之南有瑞典人居此，名之曰鸟遮些，即新遮些，后荷兰人逐之而取其地，新荷兰复被英吉利人夺之。此名之原委矣。又新遮些之南，亦有瑞典人居处，称其地曰底拉华。荷兰人先夺之，后尽归英吉利。

康熙二十年间，有英吉利人卫廉边者，其父前为水师提督，捉贼极多，王赐以金不受，惟禀欲得新方一地。于是王授以印信而往，故后名其地曰边西耳文也（边者，姓也；西耳文者，野地也。总而言之，边之地也）。

崇祯五年，有英吉利人禀王，欲居新国之极南。王果准奏，遂名其地曰马理兰（马理者，后也；兰者，地也。合而言之，则后之地也）。

顺治五年，有英吉利人至新方费治弥亚省之南，称其地曰驾啰连，内又分南北二省焉。

自万历年间，始有费治弥亚省。及雍正十年，始有磋治亚省。越百数十年后，渐次而有十三省也。其一费治弥亚，其二马沙诸些，其三啰底岛，其四新韩赛，其五干尼底吉，其六新约基，其七新遮些，其八底拉华，其九边西耳文，其十马理兰，十一驾罗连北省，十二驾罗连南省，十三磋治亚。

以十三省内人口而计，共约有一百几十万。各省督抚皆由英吉利国派委，而以英吉利例治之，以统理全辖。惟省内之足，不能画一，故各省亦有分争，即本土之人亦不能免，为国不亦难乎？

自有十三省之时，有法兰西国人至新地之北而居，因名其地为新法兰西，后亦名干拿大。于是渐次在北过西而至南一带，皆有民居，并建炮台，其意防虞新地内之英吉利人也。由是费治弥亚省之总制修书，使华盛顿呈于炮台内之将军。

书内大略云：毋庸多设炮台，有失两国相和之义。将军不允，华盛顿回复总制。总制于是修书达知邻省，并奏于王。于康熙二十年[1]，王遣大将军带兵船数十只、军兵数千人，至费治弥亚省，酌量战阵之事。由是康熙二十一年至二十三年间，久战胜负未分。

迨至二十四年，法兰西之大将军名瞒鉴[2]、英吉利大将军名吴里富[3]，两军对垒于贵壁[4]，各用炮械，至两大将军皆受伤，回营后皆死。惟英吉利取胜，于是逐黎庶，毁炮台，夺其土而为附庸之地，于康熙二十五年然后兵旋奏凯也。

---

[1]根据史实，应为乾隆二十年，1755年。

[2]瞒鉴，Marquis de Montcalm（1712—1759），今译德·蒙特卡尔姆侯爵，或蒙特卡尔姆，法国名将。

[3]吴里富，James Wolfe（1721—1759），今译詹姆斯·沃尔夫，英国远征加拿大总司令。

[4]贵壁，Quebec，今译魁北克。

卷之四　百姓自脱英国之制

自康熙年间干戈既息之后，乾隆年间，国治岁丰，黎民日渐繁庶，贸易日渐兴隆。英吉利王欲加征税饷，故与土人勒争。斯时，英吉利土商有船数只，至大清贩茶回国，例本卖者纳饷。英吉利王则谕：公司船至此，不向卖者收税，而令买者纳也。是以有公司船数只到马沙诸些省城波士顿、新约基省城新约基、边西耳文省城费拉地费、驾罗连南省城查士顿。所有至查士顿的茶皆囤积于栈，竟无一人到买，二三年后，变为枯淡无用之物。至费拉地费与新约基之茶船，皆被驱逐，不许进口。至波士顿之茶，夜被土人改装，盖笑脸上船，搬茶投于海中。于是新国四方人相传曰：英吉利王若征买税，我们皆不买。

英吉利王大怒，遣兵至新国，即别项饷务，亦要强逼加收。民不从。王欲缴回前颁以之印信。至乾隆三十九年，新国之民约有三十万丁。因此除磋治亚省外，每省皆有众衿耆至费拉地费，商量此事，不过欲两相和好，复其旧制。于是奏王云：请不加征税饷，并撤兵回国，俾得两相和睦如初，不胜翘望。又致书英吉利人曰：彼此均同一国之民，何可致干戈之斗，以相残虐？万望原情理处，使群黎各安为幸。又修书通知本国人曰：凡我邦黎庶，皆照常乐于耕耘，安于贸易，毋庸有兵旅之忧。英吉利王得接是奏，怒益盛，固不撤兵回国，反添将入境。艟艨一至，即劫新方之货船，战士临城，立焚垣壁。英吉利国之凌虐也，何如是乎？故衿耆复议，再奏于王，求罢兵船。奏一去后，即备兵丁战艘，立华盛顿为帅，以防不虞。迨后奏至再至三，王仍不允。

新国衿耆于乾隆四十一年间，于番七月初四日出示谕民云：凡不遵王法而自创立邦国者，皆叛逆之所为。不意英吉利王加征粮饷，残害黎民，以诸不法之事，凌虐我民，故我无如之何，不得不自立新政，而与他分疆矣。后又出示各国，咸使天下闻知，意谓：

天下之人皆同此心，心同此理。上帝生民，大小同体，生以性命，各安其分。又立国政以范围之之，使民不至流于邪僻，是性命本分之有赖也。乃不持不扶，则将焉用其政。然其政非甚有害，则民尚可忍而不变。乃英吉利王之凌虐我国，一而再，再而三，我众亦忍至经年屡月，而英吉利王亦复如是，故不得不议立首领，永不遵英吉利，于是合省为一国。合省之名，由此始矣。

至英吉利王凌虐我国之事，指不胜屈，今列数款于后，以共鉴焉。

一 设例欲正而不私，奈英吉利王不准行焉。

一 官民皆欲变通国政之不美者，而英吉利王不从，即有时变通了亦不准行。

一 旧例增改律例，王须与衿耆合议。乃英吉利王，往往不许衿耆相议焉。

一 每年各省衿耆来集省城，酌量规矩，英吉利王乃驱逐之。

一 遇衿耆到议厅欲议公事，王委大宪即驱散之也。

一 驱逐后，不许复聚酌量。

一 土人稀少，原望欧罗巴人至。乃英吉利王禁之，欲免户口日繁也。

一 旧例犯法，必严刑审判。兹王不遵行之。

一 旧例本处按察司，或先由衿耆议选，或先由王择定，均要同商。兹英吉利王自主，不听衿耆之谏。

一 旧例各省文武官员各有定额，职俸养廉，皆民所办。乃英吉利利王擅加官额，不与衿耆同商。

一 旧例各省弁兵，亦有定数，粮饷亦民备办。兹英吉利王擅自增设调派于各省，亦不商之于衿耆。

一 旧例文武员弁，或本土或外省人不定，有事文武必同议。兹英吉利王不然，武员则必以京城人供职，有事不与文员商量，惟武员自持，权在武不在文也。

一 英吉利王刻剥钱粮多于前制，禁停贸易，大异常规。察院自凭升降，衿耆不与商量，往往自违法制而累小民。

一 英吉利王自不守制，故制衰而民无以为赖。今立新政，创邦国，亦无如之何也已。

一 英吉利王所调各水路巡兵，惟有劫掠货船及毁拆城池、纵火烧房屋而已。我民何能堪此?!

一 英吉利王使弁兵常居民舍，以便时行欺侮。

一 被劫之良民，务令从他为贼，往劫别艘之资。如有不从，则凌虐而加害。

一 谕唆各省纷争，并唆苗人害及居民，使各不相安也。

以上各款，英吉利王屡行，士人屡谏，而王益怒，加害更甚。迨后又请英吉利人助谏云：如王不从，恐国中人心不一，不能忍其害也。英吉利王愈怒，终不肯改。由是无如之何，不得不自创邦国而立新政。自新政既立，则遍示各国，使普天下闻知焉。

卷之五　开国以后史略

英吉利王知十三省合为一国，益怒，岁岁添兵入境争战。一年之久，胜负未分。后忽遇法兰西国人相助，故合省得以相拒至六七年之久。时三国战船数十只，兵将数十万，既战至经年累月，阵亡者固不胜数焉。乾隆四十九年，英吉利王知合省国不能取胜，乃遣钦差讲和。合省国衿耆亦请尽罢兵船，盟于此地。夫合省之兵皆民也，今既相和，则众兵尽散，弃甲投戈，又复为民。法兰西亦返兵。华盛顿亦归田里矣。

时国泰民安，必须立首领，设国法，使邻邦知而不正视，群庶畏而勉恪遵。此要务也。故乾隆五十三年春，有各省衿耆至费拉地费议其事，共推华盛顿为首。议四月毕，及散归，各执所议之条款回省，告于省内之人，再议一年，复至费拉地费再议，然后定。国法虽定，尚未有文武员弁，遂议立华盛顿为国首领，文武各员，亦议定焉。首领之名，由是而始。又战阵所费之项，约二十余万，今议以首领每年所收之饷偿此项也。

乾隆五十九年，计合省国之民，不过三百九十二万一千三百二十五人，内为奴者六十九万五千六百五十五人。是年共收得饷银，四百七十七万一千员[1]。时又无京城，衿耆共谋议筑，故欲买费治弥亚与马理兰交界之河，名颇多麦者，周围三十五里以筑京城。其河口至京城之地，约有百余里。

由是国内之规模律例已备，乃立与邻国相通之制，以绝后世种祸之根。其一，视四海如一家，不可自专；其二，两国往来，必同一体；其三，列国纷争，劝和为尚。此与欧罗巴内法兰西、荷兰、瑞典、英吉利、葡萄呀、

[1]原版如此，当为刊刻的错别字，应为“元”。

西班雅、鄂罗斯、大尼、阿理曼等国，亚非利驾内麻啰哥[1]、字遮耳[2]、都尼士[3]等国，亚细亚内都耳基[4]、阿黎米[5]、暹罗等国相通，常有官相往来也。惟自立国法以后，国渐日强，而与列国皆安矣（各国皆有使至，独大清粤东则无，惟有贸易领事商人而已）。

国制首领之位，以四年为限。华盛顿践阼[6]二次，共在位八年，传与阿丹士[7]。时欧罗巴内有法兰西国夺合省国货船，合省遂预设艟艨兵士，复以华盛顿为帅。二年余，然后平安如初。嘉庆五年间，华盛顿卒。国人呼之曰国父，以其有大勋劳于国故也。嘉庆六年间，阿丹士在位四年，传与遮费逊[8]。计其时户口，有五百三十一万九千七百六十二丁。遮费逊在位八年，遂传与马底逊[9]。迨至嘉庆十七年，欧罗巴内列国干戈未息。时英吉利梢人不足用，乃捉合省船之梢人以补之。而合省遂与英吉利国相斗。二年后，始复平安矣。嘉庆二十二年，马底逊在位八年，传与瞒罗[10]。瞒罗在位八年，传与阿丹士之子[11]。阿丹士之子在位四年，传与查其逊[12]。计至道光十七年春正

---

[1]麻啰哥，Morocco，今译摩洛哥。
[2]字遮耳，Algeria，今译阿尔及利亚。
[3]都尼士，Tunis，今译突尼斯。
[4]都耳基，Turkey，今译土耳其。
[5]阿黎米，Oman，今译阿曼。
[6]践阼，指践祚，意同中国的“登基为帝”。
[7]阿丹士，John Adams（1735—1826），今译约翰·亚当斯，又被称为老亚当斯。
[8]遮费逊，Thomas Jefferson（1746—1826），今译托马斯·杰斐逊。
[9]马底逊，James Madison（1751—1836），今译詹姆斯·麦迪逊。
[10]瞒罗，James Monroe（1758—1831），今译詹姆斯·门罗。
[11]阿丹士之子，John Quincy Adams（1767—1848），今译约翰·昆西·亚当斯，乃老亚当斯之子，又称小亚当斯。
[12]查其逊，Andrew Jackson（1767—1848），今译安德鲁·杰克逊。

月二十八日（合省则三月初四日也），则在位八年，今又传位与泛标伦[1]矣。

盖立首领设国法之时，已有十三省矣(见第三章)。至乾隆五十六年，则有华满，五十七年则有建大基，嘉庆元年则有典尼西，七年则有呵嘻呵，十九年则有累斯安，二十年则有引底安，二十一年则有美士细比，二十二年则有伊理奈，二十三年则有亚喇罢麻，二十四年则有缅，二十五年则有美苏里，道光十六年则有美是干及阿干苏。通计二十六省，户口约有一千三百万余。

此其大略矣。

卷之六　原居苗人

昔欧罗巴内各国初至新方之时，方内有一类人，言谈举止皆出类拔萃者，不知其始自何来，即他亦不自知。惟见其行藏有如亚细亚之苗人焉，故欧罗巴内各国亦疑之。

以欧罗巴人始到之时，计其人丁，约有十数万。以今计之，则三四十万矣。计其地，则有数十排。论其貌则昂昂数尺，视其体肤则若红铜之色，见其眼发则有黑漆之光。其发长而粗，其身高而力，其心明且哲，交友言而有信，处仇不共戴天。倘如议事，老者必严肃而恭。设若出兵，战者无虚心而怯。或被人欺骗，时虽愠坐不言，瞬息思量，即起汤蹈火务必雪之。倘遇敌擒，则束手待毙，断无屈膝以求人。此乃苗人之动静性情也。

惟无书籍，不知字墨如何，不过打猎钓鱼，张弓放

[1]泛标伦，Martin van Buren（1782—1862），今译马丁·范布伦。

箭，且不识耕锄纺织，汲水炊烟。所食者，果木菜瓜而已。由是日积月盈，致有膏肓之病，无方无药，惟求叱法之人。除钓猎之外，并无别事，遣兴则或焚树歌跳，或赌博舒怀而已，余事则皆付之妇人也。至炎夏，自乳至膝皆围兽皮，冬寒则全身衣其皮毛。又有面涂五色，头插鸟翎，意示人以威也。虽有房舍以栖身，不过篷寮而托足，内无一物，四壁萧条，惟得家人，依依寂寞。寒来暑往，不识谷米为何；饮血茹毛，惟知禽兽有用。既无金银铜钱以贸易，但有树皮珠石以交商。不设官员首领而治邦，惟立总理头目以议事。婚姻无法，不时逐妇而之他。殡葬无方，未见有棺而归土。所拜者，日月星辰之灵、泥雕木塑之像。

年长月久，迨至道光元年，有合省国人至，于是立国法，定章程，导以士农工商之事，然后风俗渐开焉。至道光十六七年间，有数排土人与合省国相斗。合省劝土人相和，尤劝之讲习礼义，而不可堕入恶俗焉。合省之和平亦可知矣。

卷之七　户口册

合省国中，原无亚细亚内中华、日本、暹罗、越南各国人至，惟有欧罗巴内伊大理、法兰西、荷兰、英吉利、西班雅、瑞典等国人而已。各国亦不过年来年返，至合省而居者，惟英吉利为多。

故合省人物，动静行藏，规模体制，皆不异于英吉利焉。其后法兰西、荷兰等国，三五成群而居，由是合省户口繁滋，日盛一日。康熙二十八年，约有一十二万丁。

乾隆二十一年，约有一百万丁。乾隆四十年，约有三百万丁。乾隆五十五年，计有三百九十二万一千三百二十八丁（前未设计户口之法，故举大数而言。至此而始立十年一计之法也）。嘉庆五年，计有五百三十一万六千五百七十七丁。嘉庆十五年，计有七百二十三万九千九百零三丁。嘉庆二十五年，计有九百六十三万八千一百八十一丁。道光十年，计有一千二百八十六万六千九百二十丁（内为奴者约二百万）。

迨至生齿日繁，亦不嫌人众而地狭。有如中华之广焉，中华已过三万余万，况合省之未过一千三百万者乎。凡天下之国，亦无怯户口繁滋，惟恐有好逸恶劳之辈耳。

或曰合省国原是英吉利罪人，因获罪而充军至此，故在此始创邦基。然其说实谬，何可信乎？不过英吉利人迁于乔木矣。凡事或英国人善，或合省人良，可见皆同一体，惟其风化，实赖英吉利人而始开耳。

卷之八　山川　天时附

夫合省地面之高低，山河之广阔，寒暑之气候如何？其地面大势，列为三分。东离压澜的洋数十里，有亚罢拉既俺山岭[1]，自南至北，其景如画。西离太平海数百里，又有治臂外山岭[2]，自北而南，其形如线。自亚罢拉既俺山东至压澜的洋为一分，自亚罢拉既俺至治臂外岭亦为一分，自治臂外岭至西之太平海复又为一分。所谓三分也。

[1]亚罢拉既俺山岭：The Appalachian Mountains，阿巴拉契亚山脉。

[2]治臂外山岭，Rocky Mountains，今译落基山脉。

由亚罢拉既俺山之东北转而往南，沿海而行，渐次广大。其东北角山海相连，毫无余地。东南则有平阳之地，山河相间，山顶有瀑布。由基泥伯小河，渐下美里麦[1]、干尼底[2]、哈地逊[3]、底拉华[4]、苏贵哈拿[5]、颇多麦[6]、璘晏屋[7]、奴细比底[8]、卸番亚[9]等河。其西之治臂外山，约有百丈高，与太平海相隔，约一千五百余里。凡流注于太平海者，无不经过此山。中有一美士细比大河[10]，由北而贯至南，且有美苏里、呵嘻呵[11]等河出墨息哥国湾焉。其北则有素比哩耳[12]、美是干[13]、胡珑[14]、伊里[15]、安大里珂[16]、磋治[17]、汕玭琏[18]各大湖也。

南北寒暑不同，北方甚寒，愈南愈暑，由南而北，热亦渐次而减，此南北之不同也。至田地亦然。北地可以依时而耕，南地近水，有时污浊难堪，此地之各异也。北之

[1]美里麦，Merrimack River，今译梅里马克河。
[2]干尼底，Connecticut River，今译康涅狄格河。
[3]哈地逊，Hudson River，今译哈德逊河。
[4]底拉华，Delaware River，今译特拉华河。
[5]苏贵哈拿，Susquehanna River，今译萨斯奎哈纳河。
[6]颇多麦，Potomac River，今译波托马克河。
[7]璘晏屋，Roanoke River，今译罗阿诺克河。
[8]奴细比底，Mississippi River，今译密西西比河。
[9]卸番亚，Savannah River，今译萨凡纳河，
[10]美士细比大河，Mississippi River，今译密西西比河。
[11]呵嘻呵，Ohio River，今译俄亥俄河。
[12]素比哩耳，Lake Superior，今译苏必利尔湖。
[13]美是干，Lake Michigan，今译密歇根湖。
[14]胡珑，Lake Huron，今译休伦湖。
[15]伊里，Lake Erie，今译伊利湖。
[16]安大里珂，Lake Ontario，今译安大略湖。
[17]磋治，Georgia Bay，今译乔治亚湾。
[18]汕玭琏，Lake Champlain，今译尚普兰湖或香普兰湖。

边界，与北极相去不过三十五度。若在北极至国之南界，则相去六十五度。在国之南界，至南之中赤道，则相去二十五度。可知国内之地，三十度无疑矣。

兹以三十度列为三分，而近北极之一分，每岁之中，有四五月尽是雪片频飞，甚至冰坚能跑马；中央一分，每岁内二三月之久，残梅雪补，亦不过几点而已；近南方之一分，阳和晴暖，甚且荷净纳凉。故三分既不同，而三分之内又各有春夏秋冬四时也。一年之四时不同，每月之寒暑亦异。每月之寒暑既异，万物之生产自不齐，其大略可想矣。

欲知土地之美恶，必先知寒暑风雨之时候。故设一寒暑针，用年月日较之，则可知其寒暑。欲知风信，必须以年月日纪之，方可知其大略。如马沙诸些省波士顿城，每年有北风三十日，西风四十九日，西北风六十四日，东北风四十三日，东风三十二日，东南风十六日，南风三十七日，西南风八十八日。在华盛顿省城，北风五十六日，西北风八十七日，东北风三十五日，东风十六日，东南风二十四日，南风四十日，西南风五十五日，西风五十六日。在累斯安省爸顿而碌城[1]，十一月内，北风则三十九日，西风七日，东北风十一日，东风五十九日，东南风十六日，南风七十一日，西南风十五日，西风一百四十六日。土地美恶，亦可知矣。

欲知雨之多少，须在上年每月日纪天之星辰云雾，庶可知矣。在马沙诸些省波士顿城，每年约有二百二十四日天晴，八十四日兴云，三十五日下雨，二十二日降雪。在华盛顿省城，每年天晴二百二十二日，兴云五十八日，下

[1] 爸顿而碌城，Baton Rouge，今译巴吞鲁日。

雨七十二日，降雪十三日。在累斯安省巴顿而碌城[1]，十一月内，天晴一百六十二日，兴云七十六日，下雨九十七日，降雪则无。可知寒暑风雨之不同矣。

卷之九　土产　禽兽附

凡天地间日用之物，无不从地中产，而至要者，则莫如金、银、铜、铁等。合省之金石，亦有数类，惟亚罢拉既俺并治臂外二岭，则青、赤、白等石俱有，以之建屋、填街、筑提、叠砌，无所不宜。至石中生者，则金、银、铅、铜、铁、锡之类是也。

金则甚少，迩来始知亚罢拉既俺山之东、驾啰连北省、驾啰连南省、磋治亚、典尼西、亚喇罢麻等省有焉。计道光四年所取之金，估价银不过五千员，五年则一万七千员，六年二万员，七年二万一千员，八年四万六千员，九年一十四万员，十年四十万六千员，十一年五十二万员，十二年六十七万八千员，十三年八十六万八千员，十四年八十九万八千员[2]。

银与铜及水银，则或有或无。铁则各处繁多，不胜之用。惟锡及各项珍宝甚稀。煤炭，则边西耳文等省良且多焉。合省原是新国，树木丛茂，黎庶尚少，故人只取树木，而不必取煤炭。至今则非昔比，烟户渐繁，固日盛一日，而树木亦不减于前时，煤炭亦愈多于往日，可永无乏用之忧。盐亦素称为最盛，盖洋水可以为盐，而合省则

[1]巴顿而碌城，Baton Rouge，今译巴吞鲁日，同上文“爸顿而碌城”。
[2]“员”，通“元”。

三面皆洋，且有山中盐海子及卤石亦可为盐，此其所以盛也。更有一山，其水可作药者，故名曰药水，中有油气，而竟可燃灯焚物，故土人名之曰魔鬼山（凡金银铅铜铁煤炭，皆中华例禁不许人取。惟合省准之，盐亦然，此乃产物之异者）。

原合省野地多，民房少。故五谷、百卉、菜蔬、草木，日增月盛，畅茂繁滋，不能悉数。树木则约有一百三十余种，高者约有三丈余。而至高则莫如橡木，间有八九丈之高者，以作船作柱甚美，人多用之，其木则有四十四样。次则核桃，亦有十样，摘其子为果，伐其木为柴。次则枫树，高而且茂，其汁甘甜，可以煎糖，每年约有糖数千担。美苏里省内有一枝最大者，身围四丈六尺。次则桦树，大壮观瞻，多用其皮以用箱篮，或代瓦而盖屋，作舫以渡河。本土苗人用以作三板，轻捷异常，去则背负至海，回则背负归家，渡海既快于别船，行路且易于携带，取其轻便也。又其次则有榆、栗、松、柏、杉、柳，及养蚕之桑等，故亦有绸缎。至各处皆有之树，则平果[1]、葡萄、沙梨、桃、梅等果。惟甘蔗、稻谷，则合省之南方有也。

走兽则有黑熊、豺狼、狐狸、海虎、水獭、野狸、猯鼢、鹿、牛、马、虎、驴、狣、兔等。飞禽则有鹘、鹫、鹰、枭、鹦鹉、杜鹃、啄木鸟、瀫乌燕、鸠、鹧鸪、山鸡、鸛、鹬、鹅、雁、鸕鹚、鸧庚、鳫、鸡、鸭、孔雀等。昆虫则有蛇、蝘、蝶、萤、蚕、蜂、蜻蜓、蚱、螳螂、蟋蟀、蚊、蛭、蚁、蚬蠳等。鳞鲋则有鲢鱼、大口鱼、民鱼、鲨鱼、鲋鱼、鱵鱼、鳣鱼、倒虫等。

此产物之大略矣。

---

[1] 平果，通“苹果”。

卷之十　田农

尝思农事为国家要务。合省之田，既良且多，国人亦皆知务本，故农人日益众，农事日益繁矣。

曩开国之始，民不谙农务，多是游民，日久而识渐开，乃耘野为田，筑基为界。时野多树木，故必伐而后可以为田，又必留四围之木以作田围，以防走兽践踏也。围内伐下之木，则用火焚之，留其灰在田，然后布种，二年后即秀茂蕃滋。此乃开耕新地，毋庸下田料也。再开沟洫以通水，犁田土以下料，循时而耕，自无不利。

田中产物，以粟米为最，合省虽无地不有。乃人所食者固多，禽兽食者亦不少。或磨粉为面，供人日用之需；或用水熬煎，给禽兽朝夕之用。至麦与蓟、薭米、大豆、小豆、荞、黍等，非四方皆有，惟四方皆用之。麻亦然，其种则有粗幼之别。幼者用为布，粗者用为缆为帆。又有烟叶及棉花。烟所销无几，不过鼻烟、卷筒烟、碎叶烟三者而已，故每年种者亦少。棉花则通流各国，故岁岁渐多。青黛所销亦不少，故种生日多，而今则不然。桑则捷生而快长者也。另有姜、芥、葱、蒜、韭菜、黄瓜、冬瓜、胡瓠、茄、菘葵、莴、薯、蘼、酸酱、甘藿等物。果实则有柚、橙、柑、梨、桃、樱桃、梅、葡萄、莓、李、胡桃、栗等。花则有葵花、红花、山丹、蔷薇、鸡冠、柳絮、人参等。此不过举其多者耳，其余难以尽述。

农器亦不一。耕田之务，惟男子是任。如有重物，不用肩挑，惟驴、马、牛负之而已。且耕田之事，不独庶民为然，即首领及官员士子于闲暇日，亦无不耕，如华盛顿是也。

卷之十一　工作

且天下之理虽同，人之知识有别，故开国之初，亦有无知无识不谙工作之事者。然有人力而无物本，固不能成器，即有人力物本而无知识，亦难终成器。必三者兼备，物始成焉。即如中华之绸缎，既有人力物本，又有知识，何怪其绸缎之巧乎？如中华之匹头，已有人力知识，独无物本，亦何怪其匹头之不成乎？独无知识而不能成器，如中华之时辰标是也，虽有人力物本，亦何所用乎？

如有物本而无知识，则可延他国知识者以教习焉。或有知识而无物本，亦可往别国运带焉。或有知识物本而无人力，当以物力代之，如水力、火力、兽力是矣。夫彼有运往，此有贩回，岂非器物所由成，而两国相益乎？试观合省国之棉布、麻布、大小呢、铁器、木器、磁器等物，则可知矣。

昔国之南方，棉花稀少，并甚难得清洁，因一车一机，则一人纺织之故。纺织之人既寡，故棉布之价最高。迄嘉庆二十年间，国人知识日广，每地放车数十架，不用人力，而以水力运行，纺数十车之花，以一女儿监之而已。至织布亦然，每地置机数十张，不用人力而以水力旋绕，织数十机之布，亦惟一小女督工而已。故今之棉布日增，即知识日广之故。兹有一纺织所，内有纺花车一万五千架，每日能织布四千丈，共计八百人，男一百，女七百。一女每月工银，十二元至二十一元不等。内一总管，理所有出入之买卖，其工银每年三千元。另有一人，总理八百人之事者，其工银每年二千元。至商主所聽之项，则十之一已。

举此织纺所，则知棉花价不能高昂矣。乾隆五十五年前，每年棉花从未有三万八千斤者。至道光五年间，每年多至二万七千万斤，估价银二千七百万大元。留五分之一在本国自用，余皆贩卖别国也。自道光六年间至今，棉花日增，比之二十年前之价，则已低三分之二矣。然今之为商者，得利反重于二十年前，是以织布日多。初棉布未盛之时，则有苎萝布以代之。后棉花日增，苎萝日减。

至大小呢所由成，本在羊身而出，故牧羊者不少。每年春季，必剪其毛而售卖。厥年价高，必多养其子以剪其毛。若厥年价少，则必多杀其子以食其肉。然究其源，始自英吉利运来，其后国人习而为之，但不如英吉利之巧，故土人不买本国者焉。及传至今，则用水力为之，故益巧而益多，并流贩于别国。有一家之内，亦用人力为之，留以自用。其水力为者，则卖与人也。

至于铁器，则合省极多，故制器有各样之别。玻璃一器，料虽同而制有异，如千里镜与玻璃罐，眼镜与窗门是也。若磁器，国内虽有其坭，惟不能制如中华之巧，今始略有焉。书板则极多，盖不用一定不易之板，而用铅字活摆板也，故用铸字、制纸、印书三等人甚多。至所卖之帽亦不少，每年所卖，约有一千三百万元之多。鞋亦然。木器则有为屋，为车，为台，为椅，为船，为桅，为烟船等物之异也。

卷之十二　贸易

农工商贾，俱为国要务，则贸易一事，不可不备言之。

合省贸易固不少，或出外为商，贩卖于别国，向别国运货而回者，不能悉数。盖既有农工，即有商贾，而以粟易布，以布易粟，然后农工之业始分，布帛菽粟、日用之器始成。美理哥合省耕织既众，买卖亦日多，初出外为商者极少，今已蕃盛。至乾隆五十五年，共计出外为商本利银一千九百万员。至嘉庆元年，则六千七百万元矣。其货物，不过鱼、油、兽皮、牛、羊、猪、马、烟、棉花、五谷等类，工作则有铁器、磁器、木器而已。

若在本国运往他邦，关税固少，即在外国贩回，饷亦无多。然在新地内与合省交易者，不过南方数国矣。在欧罗巴内，则有英吉利、法兰西、荷兰、葡萄雅、西班雅、破鲁西[1]、瑞典、鄂罗斯等国；在亚非利驾内，则有埃炭多国[2]；亚细亚内，则有都耳基、回回、印度、噶喇吧[3]、小吕宋、暹罗、大清等国。究其初至大清，则在乾隆四十八年始，由此日盛一日，至今不下百数年矣。

道光十四年，本国入口船五千六百二十八只，外国入口船三千九百五十三只，本国出口船五千八百八十六只，外国出口船四千零三只。但非同至一港，各处皆有焉。各货船每年增减皆有册报。道光十三年，一千一百八十八只，内大船六十五只。所来之货，道光十四年，变价银约二百余万，山中之物变价银约四百五十余万，屠人之物变价银约有三百余万，农圃之物变价银约八百余万，棉花变价约五千余万，烟变价约六百五十余万，工作之器变价约七百余

[1]破鲁西，Prussia，今译普鲁士。

[2]埃炭多国，Egypt，今译埃及。

[3]噶喇吧，Malacca，今译马六甲。

万。此其大略。实共计变价银约一万万余，皆出口之货也。

惟棉花为最，道光十五年，售出一百三十六万六千五百九十九包，十六年则一百六十三万六千五百五十九包。每包约价银七十元，共银一万一千四百五十五万九千一百三十大元。上年每包约六十五元，本年价稍昂，以二年相比，则十六年过于十五年二十七万包。

其在外国带回之货，约银一万二千五百余万，此乃天下通用之物，非合省始要也。首领最喜贸易日繁，故有数款货物出入关口，毋庸饷者。

卷之十三　国政一　国领内外大宪衙门

夫国家设官分职，所以治民，则官制不可不定也。美理哥合省之官，有省官、京官之别。各省内一首领，一副领，议拟人员无定数，民选议事者，或十余人或数十人无定。各省设一公堂，为首领、副领及议拟、民选各人议事之所。事无论大小，必须各官合议，然后准行。即不咸允，亦须十人中有六人合意，然后可行。

本省之官，由本省之民选择公举。京都内有一统领为主，副领为佐[1]。正副统领，亦由各人选择。每省择二人至京，合为议事阁[2]。又选几人，合为选议处[3]。统领每年收各省饷项，除支贮库，不得滥用外，每年定例酬金二万五千大元（首领无俸禄，故云酬金，以下各官皆云廉俸也）。

[1]统领，即President，总统；副领，Vice President，副总统。

[2]议事阁，Senate，今译参议院。

[3]选议处，House of Representatives，今译众议院。

若非三十五岁以上，及不在本地生者，皆不能当此职。例以四年为一任，期满另选。如无贤于他者，公举复任。若四年未满，或已仙游，或自解任，则以副统领当之。副统领不愿，则推议事阁之首者。若伊亦不愿，则以选议处之首护理。设终无人愿当此职，则吏部尚书寄书于各省首领，遍示于民迅择焉。至国统领，水陆武员固任听其指挥，即京内之文员，亦从其政令。若遣使于邻邦，或迎使于别国，皆统领治理。副统领亦由民选举，亦四年一任，酬金每年五千元，因所司无事，每年不过推他为议事阁之首而已，此酬金所以微也。

至议事阁与选议处，皆以每年十二月内之初礼拜一日，同到京之公所，齐集会议。议事阁之职，每省有二人，计二十六省共五十二人。选议处臣，共二百四十三人。议毕，或回省或留京三五月，各随自便，来年亦复如是。以议事阁五十二人分为三等，以二年为期，各等轮流而退，复择新者，是以每等经六年为一任，不过或先或后而已。又定例年未及三十以上者，不能当此职。议事处则以二十五岁以上为例，二年为一任，期满另选，以十二月初礼拜一之日，齐集京都公堂会议。因国中农务、工作、兵丁、贸易、赏罚、刑法、来往宾使、修筑基桥等例，皆此时议定。议毕，各自回家。为统领者，将所议示民，以得遵守，而各部之首，共协办焉。

吏部中亦有如左右侍郎者几人，辅佐部首。部首每年廉俸不过六千大元。户部之首，亦有辅佐者几十人，廉俸每年亦六千大元。兵部之首，则有几百人以助之，廉俸亦如户部等。另有水师兵部，惟专理兵船一事，亦辅佐有数十人，每年廉俸亦如是。礼部不过几人辅之，每年廉俸四千大元。另有一部，总理各省来往书札。其部首设驿于各省冲要之处，如有书札寄某处，则以路之远近计程资之多寡，其银以每年四季包封呈送。驿内人工银，由部首发，部首廉俸，每年亦六千大元。

国之大政有三：一则会议制例，二则出示谕人恪遵，三则究问不遵守之故。是以京都有一察院，院内共七人，以每年正月齐集，究人因何不遵法律之故。审毕，或二三月之久，然后回家。且在各省分设七院，每年以四季齐集，究问不恪守例者。但为审官，则不能会议制例。会议制例官，亦不能兼摄审问也。

卷之十四　国政二　制例之设定

国无例则不立，例不制则不成。然制不得其人，则例亦未尽善也。惟圣君贤相准情酌理，立千古不易之规，然后可以流传百世而无憾。

合省国制例有五：一曰国例，为二十六省所通行；二曰省例，各省不同，惟各守其省例而已；三曰府例，每府亦不同，惟生于斯者，即守于斯焉；四曰县例，各县自立其规，各民自遵其制；五曰司例，亦由司自立，惟所属者则恪遵焉。此五例中，又小不能犯大，如司则不得犯县例焉。国例乃京城议事阁同选议处会议，分发各省。今将各大典悉列于左：

一　岁征粮饷，所有动支各项，皆于饷内拨发。

一　国帑不敷，议拟及民选各臣相议，预为筹办，免致拮据之虞。

一　宜与各国贸易、各省交通，即本土苗人皆同一体。

一 流民准其寄居入籍，以免失所流离。

一 设局铸银，务权衡轻重多寡，以归画一。

一 严禁伪造番银。

一 设驿传递公文书信，时常修筑基桥，以便往来。

一 出示谕人学习六艺。如六艺中有能超众者，则示以奖赏，并能于各器用中；自创新样、开前人所未及、为今人所乐效者，亦奖赏之。

一 在各省立察院，以审判民间之事。或三省立一、二省立一，看省分之大小酌议。

一 宜防海贼剿劫。如有捕获，无论本国外邦，必照例治罪。或有谋反叛逆及在外国滋生事端，尤必照例严办。

一 如遭外国欺凌，统领必先晓谕万民。倘未便请和，致有干戈之变，务必踊跃向前。若两相盟会，即可戢兵而奏凯。

一 以钱粮招民为陆路之兵。

一 以钱粮招民为水路之兵。

一 水陆兵士务守范围，不得放肆。

一 大兵临境，万民务必踊跃效劳。

一 万民肯为国出力，即议给口粮。

一 宜专设法以治京城。

前例十七条，如有不遵者，则设法以引导之。除此例外，首领亦不能胡为。虽有贤德及富贵之人，皆不得以虚爵衔封赠。大小文武，不得受丝毫贿赂。如统领遇馈送当受者，亦必商之议事阁及选议处，使大小文武，皆得仿此而行。国人宜以律例为重，不徒以统领为尊。

此外则由各省文武自立例款，以约束其民，但不得以省例犯国例。即各府文武，其曰其立例以治，乃使经权常变，各得因其地之宜，惟亦不能以府例犯省例。下至县司，一体办理。

卷之十五　国政三　布政之大小官宪

夫律例既制，不可不遵守矣。虽一国之内，皆以统领为尊，然不过四年为一任。初至之时，必誓曰：我必先循例正身，然后尽力治民，断不徇私也。兵丁兵船之事，则推统领为主。兵丁兵船有不遵者，皆能示之以威。六部之首，必推统领选择，副者则由正者择焉。设有升调革拆等事，皆请命于统领允行，方将文凭盖印发出，然后赴任。国内倘有人犯法，察院审判后，如审不公，统领亦可以赦之。设与外国相争，外邦求和，统领必会议，然后如其所请。或外国使来，或我国使往，皆统领所理也。每年各省官会议之际，统领将一年收支各项、言行各事和盘托出，以示于众，并本年未行各事，亦示之于各省官。若各省官散后，复有要事，统领不能决断，并与例有不符，统领则出示，召各省官复至议焉。此外更有统领应为之事，兹惟言其略矣。第所有条例，统领必从，亦必示人恪遵。如在例外，统领亦断不为之，无异于庶民焉。

至各省亦有例。其首领初立例时，亦如统领自誓。即省内各事，亦如统领国内之事。府州县司皆仿此。惟省、府、州，道阻且长，居县者每艰于往返，故如有事会议，亦为商之于县里已。议事人例无二十一岁以上不可。然议事每常以三、四月为期，如有要事，则无论何月。每年议事多少次数，亦属无定。惟现任之县主，晓示谕民，所议何事，集于何所，何时齐集。至期有耆老通知云：今议新县主等事，祈众先公举一人管理，后议一人誊录。于是各将所欲公举之人，写其名于纸上放盒内，后开盒，以人多公举者为之。理事之人，接前任县令须知一本，读与众知。须知内或选省州县官，或本县内事，所有一切，皆秉公示众。选官选人之时，领事人质于众曰：现当选何人，祈明以对。或有人起而对曰：请自裁夺。则领事再语于众曰：如众中有欲吾选者，则举手为号。当时如举手者过半则可，如未及过半则不可。又如京中、府中、州中有要事商议，则各县例应选人至会议。领事则谓众云：今选人往京、省、府、州，众欲议何人而往？于是众将保荐之人录名于纸上，将各纸放盒中，后启盒，以人多公举者往焉。

县官有几人，一则以选人为首，所有县内一切诸事，皆必尽知。即非其所管者，亦必周知焉。二则在县内收饷，必悉知县内人丁多寡、何人有田若干、何人有地有屋若干。三则总理县主一年收支各数，言行各事，登录书内存档，不能苟且漏入漏出。其外则有总理揭借、拖欠、偷窃、捕盗、济贫等数人。如非长任事者，则另作生业。如常任事者，然后每年有俸禄焉。

卷之十六　国政四　审察罪名之制

且天下有国必有政，有政则必有例，有例则必示人遵守，欲人遵守，则有审理犯例者。此察院所由设也。惟各国、省、府之察院不同，今特详细分别言之于后，以便省览。国察院有三：管理京城者曰京察院[1]；管理二三省

[1]京察院，Supreme Court of the United States，今译美国最高法院。

者，曰巡按察院[1]；管理一省半省者，曰巡抚察院[2]。

在京城者，衙门内共有七人，其间一为正，六为副，每年以正月为期，七人齐集会审各案一次。如有因事不至者，四人可审，下于四人不能审焉。京城之内，若有不遵例者，亦京察院审之。若巡按察院审事不正，任其转告于京察院。

除京察院外，又有巡按察院七衙门。其一管缅、新韩赛、马沙诸些、啰底岛等四省。其二管干尼底吉、华满、新约基之南等二省半。其三管新遮些、边西耳文之东等省半。其四管马理兰、底拉华等二省。其五管驾啰连北省、费治弥亚之东等省半。其六管驾啰连南省、磋治亚等二省。其七管建大基、典尼西、呵嘻呵等省。惟亚喇罢麻、累斯安、美士细比、美苏理、伊理奈、引底安、美是干、新约基之北、边西耳文之西、费治弥亚之西等省，人数无几，故以巡抚察院兼理之。惟每巡按察院审事时，如无一京察院在，则不能审。若有要事，则必有二而后可。又每年齐集二次审判。如有人在巡按察院属内犯法，则巡按察院审之。

而已至巡抚察院衙门，共三十三，每院内一巡抚察院。每年审事四次。若有要事，则无定矣。倘审不公，亦可以转告于巡按察院。此皆国察院也。其外亦有数省察院，省内犯法，则省察院审之。至若府州亦如是。

凡察院内必有各科房、各差役等，听命于察院。凡

[1]巡按察院，United States Court of Appeals for the Federal Circuit，今译美国上诉巡回法庭。

[2]巡抚察院，State Courts，今译州法院。

原告、被告或有愚而讷于言者，则有识例善言者，助他作状，并同上堂代诉。人犯既齐，察院则在本犯地方择衿耆以助审。衿耆则以十二人至二十四人为额，多则二十五人，少亦十一人。如是犯之亲戚兄弟朋友，固不能为，即先知有此事者，亦不能为。审时，衿耆听原告、被告之词，照察院之例，出而会议，遂定曲直。众衿耆将情由写明，交于察院，各散回家。察院观何是何非，即照例定罪。每县中亦有如中华之地保者几人，主观和小事者。

原各国、省、府立律例规条之意，实为保护国家人民而设。故立一律例院，使人咸知遵守焉。共计国内律例院有数十余间，每间有一师掌教，进院习读者，以三年为满，皆不过训告规条律例而已。

卷之十七　国政五　刑法监狱之制

观今世之人，多弃善而从恶，无所不至，民间恶弊，不能尽数，不得不设刑法监狱以罪之，以示惩儆焉。且国历数百年之久，犯罪之人比新开之地固多。

兹特以合省国而论，其犯法之由，亦不外反叛、杀人、打劫、放火等，但以反叛为重。昔曾相传一官欲反叛，后拿至察院审判，并无凭据，即放回家。自立国以来，未之有也。以杀人为次，每年多少不定。打劫者又其次，一年之内终不能无。其四则放火，以二十六省共计，每年不过五六次已。其五则强奸，每年亦有二三次。其六则情奸，亦时有之。其七则冒名伪造。其八则窃盗为非。其九则相斗相争。其十则醉后胡为。此大略也。

今专以马沙诸些而言，余省可知其约略矣。其犯法监禁者，道光元年则有七十一人，二年则八十四人，三年则九十一人，四年则一百零七人，五年则八十六人，六年则九十六人，七年则八十一人，八年则八十人，九年则一百零四人，十年则七十九人，十一年则一百一十五人，十二年则七十一人，十三年则七十六人，十四年则一百一十九人。是年内，窃盗者八十八人，冒名伪造者十人，打劫者四人，放火者一人，争斗者五人，情奸者六人，强奸者二人，脱逃复捕获者一人，杀人者二人。以上各年监犯以十四年截计，除审后放出监外，尚存二百七十九人。

刑法则有三：一则缢而死，二则收监，三则罚银，并无枭首、充军、拷打等刑。凡反叛、海盗，皆拟以缢之罪。杀人者，二十六省皆定以缢罪。强奸、打劫、放火等，亦有以缢刑之，或永收监焉。其余或收监，或罚银，无定制也。

各省各府皆有监狱。监内左右上下，皆用大石为之。或数人一房，或一人一房，极其洁净，亦有小窗以通风。房外四围有栏杆余地，以为散步之所。收监后，管监官务使犯人穿洁衣，食佳物，又日以善言劝戒，约束之以事业。今以道光十五年计，马沙诸些监内犯人所作工银，除管监官、教师并看门兵丁等工食，连与犯衣食所用外，尚存银七千二百九十六元，尽拨充公也。

卷之十八　济贫

且贫乏之人，各处难免。惟究其原，多因盗贼水火之灾、风雷饥馑之患，或货船溺于长江，或身体伤于疾病，以及闲游赌博、鸦片、宿娼，此即贫之原也。若欲有以塞其源，必先设法以杜其弊。

如人既入艰辛贫乏之境，合省则有统领及王公大臣绅衿耆老等，议以济之。是故于未贫之先，预存或贫之虑。既贫之后，常防愈贫之忧。此济贫之议，诚杜渐防微之至矣。如防火毁，则多以砖石叠筑，并设水车水筒，以备不虞。防电闪倾颓，则立一长铁杆于门以拒之，电见铁杆，即自顶旋绕至杆下而去。若防水患，坚筑基围。倘虑贼狂，设兵巡海。若赌博闲游，则推诚告诫。苟无知愚懵，则教诲谆谆。倘或不意无备，忽堕贫苦，则谕其同姓先济之。

然律例又不能强，即不肯济，不过国人哂之而已。或同宗亲友等不能济、不肯济，则本县捐廉以济之。亦有将贫人带回家作工者。倘无人肯带，则本县设济贫院以居之，各分以事业，所得之项，全数入县官。倘生子女，本县即延师教之。府省亦然。至省垣村族，不许有一丐食者流离于闾阎市井之中。然非先立一济贫之法，又安能禁人之丐食乎？

此合省济贫一法，诚尽善尽美矣。凡有国者，可不仿效之乎？

卷之十九　辨教邪正

天地万物未有之始，原有一上帝创造。故合省之民，惟知恭敬崇拜一皇上帝，此外则无所祈祷矣。然此教何由得而知之？曰有一旧遗圣书为证。此书从何而至？乃上帝指示摩西圣人所录也。夫不能见上帝，又怎能知上帝之意而录之耶？因上帝指示灵迹，故得而录之也。得录矣，又谁识其字？因摩西子孙传于世而后始知也。由是合省得而为训诂焉。此书云何？其一上帝之出没，其二万民之本分，其三后世之永福永祸。

夫上帝先乎天地万物，不可得知其所由来，惟无所不知，无所不能，无所不在，至正至大，至智至诚，已尽见矣。故风雷云雨、日月星辰、草木花卉、飞禽走兽、鳞魪昆虫，凡天之所覆、地之所载，莫非上帝创始也。故名之曰天父、曰救世、曰圣神者，实一上帝矣。此其一也。

凡人生于世，莫不禀受于天。既禀受于天，则知上帝之恩不浅，人可不恭敬而崇拜乎？次则生我之父母，亦当报罔极之深恩；同气之兄弟，亦当念相关之休戚。后推孝友之情，以施于天下，而为善惟日不足，庶人之本分尽矣。此其二也。

且人莫不有灵魂，常不息不灭者也。因其不息不灭，故信上帝而为善，则死后赏永福于天堂；违上帝而为恶，则死后罚永祸于地狱。此其三也。故合省有专信圣书者，亦有不肯信者，不能悉述。此教之大略矣。

夫人孰不知爱敬其亲？上帝生人，即人之亲矣。为之子者，可不爱敬乎？人既爱上帝，上帝即怜悯之。惟上帝无形无影，恐人不知其教诲之心，乃留书于当世，以表传其教诲焉。其圣书始于夏，终于汉，一半已有二千余年，一半已有三千年。俱至善无恶，学之可以进德，临民则公而无私，忠而不佞，不刻薄，不猛烈。为民则不妄求，不倦隋，守一定之规，救患难之人。所禁者相争相斗、偷盗劫掠、虚言妄语、醉酒胡为等。

其书半是亚细亚之西希伯来人所写，半是欧罗巴之东希腊人所写。后各国皆有是书，盖后人所译者也。

设天下之学如同一家，何有中外之别乎？至若礼拜日，亦名安息日，因不作工故也。每七日一礼拜。是日惟养心教人已矣。国中并无和尚、道士及设祭等事，惟有教圣书之士而已。每乡有礼拜堂，择乡中善读圣书者讲之，乡人在旁听受。如年长以倍，则父事之。十年以长，则兄事之。此乡中之常礼也。

卷之二十　土音本源

夫合省之文字，始自何来？实本英吉利国也。然有法兰西、荷兰等国皆不效，而独效英吉利者，何也？因初时人稀物鲜，虽各国皆来贸易，惟英吉利者已居十有九，从其音者较多，至今则与英吉利无异。亦有文字相同而言词独异，如法兰西、荷兰者是，然百中未尝无一二相同，因二国至贸易者亦不少。亦有文字不同而言词亦异，如满、汉、日本、安南、暹罗者是。

虽文字言语不同，而切音未尝有异。满固不异乎日本，日本亦无异于合省。且合省不过仿英吉利国文字二十六字母耳。

其一曰A音唉，二曰B音碑，三曰C音飓，四曰D音咄，五曰E音依，六曰F音鸭符，七曰G音芝，八曰H音咽住，九曰I音矮，十曰J音遮，十一曰K音跏，十二曰L音唉儿，十三曰M音唵，十四曰N音燕，十五曰O音轲，十六曰P音丕，十七曰Q音翘，十八曰R音鸦，十九曰S音唉时，二十曰T音梯，二十一曰U音嚶，二十二曰V音非，二十三曰W音嗒不如，二十四曰X音鹅时，二十五曰Y音威，二十六曰Z音思。其中三字能独用，无别字贯之者，如A、I、Q是也。A者，一也。I者，我也。O者，叹词。

字母虽止二十六，乃相连相生，变化无穷。连字之法，有以二字连成一句，或三字至九字不等。从左手起而横读，非如清文自上至下读也。二十六字母，散之则无穷，合之则有限，其用不测，然虽三尺童子，亦可学习。凡天下事物，皆赖二十六字详说之。其始岁历几百，稿三易而始成，故虽盈千累万之书，亦不外此二十六字母也。今不独英吉利、合省用之，即法兰西、荷兰及天下之国，亦多用焉。

卷之二十一　学馆

尝思玉不琢不成器，人不学不知理。凡人少时不学，必至四十、五十而无闻，所谓少壮不努力，老大徒悲伤也。

故合省国中无论男女，皆三四岁入学者多。其学馆定例，每乡设一所，乡中富者科银延师，教一乡子弟焉。若乡中无富者，则在省中官员处借助。其就学之童，每日往返。所学者，写、数、地理志、鉴史、圣经等。男女皆可为师。若女，束脩银每月不过六元至十元而已，并教女童刺绣矣。男则二三十元不等。亦有专教一家者，所教之学，不外乎此。

又有县中学馆，有无多少不定。惟乡学馆不拘贫富，县学馆无束脩者不可进，因以此项延师故也。其馆本处人禀县主而后建，或县主公同建造者亦有之。其中所学，比之乡学又略大矣。

更有省中学馆，多少无定，省中富者建之，或设会而以会项建之，或省中官员助之。馆中条律，择几人议之，并司其事，然后遍告同学。学者每年考一场为例。至期司事齐集，伺候考试。得中者入馆内习四年，不得中者再回肄业，明年复考，如中华之秀士焉。在内学习者，以四年为例，每年有新者进，亦有旧者退。如不遵律戒，不待四年，亦可以逐之。既习四年，则进为举人矣。散馆后，或为官、为士、为农、为工、为商，而各司其事焉。

另有大学馆，惟许已中举者进焉。所学有三：一圣文，二医治，三国中律例规条。二者不可兼得。又以三年为期，期满列为进士之政矣。省中学馆，每省一二所不等，三四所亦不等，惟通省内通融计算约八九十所。每所延师五位至三十位不等，然截长补短，每所约十位矣。其师每年束脩银，一千至三千余元不等。受业者每年每位送束脩银一二百不等。每馆之徒二三百不定，第通融计算，不过百四五十人矣。

又圣文大学馆，国内约三四十所，每所教圣文师四五位，受业者约七八十人。又医治大学馆，约三四十所，每所为师者约七位，其徒数十人。习律例之馆，师徒多寡，亦与医馆大同小异耳。

卷之二十二　书籍　刊刷各器附

凡人身体不可无衣食以养，心志不可无书籍以扶。上古无书籍，后人即录其事而作焉，是以刊刷日精。合省或以铅字摆板，或以铅字一定之板。其摆板不过二十六字，如中华之点、画、撇、企、钩者已。又不用手刷，而以磨柜推之，故能于千百万字中，刷于一时也。

所刊刷者经、史、诗、词、歌、赋，并新闻纸。其纸各家不同，约千余样。初，原无此也，因前有欧罗巴刊刷布告四方，由是合省日渐精巧，至今犹盛。其纸长至五尺，阔至三尺。自欧罗巴至今，约三百余载。惟自合省至今，约百五十年矣。其纸不钉装，底面皆印字，或每日一出，或七日出三四张，或半月出一张不等。每一出，多者约有二万张，少者约有五百张。每年收看新闻银一元至十二元不等。内载船只来往时日、货物价钱增减、买卖田地、租赁房屋时价，并官员士子兵丁言行，及天下一切事物。

另外亦有每月新闻书，书内载钦天监、医生、乐工、律例、学问、劝世文等事。其书有一季一出者，约二三百篇。做书之人，将己所览前人之旨，折驳于每季书之中，亦有如中华之时宪书。一年一出者，约三四百篇，内载日月出没、日月蚀之原由、士农工商、本年应如何做、天下各国、本年人数增减。惟无吉凶趋避之日，然亦不过纲鉴、典史、舆地志、先贤言行记略，并天文、音乐、大小学文章、劝世文等书。

其书有一本为一套，数十本为一套，并有各国来者，一概价钱无定，半元数十元不等。为士之家，或藏一二千书。院里或藏一二万。亦有富豪家，立一书斋，置各书于内，任人观览，惟不能携回家而已。

此国中书之大略也。

卷之二十三　各艺

夫国家之要，士农而外，则莫如工矣。是技艺不可不讲也。

合省原是新国，故各艺与欧罗巴、亚细亚等国不同。

如做船只，则桅、帆、桨、橹，与中国大异，即筑屋建楼、铺置各物亦然。兵器亦不同，火炮能用弹子数十斤，手枪之口则有小剑，但无弓箭长针与藤牌而已。

亦有吹弹敲打之乐器，及笔、墨、书、画各具之不同。因是新国，不及中华之久，虽各艺皆有，未甚精巧。惟国人皆好乐及歌唱，故有吹弹敲打各乐。童蒙学读之时，即有乐师教以弹唱。或闲居独处、送客迎宾则唱之，或早晚祈祷、礼拜参神则唱之。至兵丁之乐，则吹笛、击鼓、响角而已。

又有画地理、山水、人物、花卉、鸟兽等画工，最为世所尚。次则雕刻之工。又其次则建华屋、筑高桥等工。或有能出巧计、作新样之物，则地方官奖励之。如火船并以水火织布之类是矣。

卷之二十四　仁会

今天下疾苦困穷而无告者，固不可胜数，惟得仁者拯救之，或可稍活耳。

故合省立仁会而济在监之犯。昔监内弊端叠长，由监出者，更有甚于前时。是会中使人察监内言行各事，遂改各监之规模，而二十六省皆同也。监内分善恶两途，善者居广大之所，恶者居浅窄之所，俱不能相见。前收监者无事业，今则一日不能闲，并有善书于礼拜日诵焉。故今之犯法收监者出监后，即痛改前非。又前监中所费极多，今立例以犯人作工。故每年除支外，反有余资（见十七章）。

又聋盲哑者，原属无用，今国内立仁会、设馆以训习焉。如聋哑者，亦以手调音而教之。盲者即有凸字书，使他以手揣摩而读。至幼而失怙恃者，亦有院养育，如中华之育婴堂焉。

若醉酒胡为，亦非善事。计每年酒项不下数十万之多。故设一节饮会馆，内藏一簿，登戒饮者姓名在内。己虽不饮，亦不能强人，愿进不愿进各从其便。既进后，则不能再犯戒规。至今则国、省、府、县亦然，共计约有四五千间。其登戒酒簿者，约二百万人。即制酒之铺变而贸易别项者，约四五千间。将酒铺卖人另寻别项生理者，亦约七八千间。故酒费日少，戒饮之人日多也。又城中设医生七十五人，访察酒之损益。今则皆知其无益而有损矣，故戒而不饮者，今已过半矣。

至水手辈，多是贫乏之人。故会内亦济之，并及其妻儿也。凡无力延师训习者，亦设院延师以训之。

国人于礼拜日皆不作工，故设一会所，逢礼拜日教人。内藏书极多，如不在者，亦可借回家自习，至礼拜日复拿回。又不至学馆诵习者，亦延师至家教之。亦有刊刷小书分派，令人学善者。亦有一院专刊圣书出售，如无力买者，亦可送之。另有一会名曰劝和会，如两人相争，或邻省相斗、两国不和者，劝之。然合省之会，难以尽述。每会中所用，多者每年不过二十万，少者不下数百元。

此其大略矣。

卷之二十五　五伦

原夫开辟之始，未有人类。上帝既造一人为万物之主，又立一女子以配之，相与耕耘而度四时。夫妇之礼，自此始矣。历代相传，合省亦无异，但无立妾及少年预聘之例。

年十五以上者，访求淑女，但非亲谊，则踵府谒其父兄，结断金之好。既往来三五载，知此女之贤愚，女亦知此子之善恶，或对面而订佳期，或各书而达父母。若相允肯结秦晋之亲，并无奠雁迓轮及礼饼等聘定之礼。

娶之日，男女升堂携手，有一官或族正等，书其二人名曰：此非勒掯等情，乃二家情愿之事，由此至老，不得拆今日之鸾俦。于是盖之以图书印信，其后报丁册内，列他夫妇姓名。自后必夫唱妇随。外事不决则问夫，内事不决则问妇。家以夫为主，妇以顺为正也。子虽未离怀抱，倘父过于爱惜，母必责之，而母严于父。既离膝下，则责任又在父矣。

当幼时，必教之崇拜上帝，而以出告反面约束之。至二十岁以外，则随其所之，从其所好。兄弟则以长者为率，余皆听其指挥。朋友则与中华大同小异。

至君臣之义，则合省原无，惟有上下之分，国领、省领、府领、县领之不同耳。各首领之动静起居、饮食衣服，亦不外乎平民，但人人皆恭敬之而已矣。

卷之二十六　礼仪规模

夫人生天地间，无本不立。礼义规模，国之本也，亦即人之本。本既立，则其末可举而措之矣。为父母者，可不于幼稚之年而训之于庭帏乎。然为子者，亦宜学事父母之礼，以尽孝道。常于朝夕崇拜上帝，不可惑于偶像也。少时或与父母同榻分衾，若四五岁以上，则必另置一榻，教以早起而沐浴整衣，勿至怠惰也。

夫合省之衣服如何？其帽高至七八寸不等，或以黑绒、灰色绒为之。其矮者，或圆，或六角、八角。帽前有一片牛皮为之，以防日光射目，常有帽带系之。冬寒则以法兰仁毡为内衣，短小无领。外套一汗衫，四围缠身，不甚宽大，其领高出至于颔下，有一颈巾系之。其外盖一背心，前夹后单，高至颈膊。下则用法兰仁毡为短小之裤，外则盖大裤，上至腰腹，下至脚掌。汗衫在里，前后有两钮扣，以十字交加裤带，过膊吊扣。后盖一长衫，四围缠身，光滑无纹，袖长至掌，领包至枕后，前长如背心，后长至臀。以羊毛毡为袜，长不过膝。鞋以牛皮为之，底面皆然，但底厚不过四五层，薄则一层，面亦有带系之。靴亦长不过膝，底厚者多，上下皆用牛皮，穿时不大裤脚盖之。所有衣服钮扣，皆开在正面，无左右开也。

饮食则每日三餐。早膳或饭或面包，或猪、鱼、牛、羊，烧、焓不等，亦有牛奶、鸡蛋、牛油、花、架非[1]（架非是一种青豆炒焦研末水煎，或白滚水冲隔渣用以代茶）各物。自七点钟至十点，各随其便，惟不多食焉，名曰早餐，又曰早茶。至一点钟及五点，所食者乃飞禽、鸡、鱼、鹅、鸭、牛、羊、猪等，随意制作，并有生果、糖果、牛奶、鸡蛋等物，或茶或酒。合家同一台，台面用布铺盖，后置各物其上，男女各一便，每人一碟以载各物，不用箸，惟用刀、叉、调羹等，随人畅饮饱食，故名大餐。晚上六点钟至九点不等，所食者与早餐略同。此日用饮食之常规也。

至出外闲游访友，近则步履，远则车马。然一车用一马至四马不等，看车之大小而用。路上少必让老，遇亲朋

---

[1]架非，Coffee，今译咖啡。

必立侍而见礼。非故非亲，则疾趋而已。且好交结朋友，时常相与往还，留共饮食。

无论男女，未嫁娶者，必有父兄同往。既嫁后，又必有夫或子同往焉。男女俱有事业，早起后各司其事。闲暇时或读书，或访友。若有新书，人所未闻者，则读与众听。

每年月中，并无节气，每日亦无吉凶，惟七日一礼拜而已。余与中国无异。

若丧事，死后有一人与他沐浴，独穿一汗衫，敛其手，以掌踏掌，放在棺内，停三五日葬焉。山地内，或以石、以铁、以锡围之，然后放棺在内。山上面亦然。葬时亦有亲朋往送。素服不用白而用黑。山上头尾皆有石碑，碑上录亡者之生辰死忌，又围以石栏杆，以防牛羊践踏也。

卷之二十七　忖度将来

夫观此合省志，则此国开创之由，及礼乐刑政、风土人情、山川时令、草木禽兽等，亦可知其大略矣。第国内地广人稀，倘为君者，能休养生息，使百姓各安其业，各遂其生，则户口渐多，而日盛一日。安见既庶既蕃之象，不可预卜于今日乎？于是导以礼义，教以诗书，使人人皆知敬畏天皇上帝，而忠以事君，孝以事亲，弟悌以事长，信以处友，和以睦众，义以训子。各尽其道，各守其分，则虽饱食暖居而不至流于淫邪匪僻之为矣。

此非为国之要务乎？欲如是，则必立国法，定章程，勿横征税饷，勿刻剥小民，使农工商贾共踊跃而乐利无穷。由是百姓足而君无不足，仓廪府库可永无匮乏之忧。设书院，辨正教，感以其良心，启悟其德性而仁义礼智，虽愚夫亦黾勉争趋。由是邦本固而民皆可用，敌国外患不致有侵伐之虞。即或大兵临境，而我之国富兵强，亦何畏彼哉？

然非于太平之日，预防失国之心，兢兢业业，慎始慎终，上畏上帝，下念小民，清心寡欲，敬身修德。而乃暴虐纵恣，赏罚不平，致触上帝之怒，惹万民之怨，则众叛亲离，国家解体，亦安有不失位者哉？是在乎为君者之自取耳。

兹因纂合省志，故特跋数语，以警天下之为国君者，幸其勉诸。

下帙

一 缅省[1]

明天启六年[2]，有英吉利数人始至基尼伯河[3]畔，创立一乡，自专不受制于人。后数十年，与马沙诸些合而为一。道光元年[4]，始分其地，而自立一省曰缅。

东接新普伦瑞克地[5]，西北连干尼底吉[6]之南，然此二地皆属英吉利国。西南连新韩赛省[7]，南接压澜的洋[8]。又南界隔赤道四十三度五分，北界隔赤道四十八度。自南而北，则四度五十五分矣。西隔中线东六度三分，东极隔中线东十度三分。由此观之，自东而西之地，则四度无疑矣。其地参差不齐，非方圆者也，故以其南北极东西极而言之。

兹省内地之延袤，与浙江省相似。其山则崭岩不等，最高者五百余丈[9]。万山环绕，如贯相连。惟上水之就下，流注于大西洋。其洋亦南入至省，而港汊分岐，水长

[1]本章介绍Maine State，今译缅因州。标题为校注者所加，方便分节阅读。

[2]明天启六年，1626年。

[3]基尼伯河，Kennebec River，今译肯纳贝克河。

[4]道光元年，1821年。

[5]新普伦瑞克地，New Brunswick，今译新布伦瑞，加拿大东部沿海省份，濒临圣劳伦斯湾。

[6]干尼底吉，Connecticut State，今译康涅狄格州。

[7]新韩赛省，New Hampshire State，今译新罕布什尔州。

[8]压澜的洋，Atlantic Ocean，今译大西洋。

[9]指White Mountains，今译怀特山脉，位于缅因州东北部。

常至二三丈。故虽冬月严寒，水面冰雪亦难凝结。省北冷气逼人，下雪积深四五尺，数月不消。水面坚冰，人马可渡。时交春令，然后始消。夏日炎热蒸人。故冬夏而染疾者几希矣。省南去西大洋约五六十里，有沙地、砾地、泥地，并肥瘦等土。然附洋者，更有甚然。产物则五谷为最，藋麰[1]略次之。又去数十里，地沃膏腴，且高且平也。惟产物则彼此皆同，其外犹有麦与麻矣。渐至省中，地尤略峻，且峭壁渊源，旷野间乎其中。多见树木飘摇，罕见人烟错杂。

以此观之，缅省内沿河之土，大略肥厚，万物量亦滋生也。近山者，野旷地高，禽兽借此而逋逃。山内禽兽，有马、牛、羊与豖。林木有松、橡、桦、榆，果实有林檎、桃、苦提[2]、梨、梅等。更有建屋填街之石、铸器作皿之铁焉。务农者，人稀地广，耕固乏人，谷亦无多也。惟木料之价太低，故刍荛者得百倍之利。捕通省渔者，每年约得银五十余万。

其外贸易，有大小呢、棉花、纸、熟皮、蜡烛、铁器等物。至若路途，则官衢大道、深巷长街，皆可通商贩货往来。亦有濠港沟河，商货藉以出洋，由此贩流各国。所有贸易置货，皆以木器为最，洋艘皆赖乎此。其次则畜牛、羊、豖、犬，多贩于他邦。又其次有牛油香油、蜡烛、靴鞋、石、砖、铁器等。通省每年出口之货，共计约银八百余万，所收出入货之饷，约银三四十万元。兹将各省而论，其贸易大小，缅省居其五焉。

---

[1]藋麰（shǔ móu），藋是一种药用植物，而麰指大麦。

[2]苦提，指菩提果，可做药材、清洗剂或提炼油之用。

以道光十年论，其居民共计三十九万九千四百六十二人。务业各不惮劳避险，然亦不过农务、捕鱼、贸易而已。惟富不过量，贫不缺资，皆暖衣足食者。

通省分为十府三百县。附基尼伯河新建省城，名奥古士大[1]。省官有四等，首领[2]一人，副领七人，巡按十二人，赞议数十人。其总制供职以三十岁为例，由民公选。即巡按、议处[3]亦然。各官皆以每年正月初礼拜之第三日会议。其副总制七人，于巡按、议处内公选。总制每年俸银一千五百元。如若仙游，则巡按之首署理。除副总制外，另有一善书助之。军务，则提督保障封疆。每岁总制与巡按及议处同会议省律。其律例在必行，总制与副总制率先行之。又省内有一正察院，其余分处各方。通省各员所用之项，共计以二十万元为率。

民皆能书能读，惟书院不过两所而已。另有大学公堂，乃儒者苦攻圣文之所。其乡中学馆，共有三十间。此外稚年学读之馆，各处皆有，或三五十家立一。各家不论大小男女，惟每人每年捐银二钱八分，送交为首之人，尽将此项以训童蒙。

另有圣教会所，通省共有五百余，每所内约六人至十人不等。内一师，于每礼拜日升堂宣化，以训同学。余无别事。每年束脩[4]银六百元至一千元不等。除教会之外，另有数会名曰仁会，立此以济鳏寡孤独以及疾病哑聋盲跛等人也。

---

[1]奥古士大，Augusta，今译奥古斯塔。

[2]首领，Governor，今译州长。

[3]州参议院、众议院。

[4]束脩，即教师报酬之意。

二　新韩赛省[1]

初，明万历四十三年[2]，英吉利人始得新韩赛之地，迨天启三年[3]，许其自立为政。后数十年，土人皆将其地与马沙诸些省合而为一省，而不自专焉。及乾隆六年[4]间，则自立为一省，改称新韩赛。

东接缅省，北接干拿大地[5]，西接华满省[6]，南接马沙诸些，东界于洋海。南界即北极出地四十二度四十一分，北界北极出地四十五度一十一分；西界隔中线东四度三十分，东界隔中线东六度。其省偏而不正，阔如浙江省四分之一分焉。

省中自北而南，群峰秀峙，山路崎岖。其北之高者，有六七百丈。南之小者，亦高二三百丈。惟北之最高者，其峰积雪，四面常白，攒峰环绕，故人皆呼之曰白山[7]。若以合省国而论，其山险岭峻之处，则当推新韩赛为最。

又近北有小湖，其湖南注而入干尼底吉大河[8]。其华满省之交界，即此河也。又省中有大湖[9]，通贯美理麦（释名则鲢鱼也）大河[10]，南注而过马沙诸些，复转而东入洋

---

[1]本章介绍新韩赛省，New Hampshire State，今译新罕布什尔州。

[2]万历四十三年，1615年。

[3]天启三年，1623年。

[4]乾隆六年，1741年。

[5]干拿大地，Canada，今译加拿大。

[6]华满省，Vermont State，今译佛蒙特州。

[7]白山，White Mountains，今译怀特山脉。

[8]干尼底吉大河，Connecticut River，今译康涅狄格河。

[9]大湖，似指Lake Winnipesaukee，今译温尼铂索基湖，乃新罕布什尔州最大的湖，亦是该州标志之一。

[10]美理麦，Merrimack River，今译梅里马克河。

也。其外亦有各小河与湖焉。

论寒暑，则略暖于缅省。土地亦可称膏腴。该处居民得其土气清和，故多享期颐之寿，越百年而逝者八十有三人。山木最高者二十丈，阔七尺，周围二丈有余[1]。又山内所生铁矿胜于邻邦。其树木果实五谷，皆与缅省大同小异，惟人参颇多[2]。

农人皆立会，致彼此相助，以广耕种法也。至工匠则不可胜数。其纺织之所约六十间，作呢绒之所三十二间。亦有以人力兽力而磨五谷之房，共六百零九间。用水势而锯木之房，共九百五十二间。每间用一二人作工，其一水势可抵百人矣。此外还有巧工技艺各项会所，不能尽述。

至于省中道途，大有可观。桥梁共计二十有五。贸易各货贩运于他邦者极少，惟付搭于邻省、卖于本都者多。

以道光十年[3]，共计居民则二十六万九千五百三十三人。第忆昔百年以前，不过一万二千有奇而已。地分八府二百二十县。其波子某府城[4]，附近东洋，通省买卖，以此为最，民数亦以此为多。通省内惟此有洋艘至矣，其外皆无。若论港口，于二十六省内，当推此为首。隆冬水面，冰不凝结，波不汹涛，最大之洋艘皆可进也。故国首领常谕令兵船于此湾泊。另于河畔设一所，以作新船。亦有炮台二座。

[1]指的是Mount Washington，今译华盛顿山，海拔约1917米，州内最高山。

[2]此处人参，后被称为花旗参或西洋参，乃美国北部州区的特产，包括新罕布什尔州和威斯康星州。

[3]道光十年，1830年。

[4]波子某府城，Portsmouth，今译朴茨茅斯。

省东附洋者，有一河名庇士驾大瓜[1]。过此以往，则有二桥，一长四十八丈，一长一百七十五丈。

省城在美理麦河畔，名曰公哥突城[2]，户口不过四千，房屋稀少。惟有一石监，长七丈，阔三丈六尺，高一丈四尺。监中五六十人，或凿石、作鞋、裁衣等事，并无游手之人。

各官员与缅省无异。又定例各处科银立学馆。其各乡学馆，通省内共有一千六百间。府学馆共三十五间。另省内有一大书院，院内为师者十位，肄业者约二百人。教会共有五百余，每会建一座礼拜堂，每会约有八九百人，为掌教者则一人而已。其外亦有立仁会，以济穷困残疾者焉。

然回忆此省开垦创立以来，不过二百有余年矣。

三　华满省[3]

万历元年[4]，法兰西人由干拿大地寻至华满。迨雍正二年[5]，英吉利人托足于马沙诸些省，由渐而据之。乾隆年间，则自创省而称之曰华满。

东接干尼底吉河[6]，南北交界之度数，与新韩赛无异。西接新约基省[7]、汕玭连大湖[8]。以其内地计，较之

[1]庇士驾大瓜，Piscataqua River，今译皮斯卡塔夸或皮斯卡塔韦河。

[2]公哥突城，Concord，今译康科德。

[3]本章介绍Vermont State，今译佛蒙特州。

[4]万历元年，1573年。

[5]雍正二年，1724年。

[6]干尼底吉河，Connecticut River，今译康涅狄格河。

[7]新约基省，New York State，今译纽约州。

[8]汕玭连大湖，Lake Champlain，今译尚普兰湖或香普兰湖。

于新韩赛略广矣。南有山连峰入省，于省中分而为二，直至于北。内多杉木，叶常不凋，老叶未残，而新叶又发，时人呼曰绿山[1]，即译名华满省也。

其中瀑布，有通流而入干尼底吉大河者，有通流而入西之汕玭连大湖者。其湖自南而北，长四五百里，自东而西，阔几十里。洋艘数十只，可任航也。更有用杉排，其中树一桅杆，贩运杉木于他乡。冬寒，湖中数月冰常凝结。于是各舟停泊，不复往来。初二百三十年以前，万历年间有法兰西人名汕玭连[2]者，始至此湖，其舟覆没于此，因是后人取其名称湖也。北界有湖，名曰缅法喇美哥[3]，长百里，阔十里。百里外又有小湖，其湖之水，出河而入大湖也。曩者嘉庆年间，夏六月，有人在大小湖之间建磨麦面房，意欲决水磨麦，特为掘地而欲多决其水。不料水忽涨发，泛溢于百里之内，近地房屋全行坍塌，湖亦不存。

省内寒暑、土地、产物，皆与新韩赛无异。但山上冬季，十一月至递年四月，皆有积雪。又山中所产铅、铜、铁、锡，种种皆有，惟铁为最多。至农圃、贸易、工作等事，皆与新韩赛无殊。惟此之制皂矾者良多也，每年不下万余担。

通省分为十三府二百四十五县。居民则二十八万零六百七十九人。省城在域之中央，名曰满玭理[4]。省内首

[1]绿山，Green Mountains，今译格林山脉。
[2]汕玭连，Samuel de Champlain（1566—1635），今译萨缪尔·德·尚普兰，法国探险家、地理学家。
[3]缅法喇美哥，Lake Memphrémagog，今译门弗雷梅戈格湖。
[4]满玭理，Montpelier，今译蒙彼利埃。

领一员、副领一员、臬台一员、御史十三员。所制律例规条，与新韩赛相同。惟会议时不以正月，而以十月也。省中大书院有二，其余各学馆、教会等，皆与新韩赛无异，故于此不再述焉。

四　马沙诸些省[1]

曩者马沙诸些省之英吉利人初至安居，名其地曰新英吉利[2]。后分其地而为六省，曰缅，曰新韩赛，曰华满，曰马沙诸些，曰干尼底吉，曰啰底岛[3]。故东至大西洋，北连新韩赛、华满二省，西连新约基，南接干尼底吉、啰地岛。

省内地延袤与新韩赛相同。其近东方，或山或坦，不高不平。近西则高山峻岭，与华满无异，高至四五百丈。又有干尼底吉河，由北之新韩赛、华满两省交界流出，于是过省而入干尼底吉省也。其河流马沙诸些，分省为二，其西仅居其地之一，东则居其地之二矣。其东北角犹有美哩麦河[4]与及四方各小河。省东海湾，其多无对。其中海岛，各处皆有，举其大者而言，名曰南得吉[5]。

又省内地气，比之于新韩赛、华满两省则略暖，因其地远于北而较近于赤道也，每年不过三、四月下雪，故至四月春晴雪散，万物赖此而繁滋。土地地气，有如江苏省

---

[1]本章介绍Massachusetts State，今译马萨诸塞州。

[2]新英吉利，New England，今译新英格兰。

[3]啰地岛，Rhode Island State，今译罗得岛州。

[4]美哩麦河，Merrimack River，梅里马克河。

[5]南得吉，Nantucket Island，今译楠塔基特岛。

焉，是故土人染病者鲜矣。

山中所产之石，最宜筑屋叠桥。若论金、银、铅、铜、铁、锡，不过零星无几矣。至草木、五谷、果实、禽兽，皆多于新韩赛、华满两省焉，又桑谷亦然。

至为牧为耕者，则十居其七八，于二十六省之中，当推此为首。且近年以来，树桑日盛，养蚕倍增也[1]。工作则于二十六省之内，居其次。共计工作之所二百五十间，亦不过织布呢绒、玻璃器，及铅、铜、铁、锡各器，兼之制盐而已。通省捕鱼之洋船，共有一万一千一百六十只，惟得鱼弃其肉而取其油，每年得资不下数百万元。贸易则在省内，与邻省交通贩运他邦者皆多。然较之于二十六省，则居其次矣。

通省分为十四府三百零五县，居民则六十一万零十四人。省城附东，名曰波士顿[2]。然在二十六省内皆无城围，故波士顿亦无也。城中房屋或砖或石建之，竟有高至四五层者。其中一公馆[3]，秀丽可观，高二十丈，每年会议各事皆于此。其中留有华盛顿石刻像于斯。又驻足之排里客寓，国内皆有，然波士顿尤多也。其中一大者高五

---

[1]裨治文此说属实。美国桑蚕业起于17世纪，中间起伏较大。19世纪20年代，麻省受康涅狄格州“植桑热”的影响，也开始较大规模植桑养蚕，推动了丝织业的发展，不过在19世纪40年代受气候和枯萎病等的打击，麻省等地的桑蚕业大幅度缩减。相关具体情况可参见Brokett L. P. *The Silk Industry in America*, New York: George F. Nesbitt & Company, 1876.

[2]波士顿，Boston，今译波士顿。

[3]公馆，Massachusetts State House，今译马萨诸塞州议会大厦，或简称麻省议会大厦或麻省政府大厦，1789年建成，此后一直成为麻省的政治议会场所。在此之前，充当政治议会的乃是Older State House，今译老州议会大厦，1657年建成，1798年停止政治功能，逐渐转变成麻省旅游场所，是《独立宣言》的首宣地点。

层，内房一百八十间，时人称曰三山客寓[1]。

又合省国内之为屠及挑担固无，即用车载而贩卖者亦少，故波士顿建市所而卖食物者良多。其市所为二十六省之首，楼高二层，极广，长五十三丈六尺，有左右街。左街有六丈五尺，右街有十丈二尺。其市所名曰法内离呵[2]。市所内外，四面皆通，内列为数间，每间或专卖一物，或数十物不等。故买什物者，至此而可以齐备焉。城内留有余地，广百亩，围以栏杆。栏杆外，树木森森，马牛走兽，不容践踏。城内得此，人烟不致稠密。是故地气得以和平。

通城文风浩盛，书房数所，内一藏书之室，置书二万五千本。各房共计所藏公书约七八万本。其书官员士子皆可进观，惟不能私携回家而已。通城学馆，共计每年约用银五六万元。济穷困残疾之院数所，每年用银亦数万。

海内往来舟楫颇多，火船渡船等亦不少也。道途之车，通计约数百余辆。每辆或用马四匹，或五六匹，或一二匹不等。每日能行六七百里。其外更有火车，不用马匹，内以火力旋绕，日可行千余里。

又省城之外，复有各市镇焉。至若省内官员，则与缅省庶乎其不差。通省内文风，则亦与波士顿无异。大书

[1]三山客寓，Trimountaine Apartment，今译三山公寓或三山旅店。欧洲移民最初来到波士顿时，看到只是三座小山丘，故形象地称其地为“三山城”（Triqountaine），后来逐渐演变出“Boston”之名。故波士顿又有“三山城”或“豆城”之称。

[2]法内离呵，Faneuil Hall Marketplace，今译法尼尔集市或法纳尔集市，也是美国独立战争中的重要地点。

院[1]共六所，内一所自始建迄今已历二百年矣。于二十六省之内，书院则当推他为大，又当推他为始作，其后各省方效焉。内为师者三十五位，受业者三四百人。内藏书四万本。其教会、仁会等，皆与缅、新韩赛、华满等省无异也。

五　啰底岛省[2]

明崇祯九年[3]，有马沙诸些人卫廉士罗差[4]，初至啰底岛，称其地曰普啰费典[5]。其后人相沿而至。乾隆五十五年，则立一省，而称之曰啰底岛，为二十六省中之最小者也。东北界连马沙诸些，南接压澜的洋，西接干尼底吉。

通省分为五府三十一县。以其地计，则粤东之南海番禺二县，即如啰底岛省一焉。居民则九万七千二百一十二人。内地多平坦，无高山瀑布，惟见小岭泉流。

附省河畔有岛，故人呼曰岛省。所谓啰底岛者，即译名岛省也。岛上有小楼，高十余丈。楼上小房，四围皆用玻璃门扇。每夜燃灯数十盏，使其光与水相映交加，俾夜行之洋艘，固可知何方何地，亦不致有撞岛而沉失之虞。此或国首领、省首领而设者有之，或富者科银而设亦有之。啰底岛而外，国内所有省之附洋者，无不有之。

至省内地土及所产之物，皆与马沙诸些无异，惟地

[1]美国大学，而此处所说校龄二百余年的大学院乃是麻省的哈佛大学（Harvard University），建于1636年，美国最古老的大学。至新加坡版出版，该校确实已历二百余年。

[2]本章介绍Rhode Island State，今译罗得岛州。

[3]崇祯九年，1636年。

[4]卫廉士罗差，Roger Williams，今译罗杰·威廉姆斯。

[5]普啰费典，Providence，今译普罗维登斯。

气则略暖于马沙诸些省焉。省城名普啰费典，在省之东北交界，近马沙诸些省。城南洋海通入，故南多湾以渡洋艘往来。其数湾内有一湾，名新湾[1]，惟此湾独普啰费典省城方有。贸易惟贩运出洋者，余皆无也。其马沙诸些人虽多，而啰底岛人虽少，然而啰底岛之贸易、工作，竟能与马沙诸些相比也，惟棉布更胜之。又省内因地平，无高山瀑布，磨谷者不能以水势代之，故每于海傍旷地之上，建楼高六七丈，楼上置一风车，赖风吹动，而车旋绕其磨而磨其谷也。

其省偏小，各处官员往来会议不难，故每年三四次不等。其官员、教会、仁会、学馆并各规模，均与马沙诸些相同。然另一大学公堂[2]在省城掌教焉。

六 干尼底吉省[3]

明崇祯六年，马沙诸些人始至干尼底吉寄居，其后循序渐进，皆属马沙诸些。迨十二年，然后自立一省，而称之曰干尼底吉，即合省内之新英吉利西南是也。北界连马沙诸些，东连啰底岛，西连新约基，南接于洋。共计内地，有如中国直隶省十之一也。

五山集于其内，一高七十余丈，其余地平者多。小河

[1]新湾，Seekonk Bay，今译锡康克湾，上游为Seekonk River（今译锡康克河）。

[2]大学公堂，指Brown University，今译布朗大学，前身为罗德岛学院（Rhode Island College），1764年建校，乃美国私立精英大学。

[3]本章介绍Connecticut State，今译康涅狄格州。

各处皆有，大者名干尼底吉[1]。其河源流在新韩赛、华满二省交界为始，南贯而过马沙诸些，然后流入干尼底吉而分其省，由是归注于洋。南有广大之湾，水不生波，而且回环旋绕，注西而历地狱门[2]（其地狭隘，江流旋绕，小舟难渡，故土人称为地狱门云），出新约基也。

于新英吉利六省论，其上地地气，则当推此。其沿河之土，可谓膏腴。近南之方，气当和暖，每岁下雪不过三四月而已。余与邻省大略相同。

各省稻谷、花木、鸟兽、昆虫、鳞魪等物，于此省内无不有之，惟人参未有也。省中居民，以其地腴，故尤加意耕种。然不耕锄者，十中无一也，意谓人所仰望者此焉。至工作制造之物，有棉、麻布匹、大小呢、纸、铁器等物矣。惟另一地，每年约作木时辰钟三万个，时价约银六元至十元不等。其余省中之物，贩于新约基者无多，故洋舶亦少也。

省内分为八府一百二十县，居民则二十九万七千七百一十一人。省城有二，一曰哈得富耳[3]，一曰新港[4]。其哈得富耳在省中，附干尼底吉河。其新港在省南而附洋。大官员有三等：一总制，二巡抚，三议处，有如马沙诸些焉。

通共教会共四五百，每会于礼拜日约千数百位至登堂听教。学馆则于二十六省内，无如此省之加意训子弟者。于新港省城之内，大书院有四堂，其一例学四年，然后随意于三所学也。三所内一学圣文，一学医道，一学国中律

[1]康涅狄格河。

[2]地狱门，Hell Gate，今译地狱门，现在纽约州。

[3]哈得富耳，Hartford，今译哈特福德。

[4]新港，New Haven，今译纽黑文。

例规条。四所为师者共二十位，受业者四五百。于哈得富耳省城内一大书院，一名曰华盛顿[1]。其外教哑与聋者一院，中有百几十位不等。所学之法，皆以手指也。其后二十六省皆仿此焉。

七 新约基省[2]

明嘉靖二十四年[3]，伊大里[4]人始至新约基觅土寄居。后万历三十八年，有英吉利人活得逊[5]者，亦至寄居，为荷兰服役。此际地属荷兰，故称之曰新荷兰[6]。其后顺治年间，英吉利人逐而之他，由是英吉利主得其地，而分封于昆弟名约者[7]。后英吉利与荷兰久战争其地，终为英吉利所得，故兹名之曰新约基。

其广大有如福建省也，通省图形如三角，另东南角海岛附洋。东界干尼底吉、马沙诸些、华满等三省，东北角直至西南角皆连干拿大地，南接边西耳文[8]、新遮些[9]二省。

土地高下而或平。东多峻岭，大名亚罢拉既俺[10]。河

[1]华盛顿，Washington，今译华盛顿。

[2]本章介绍New York State，今译纽约州。

[3]嘉靖二十四年，1545年。

[4]伊大里，Italy，今译意大利。

[5]活得逊，Henry Hudson，今译亨利·哈德逊。

[6]新荷兰，New Nederland，今译新尼德兰，1609—1664年荷兰在北美的殖民地，后为英国所败，1664年改名New York，今纽约州前身。

[7]昆弟名约者，Duke of York，今译约克公爵，曾带领士兵抢下新荷兰，而后改其名为“New York”。

[8]边西耳文，Pennsylvania State，今译宾夕法尼亚州。

[9]新遮些，New Jersey State，今译新泽西州。

[10]亚罢拉既俺山，Appalachian Mountains，今译阿巴拉契亚山脉。

不胜数，大名活得逊[1]。其水自省之北流出，于是千里而归注南洋。河阔三四里，来往洋船，可纳于半河。且聚瀑布之湖，大名畜治[2]。至于西北之湖有二，一名晏爹利珂[3]，一名伊哩[4]。其二湖之界，半属合省也。晏爹利珂湖，比之于中华之所谓播扬湖[5]者，殆有甚焉。其水出而西流，瀑布自上而下之，十六丈之高，水声潺潺，闻于数十里。

地气，因其地自南而北千百余里，故北之寒则又更甚乎南。每年降雪自十一月起，至递年二、三月止。河面霜雪成冰，车马可导，过隔岸而不用船。四月阳和晴暖，雪散花开。渐至九月，则又暑往而寒来。

所产之树木、果实、五谷等，皆无异于马沙诸些、干尼底吉等省也。外更有一所，亦有铁器与药材。省内之水有可作盐，有可作药材者，惟作盐更佳。每年约卖数十担。居民而作耕种者，四有三焉。以地而为田者，四居其一。又省首领欲人设农圃会，故每府立一会，省首领每年共送银一万大元。

以二十六省论，其贸易则又当推新约基[6]为首矣。土物之贩卖于别处者，每年约共银二千三百余万；其在外带回之货，变价约银三四千万。各行工作会所，约二百。每年卖出棉布约三百万，哔叽约三百万，铁器约四百万，帽

[1]活得逊，Hudson River，今译哈德逊河。

[2]畜治，Lake George，今译乔治湖。

[3]晏爹利珂，Lake Ontario，今译安大略湖。

[4]伊哩，Lake Erie，今译伊利湖。

[5]播扬湖，指今江西鄱阳湖。

[6]新约基，New York，今译纽约。

约三百万，熟皮约三百万。所作之靴鞋，约共五百万；所作之白纸，约共五十万；玻璃约二十万。

又省内为百货通流之地，故多运河。河内运货，则有火船。陆路运货，则有火车。火车火船，若速行每点余钟可行五六十里，慢行每点可行三四十里。

省内分为五十六府七百六十二县，居民一百九十一万三千五百零八人。省城亦名新约基[1]，在东南活得逊河口之东。于二十六省内论其省城，则又当推此为首。城南之湾，可纳洋舶往来。每月数百只，皆可驶附省城。城外更有各市镇，如河之北数百里，一镇名阿尔巴尼[2]，一镇名推唻者是也[3]。

省内总制、巡抚，各皆以二年为一任，二年后又复选矣。议处三十二人， 分为四队，每队四年为一任。首任任满，则二队升为首队，另选八人为四队。如此周而复始。参议一百二十八人，每年一任，任满另选。至于总制、巡抚齐集会议，以正月为期。按察院之大者有四。一内巡抚一员，议处三十二员，正按察一员，副按察三员，每事皆会审定议。一内按察一员，省内各事皆专自办理。一内按察三员，每事商办。一通省分为八巡道，每道一按察院，所有道内各事，皆自查办。其外州县司等小察院，亦有四焉。

通省内书院有四。每院内为师者几人，受业者几百人。另大书院，则学圣文者有之，学国律例者有之，学医道者亦有之。其余各乡小学馆，无处不有。男女年少者，

---

[1]新约基，New York City，今译纽约市。

[2]阿尔巴尼，Albany，今译奥尔巴尼。

[3]推唻，Troy，今译特洛伊。

皆可进焉。每年通省大小学馆，所费银约一二百万元。国中有一演武馆，在省内活得逊河傍，地名西角[1]，内为师者三十位，学习者二百五十余位，所学亦不过刀枪炮械等军器而已。至教会与及官民士子兵丁等规模，皆与新英吉利地内之各省无异也。

八　新遮些省[2]

明天启四年[3]间，大尼国[4]人始至新遮些寄寓，其后英吉利、荷兰、瑞典[5]等国人渐至。及各国为英吉利所逐，于是自立为一省，而称之曰新遮些。

其地土延袤，有如浙江五分之一也。地气无异乎新约基之南。东南直接至洋，北接连新约基，西接连边西耳文。内分十三府一百二十县，居民三十二万七百六十九人。西南有底拉华小湾[6]，流贯至洋。东界附洋，地土皆沙漠无山，惟近西则有小山。其东沙漠之地最低，故夏令炎热倍于他方。于是由东而西，地已渐高，是以炎热渐减。设以西极而比之于东极，其地如隔天渊。此炎热所以渐少也。

土地则东皆沙漠，果木难生。然由东而西，则生产之物，亦随地而茂。惟地土不美，居民耕种无多。以其有此

[1]西角，West Point，今译西点，西点军校的地点。

[2]本章介绍New Jersey State，今译新泽西州。

[3]天启四年，1624年。

[4]大尼国，Denmark，今译丹麦。

[5]瑞典，Sweden，今译瑞典。

[6]底拉华小湾，Delaware Bay，今译特拉华湾。

腴彼癯之弊，故省内之民不以此为要务也。工作之器，胜于别省，是以贸易昌隆。

省城名铁链遁[1]，其城附近底拉华省。有二大书院，院中为学者约几百人。公项所置之书，约数千卷，惟不能私携回家已。

九　边西耳文省[2]

边西耳文之始，原康熙十九年[3]，合省未立首领之际，尚属英吉利。于是有英吉利人姓边者[4]，其父曾为水师提督，征伐捕盗，有大勋劳于国。既终，王不能复得而赏赐，故降诏封此地与其子。至康熙二十年，有船三只至。二十一年，又有边船自至。其时尚未有欧罗巴人来此，故边与土人得买此野地焉。今名之曰边西耳文者，即译云边之林野也。

东接连新遮些省，东北接连新约基，西北直接伊哩湖，正西界连呵嘻呵[5]、费治弥亚[6]二省，南界连费治弥亚、马理兰[7]、底拉华等三省。内地较之浙江略广也。省中有押罢拉既俺山[8]，自东北横过而直至西南，阔数千里，高三四百丈。省不附洋，惟西北有伊哩大湖，东有新

[1]铁链遁，Trenton，今译特伦顿。

[2]本章介绍Pennsylvania State，今译宾夕法尼亚州。

[3]康熙十九年，1680年。

[4]边，William Penn，今译威廉·佩恩。

[5]呵嘻呵，Ohio State，今译俄亥俄州。

[6]费治弥亚，Virginia State，今译弗吉尼亚州。

[7]马理兰，Maryland State，今译马里兰州。

[8]押罢拉既俺山，Appalachian Mountains，今译阿巴拉契亚山脉。

遮些交界之底拉华河[1]，其河水出而下注至省城之底拉华大湾[2]，是故洋船常至省城。省中押罢拉既俺山有瀑布下苏贵哈拿大河[3]，由此而南注马理兰省焉。

地气东则不暑不寒，与新遮些无异。至省中峻岭，寒又略胜矣。然过此以往，至西则更阳和而晴暖。地土东则平且腴。省中皆野土峻岭，未知其腴否，惟西不甚腴也。山中各等树木禽兽皆多，而土中沙、石、煤亦不少，惟煤更盛。二十六省中，未有如此之甚者。又有咸水土，时人每常掘地四五十丈，取水作盐。犹有水可作药者。省中居民耕种而不加意者，以其地过于广而不暇及也。

所出各等稻谷，以麦为多。果实以桃、梨、苹果为盛。工作则有呢绒、布匹、玻璃、铁器、木器各等。又有作烟柜之所七间，其烟柜在车则云火蒸车，在船则曰火船。此皆赖水蒸之力旋转而行也。贸易则土产与来路之物，皆贩运如轮转，惟出洋者无多。

省内分为二巡道，五十一府，六百五十一县。居民一百三十四万七千六百七十二丁。省城在省东底拉华湾、底拉华河之邻处，名曰费拉地费[4]，在底拉华湾而至洋约四五百里，城居底拉华河西。内四围皆九里十里方平，道路阔五丈至十一丈之广，皆正而不斜，无曲道小巷也。

省西有小河，河四十里外之上流，其水清如瀑布。于此有水车渡其水上进，至一小山，山上有池，池外有大铅管贯入而复渡其水出也。其铅管斜下透入省城地底，如中

[1]底拉华河，Delaware River，今译特拉华河。

[2]底拉华大湾，Delaware Bay，今译特拉华湾。

[3]苏贵哈拿大河，Susquehanna River，今译萨斯奎哈纳河。

[4]费拉地费，Philadelphia，今译费城。

华之沟渠焉。由是各家地下皆有铅管引水，各街地下亦有铅管分流也。又街中、家里另各竖一管以截其水，管上有一扭准。如欲放水，则扭出其准，欲止其水，则扭入其准也。故炎夏洗街，家中用水，皆于此管焉。此管或铅或瓦为之，非比地下之必以铅为也。

省城内有一博物院，广聚天下出类拔萃之物。官员惟无巡抚与议处，每年以十二月会议一次，余与马沙诸些无异焉。大书院有七，每院为师者三四人，从学者一二百人。乡中学馆在前时无多，今士人合议，设各人捐输之法，竟有一人乐助银二万之多，余亦捐题不少。教会竟多至八九百焉。

十　底拉华省[1]

明万历年间，瑞典王遣使渡洋，至合首而驻足，因名之曰新瑞典[2]。后顺治九年，被荷兰人夺其地。至康熙年间，复被英吉利人转夺之，因又名之曰底拉华。

于二十六省内，论其省之大小，啰底岛固为极小，而底拉华则其次焉。延袤广狭，有如浙江省二十分之一也。东与洋、底拉华湾等为分疆，北与边西耳文为交界，西南直连马理兰省。内分为三府二十四县，居民七万六千七百三十九人。省内中虽有洋与底拉华湾，然亦有数小河汇乎其中。其运河长六十里，广十丈，深一丈。省内有山，独无峻岭。地气则西北方为佳，东南有时水涨，污浊难堪。

---

[1]本章介绍Delaware State，今译特拉华州。

[2]新瑞典，New Sweden，今译新瑞典，瑞典在北美的前殖民地。

所产五谷，惟麦难出。果木之能成者，过半而已。地土既不美，是故耕种者无多。即工作贸易亦然也。

省中一城，名曰多发[1]。官员、学馆、教会，皆与边西耳文省无异，惟大学未有建设。推原其故，本省始与边西耳文合而为一省，后分为二，故二省士人之规模动静等事，皆大同而小异焉。

十一　马理兰省[2]

明万历年间，英吉利人奏准亲往合省创基，遂带二百人置买驻足之地，名曰马理兰。马理者，皇后也；兰者，地也。盖言皇后之地也。

洋海在底拉华之东，边西耳文在北，费治弥亚在西、南二方。省内分为二巡道十九府，居民四十四万六千九百一十三人。

省地东接大洋，中贯遮士璧湾[3]，北连苏贵哈拿河[4]，西连颇多麦河[5]，东南附海。地广无山，西北峻岭，高三百丈。东南沿洋之地，暑气逼人。西北之岭，则寒光烈烈。惟东南土美，五谷果木，藉此繁滋。圃种农耕，欣欣乐效。工作则有铁器、牙器、玻璃、纸料等款。贸易不过省内所产各物而已。

---

[1]多发，Dover，今译多佛。

[2]本章介绍Maryland State，今译马里兰州。

[3]遮士璧湾，Chesapeake Bay，今译切萨皮克湾。

[4]苏贵哈拿河，Susquehanna River，今译萨斯奎哈纳河。

[5]颇多麦河，Potomac River，今译波托马克河。

省城有二，一名霸地磨耳[1]，一名安拿城[2]。书院有四，每院内为师者几位，从学者几十位。公项书数百卷。通省内地，有如浙江四分之一也。

京城半在省西，半在费治弥亚，周围四十里，名曰华盛顿。初未立京城时，与英吉利争战，是华盛顿为帅，至得胜后，国人即以其名称京城。此名之由来也。今以为二十六省之公地，故各员亦公同理事于其中焉。

十二　费治弥亚省[3]

明万历三十四年四月间，有英吉利人至合省国一新地，立其城名曰占士[4]，即以王之名称之也。其未立城之初，虽间有英吉利人到此，并无寄迹于其间。至是时，方始创者也。惟始创之后，开辟未周，故人难于托足。是以日渐一日，人烟稀少，而鸟兽居多，房舍荒芜，楼台坍塌。迨后分茅列省之际，时人通名其省曰费治弥亚，即译云贞女也。此亦颁赞皇后之意。

夫立邑之际，其总目名士灭士[5]者，以其城中冬令米谷不敷，士灭士往外寻食，不意混杂本土内苗人所居之所，被其所擒，解交总领。由是其总领与耆老审后欲杀之。时苗总领宠一女，年方十二三岁，闻父欲杀士灭士，于是恳请于王赦之。王不允，押赴法场，将置其颈于石上

[1]霸地磨耳，Baltimore，今译巴尔的摩。

[2]安拿城，Annapolis，今译安娜波利斯。

[3]本章介绍Virginia State，今译弗吉尼亚州。

[4]占士，Jamestown，今译詹姆斯敦。

[5]士灭士，John Smith，今译约翰·史密斯。

而杀之。而此女先自置其颈于石上以待杀。王不忍，即赦之，后三日释回。

东接连洋海，东北接马理兰，北接边西耳文，西连呵嘻呵、建大基[1]二省，南连典尼西[2]、驾啰连北省[3]等。二十六省内，又当推此为广，有如贵州省焉。

省北有押罢拉既俺山，横过边西耳文省，连贯而入，斜抵西南。省内有啰晏屋[4]、占士[5]、颇多麦、呵嘻呵[6]、沙[7]等河，其外犹有数小河也。省东之附洋者，无膏腴之地。省中押罢拉既俺山，上皆野土，不能耕种，惟沿河之地，无不膏腴也。省内山有一桥[8]，浮石生成，非人力所作。桥底离水高有二十丈，桥阔数丈，傍多树木，掩映河间。又有一石洞，洞口仅可容人，惟内深则有一里许。内有数石人，不知制自何人，将作何用。时人呼其洞曰龙洞[9]。

通省地广，故耕种者不少，是以稻谷、果实等类皆多。工艺有用咸水作盐者，每年约作二三百万担。另一所，作枪为兵丁所用者。因其生产工作皆多，故贸易者众。

官员则与马沙诸些省相同。省内分为二巡道一百零三

---

[1]建大基，Kentucky State，今译肯塔基州。

[2]典尼西，Tennessee State，今译田纳西州。

[3]驾啰连北省，North Carolina State，今译北卡罗来纳州。

[4]啰晏屋，Roanoke River，今译罗阿诺克河。

[5]占士，James River，今译詹姆斯河。

[6]呵嘻呵，Ohio River，今译俄亥俄河。

[7]沙，Rappahannock River，今译拉帕汉诺克河。

[8]桥，当指Natural Bridge，今译天然桥，在西部峡谷地带的石桥郡（Rockbridge County），又被当地人称为“神桥”。

[9]龙洞，似指Luray Caverns，今译卢雷岩洞，乃弗吉尼亚州西北部石灰岩溶洞群，也是该州地标之一。

府，居民则一百二十一万一千二百七十二人。省城在近东之河，名哩是满[1]。书院有四，内共为师者几十位，从学者几百位。公项书数千本。其余教会、仁会，皆与各省无异也。

十三　驾啰连北省[2]

明万历十二年，英吉利人始至驾啰连北省，而得其地。后顺治二年，费治弥亚人寄寓于此。北以费治弥亚为邻，西以典尼西为界，南接驾啰连南省[3]，东南直接至洋。通省内地，比之浙江又略广焉。

省之东南，地平无岭。惟西与西北，则有押罢拉既俺山，时人或呼之曰蓝山[4]，或呼之曰铁山，又呼为烟山，皆以其山之有验也。省东北有啰晏屋、磋湾[5]二河，其源自费治弥亚而入，过东南而归注于洋。东则有大[6]、奈士[7]二河，其源自省中历南而入洋也。省东南有呷非耳河[8]，其源流始自省中，历东南而出洋。然亦有压健河[9]，出于省中，其洋浪激之沙结成海岛，由是分流于班

[1]哩是满，Richmond，今译里士满。

[2]本章介绍North Carolina State，今译北卡罗来纳州。

[3]驾啰连南省，South Carolina State，今译南卡罗来纳州。

[4]蓝山，Blue Ridge Mountains，今译蓝岭山脉，或简称蓝岭。

[5]磋湾，Chowan River，今译乔万河。

[6]大，Tar River，今译塔尔河。

[7]奈士，Neuse River，今译纽斯河。

[8]呷非耳河，Cape Fear River，今译开普菲尔河。

[9]压健河，似指Adams Creek，今译亚当河，位于该州东南部，连通帕姆利科湾和阿尔伯马尔湾。

利哥[1]、亚皮麻禄[2]二湾。

省内地气，惟西为美。东之平地，大半属烟瘴者。土内时产黄金，故掘地与淘沙者二万余人。计每年之金，变价约银五百余万。树木惟松为盛，故以松香作油者极多。耕种甚寡，所植者粟米为最，其余不过麦、棉花、烟叶等矣。人参亦略有之。至若贸易之货，惟省内土产而已。若贩运出洋者亦无多，因洋舶少也。

通省分为六十二府，居民七十三万八千四百七十人。省城在省中，附奈士河，名喇理[3]。通省内首领一员，赞办七员，议处十数员，参处几十员。书院仅一间而已。

十四　驾啰连南省[4]

原康熙五十九年[5]，驾啰连南省始有人托足。后康熙六十年，则立一城，名曰查士顿[6]。原与驾啰连北省合而为一，迨后雍正七年[7]间，始开垦分疆，而各居一焉。

东南相连者洋也，北连驾啰连北省，西南连磋治亚省[8]。内地共计有如浙江省四分之一焉。所有皆平地，无高山峻岭。由东南而上西北，其地渐高，故北有玭底大

[1]班利哥，Pamlico Sound，今译帕姆利科湾。
[2]亚皮麻禄，Albemarle Bay，今译阿尔伯马尔湾。
[3]喇理，Raleigh，今译罗利。
[4]本章介绍South Carolina State，今译南卡罗来纳州。
[5]康熙五十九年，1720年。
[6]查士顿，Charleston，今译查尔斯顿。
[7]雍正七年，1729年。
[8]磋治亚省，Georgia State，今译佐治亚州。

河[1]通入，过东而下注东南洋；正北有散底河[2]通下，贯省中而至南洋；西北有卸嶓亚河[3]为交界之河，又斜入西而注南洋也。洋之畔，自东而西，皆有海岛，其中参天材木，不可胜数。故省内火船，皆在岛内往来，不致遭外洋之风浪。

寒暑与驾啰连北省之东烟瘴地无异。夏传消息，暑热有七八月之多，冬至不过寒天三四日，霜雪几点，旋落旋消。省之西北，地略渐高，其天气又略胜焉。

东南地之附洋者一二百里，尽皆膏腴。所产之松、橙等物，亦尽繁滋。三百里外，则沙漠无际，渐进而高，直抵西北，则又胜乎东南。时人量地，与驾啰连北省相同。省内地多有金，生而不可胜用也。耕种则有棉花、谷米、烟叶、小麦、蓝等。惟棉花、谷米为最，贸易亦以此为盛。省内无贩货之船，即有土物运出者，亦邻省之船载去。

内地分为二十九府，居民五十八万一千四百五十八人。若论省中城之最大者，查士顿也。其城在东方而附洋。内仁会数所，如育婴堂者一所。藏书舍一座，内一书架，置公家书万余，诸色人等，皆可捡阅。查士顿城之外，别无大城。省城在省之中，名个伦备亚[4]。每年省内官员皆会议于此。其官员则与驾啰连北省无异，惟北省无副领，此则多一副领焉。其副领并无案件，惟遇首领仙游，则补其缺也。教会通省内约二三百。大书院则二所焉。

---

[1]玭底大河，Pee Dee River，今译皮迪河。

[2]散底河，Satee River，今译桑蒂河。

[3]卸嶓亚河，Savannah River，今译萨凡纳河。

[4]个伦备亚，Columbia，今译哥伦比亚。

十五 磋治亚省[1]

附洋之省，以磋治亚省为尽。自雍正十年，始有百余英吉利人寄居于此，立一城，名之曰卸番亚[2]。迨后雍正十三年，继有瑞典与荷兰二国人至。其时省南有费罗哩大地[3]，原属西班雅，其居人见有英吉利、瑞典、荷兰等国人至，遂与争锋，干戈数载，然后始息。乾隆十八年，复有英吉利人至，而后称为磋治亚省焉。

东南抵洋，东北以驾啰连南省为界，北直接典尼西省，西连亚喇罢麻省[4]，南以费罗哩大地为邻。通省之地，有如直隶省焉。北之押罢拉既俺山，始自国北至此而一止也。又有几河斜下东南洋。东北有卸番亚河，然附省尤有呵结治河[5]，省之中又有亚拉打麻哈河[6]，出而注于南洋。

至地土气候，皆与驾啰连南省无异。省北有石洞，其洞口高数丈，下有水。时人每用三板而进，常至十五里之深，则有瀑布飞下，不知其源从何而始，但至此而不可复进矣。贸易耕种，皆与驾啰连南省相同。土产则棉花、谷米、烟叶等焉。

省内分为七十六府，居民则五十一万六千五百六十七人。通省内城之最大者，附近卸番亚河之卸番亚城也。省

---

[1]本章介绍Georgia State，今译佐治亚州。

[2]卸番亚，Savannah，今译萨凡纳。

[3]费罗哩大地，Florida，今译佛罗里达。

[4]亚喇罢麻省，Alabama State，今译亚拉巴马州。

[5]呵结治河，Ogeechee River，今译奥吉奇河。

[6]亚拉打麻哈河，Alabama River，今译亚拉巴马河。

城则建于省之中，名靡理治[1]焉。官员则与驾啰连北省无异。教会有三百余。大书院有一。各乡小学馆约有一百。省内土人有二族，其始不知不识，不谙工作、耕种、政教，后得合省延师往教，兹则多文墨之人矣。

初费罗哩大地广人稀，野皆旷土，邑多土人。其时合省人亦约三四万矣。前嘉庆年间，欧罗巴人与西班雅人争战，此时有合省货船为西班雅人所劫，合省国总领知之，起兵反讨于西班雅王。王见情理有碍，惟货已难返，愿以费罗哩大地偿之，是以斯地属合省也。此乃道光十年[2]之事焉。

十六　亚喇罢麻省[3]

亚喇罢麻省，原半属磋治亚，半属费罗哩大地，迨至道光元年，然后合而为一省也。东以磋治亚省为交界，北以典尼西省，西以美士细比省[4]，南以费罗哩大地与美是哥海[5]。通省之地，较之磋治亚省又略小焉。

北极有押罢拉既俺山，高约百余丈。亦有数河，贯省中而出南。其大者名亚喇罢麻[6]，皆流注磨庇理湾[7]而出洋也。省内自南距北五度，故南入夏暑气蒸人。省中寒暑均平。北极霜雪稍有，惟不甚寒冷，故禽兽毋庸巢穴。土

[1]靡理治，Millegdeville，今译米利奇维尔，今佐治亚州首府为Atlanta（亚特兰大市）。

[2]道光十年，1821年。

[3]本章介绍Alabama State，今译亚拉巴马州。

[4]美士细比省，Mississippi State，今译密西西比州。

[5]美是哥海，Gulf of Mexico，今译墨西哥湾。

[6]亚喇罢麻，Alabama River，今译亚拉巴马河。

[7]磨庇理湾，Mobile Bay，今译莫比尔湾。

产稻谷、果实，尽皆三月而放花，四五月而成熟。省内炎热，土人染病者甚多，故常入山居住，以避暑气，俟冬而归。省地所产，尽皆弱小松株，所莳稻谷，多虚而少实。其外南之近美是哥海，并北之山间者，尽属膏腴。省中地多旷土，是以兽蹄鸟迹，交于野外。农人畜牧，时防猛兽伤残。农圃之物，以棉花为盛，次则甘蔗、稻谷、烟叶、果实等类。惟甘蔗常防猛兽所伤。

贸易则棉花、糖、米、牛肉、猪肉、木料、松香油等物，皆贩至磨庇理湾，付搭洋舶而转运于他方。

通省分为三十六府，居民三十万零八千九百九十七人，另土人数百。官员则首领、副领各一员，惟议处多则五十，少则二十五员。各官会议，每年以十月尾为期。又省城名磨庇理[1]，建于磨庇理湾口。教会则有二百余。大书院惟有二所而已。

十七　美士细比省[2]

美士细比省，始自康熙五十四年，法兰西人初至寄居，后欲夺其地而为己有。时西班雅人亦欲夺之，故二国相争，自此以为公地。后英吉利又与法兰西相争。迨乾隆二十七年，英吉利得为己地。嘉庆二年[3]，然后属合省。二十二年则列为一省，而称之曰美士细比。

[1]磨庇理，Mobile，今译莫比尔。今亚拉巴马州首府为Montgomery（今译蒙哥马利）。

[2]本章介绍Mississippi State，今译密西西比州。

[3]嘉庆二年，1797年。

东界接亚喇罢麻，北界连典尼西，西以美士细比河[1]为界，南直抵累斯安[2]。内地比之直隶省，又略小焉。北有押罢拉既俺，起自国北至斯而止。省北与省中，地土皆峻。故北河之水，有斜下注西之美士细比大河者，有斜下注东而入亚喇罢麻省者。惟省中之河，南注而入墨息哥海[3]也。

地气寒暑，与亚喇罢麻省不异。惟西无基围，时被美士细比河水溢涨数月。惟其地极膏腴，大胜乎亚喇罢麻省也。其中农圃，虽甘蔗、稻谷、烟叶、果实等皆有，而棉花为最盛。其地亦最宜于此。贸易则各物俱备，惟棉花居多。

通省分为二十六府，居民一十三万六千八百零六人。省城名查基逊[4]。城外附河，名珠江[5]。其中贸易等事无几，以其人数寡故也。通省内城之最大者，又当推西南方之拿这士[6]。城内商贾贸易等皆众，以其近美士细比河，其火船、洋舶皆可贩运。其余官员、教会、大学公堂、小学馆，皆与亚喇罢麻无异焉。

十八　累斯安省[7]

昔康熙十一年，法兰西人至累斯安省，寻地寄居。十九年，又随有至者。斯时呼其地曰累斯安，盖以法兰西王

[1]美士细比河，Mississippi State，今译密西西比河。
[2]累斯安，Louisiana State，今译路易斯安那州。
[3]墨息哥海，Gulf of Mexico，今译墨西哥海。
[4]查基逊，Jackson City，今译杰克逊城。
[5]珠江，Pearl River，今译珠江或帕尔里弗。
[6]拿这士，Natchez，今译纳奇兹。
[7]本章介绍Louisiana State，今译路易斯安那州。

名累斯安，而即以名其地也。乾隆二十七年，将此地让于西班雅王。嘉庆四年，西班雅王将其地返之。迨至七年，合省国总领议出银一千五百万元与法兰西王买之。后十六年，则立为一省。

东以美士细比省为交界，北界倚阿干骚[1]，西界墨息哥、德合师国[2]，南界墨息哥海。内地延袤，与直隶省大同小异。东南土地皆平，西北峰小不峻。又省内河海，多且大焉。南有数海岛。省内地气暑热，间有烟瘴气，则土人染病者多。其东之美士细比河，水常涨溢，漫及省中，如美士细比省焉，及南方亦难免其渗淹也。

农圃之物，则以棉花、甘蔗为盛，二十六省内，未有过是者也。农夫独力可种甘蔗十五亩，得糖五千斤。棉花价不高昂，因有棉子风柜也。风柜可以去棉子而取棉花，且每柜能当数百人之工。贸易则赖乎美士细比河，盖本省为此河之止径。过此以往，则洋洋乎无际焉。是故上流各省洋舶，皆云集于斯。

又通省分为三十一府，居民二十一万五千五百七十五人。省城在东南方，离河口三百里，名新珂凉士[3]焉。

十九　典尼西省[4]

原典尼西之始，仅有驾啰连北省，与费治弥亚等人

[1]阿干骚，Arkansas State，今译阿肯色州。
[2]德合师国，Texas，今译得克萨斯。
[3]新珂凉士，New Orleans，今译新奥尔良。
[4]本章介绍Tennessee State，今译田纳西州。

至。后生齿日繁，户口业集，嘉庆元年[1]，则立为一省。以驾啰连北为东界，费治弥亚、建大基为北界，美士细比河为西界，美士细比、亚喇罢麻、磋治亚三省为南界。

通省内地延袤，有如浙江省焉。惟东南地长，图形四面皆斜。东有峻岭，过数百里而至省中。其山自北而南，横压其省，与押罢拉既俺山相连属。河流则遍省相通，故内地悉皆膏腴。

地气不寒不暑，周岁晴霁调和，故地土甚腴，而五谷、果实、树木等产物，无一不滋长而繁盛。即金、铅、铁、盐、煤炭等皆有，惟煤为盛。

农圃之物，除橙及无花果外，余皆茂盛。工作则有铁器、棉、夏布匹等。其余各物皆备，不多不寡。

省内分为二巡道六十二府，居民六十八万四千八百二十二人。省城名拿实城[2]，建于省中。官员则有首领、议处、参议等。教会二三百。书院则有三焉。

二十　建大基省[3]

建大基省，原属费治弥亚。乾隆三十有三载，有单爷利蓬[4]者，徙家而居于此，建一舍，四围皆木，独自而居。三十有八年，复有至者，立一邑名暇律士邑[5]。四十

[1]嘉庆元年，1796年。

[2]拿实城，Nashville，今译纳什维尔。

[3]本章介绍Kentucky State，今译肯塔基州。

[4]单爷利蓬，Daniel Boone（1734—1820），今译丹尼尔·布恩，肯塔基州著名的垦荒先驱。

[5]暇律士邑，Evansville，今译埃文斯维尔。

有四年，与费治弥亚分茅列土，不作附庸。四十六年，则与邻并立而属合省焉。

计其内地延袤，则与浙江无异。惟此省独居二十六省之中，东连费治弥亚，东北则呵嘻呵，西北则引底安[1]、伊理奈[2]等，西有美苏哩，南有典尼西，东界则有押罢拉既俺山。故东南连峰入省，地土稍高。其中瀑布流注，或南或北，或贯北而西往也。省之东北，有呵嘻呵河，自上流转北而西注美士细比河，故又与呵嘻呵、引底安、伊理奈等省交界。省内各河，亦皆注于斯。

以省居国中，故寒暑均平。岁底始寒，不过三月。省内兵强将勇，皆赖乎此。因土地膏腴，故五谷果木，不可胜用。亦有铁铅。而近呵嘻呵地，乃煤所产。水源之咸者，可以作盐。有一泉水，可作药用。

山中之穴甚多，其大者上半载风从穴外而入，下半载风从穴内而出，竟不知风从何来，亦不知穴之深浅。曾有土人于上半载以窗门掩其风，执烛而入，见其延袤高下不等。入行一日，过五十里，犹不能尽，及返而出，又经一日，其穴内之广可知矣。

农圃则禾、麻、菽、麦、烟叶、苦提等，惟麦则于二十六省中为最盛。贸易则有马、牛、面、谷、果实等。因省中洋船不能进，是以难运出外，惟乘火船在国内贸易而已。

省内分为八十三府，居民则六十八万八千八百四十四人。其中城市镇埠，以累士镇[3]为大。呵嘻呵河之南，土

[1]引底安，Indiana State，今译印第安纳州。
[2]伊理奈，Illinois State，今译伊利诺伊州。
[3]累士镇，Louisville，今译路易斯维尔。

人贸易最盛，各商贾皆赖此河为通津。其次则省中之历星顿镇[1]，前以为省城，其中房屋、工作、贸易，推为最美。省城在省北，间于累士、历星顿二镇之中，名法兰富耳[2]。

官员则有首领、议处、参议等。首领、议处，皆以四年为一任。参议几十人，每年一任，期满则由民另举。教会约四五百。大学公堂则有五所，其余各处小学馆，亦不甚多也。

此承上篇言及美理哥国各省。前已总言全国大略，兹将各省逐一纪其上所未备者，详细叙明，并绘地理图附后，使读者一目了然也。

一 通言各省开垦之源。

一 通言各省四方延袤界址。

一 通言地面山谷渊源河海。

一 通言四时寒暑地气水土。

一 通言地之沙石土壤并所产各物。

一 通言农工各业并水陆道途。

一 通言贸易。

一 通言户口。

一 通言国省政教。

一 通言各省学校。

一 通言辨教邪正。

一 通言立仁会而济众。

一 通言创立各省。

一 再合二十六省为一图。

美理哥合省国志略终

[1]历星顿镇，Lexington，今译列克星敦或莱克星顿。

[2]法兰富耳，Frankfort，今译法兰克福。

参考文献

1. 裨治文：《大美联邦志略》，上海：墨海书馆1861年版，见澳大利亚国家图书馆或哈佛燕京图书馆所藏原版。
2. 裨治文：《美理哥合省国志略》，新加坡：坚夏书院1838年版，见哈佛燕京图书馆藏原版及其缩微胶卷F34。
3. 裨治文：《亚墨理格合众国志略》（上卷），1844年香港藏版，见哈佛燕京图书馆所藏原版及其缩微胶卷F35。
4. 裨治文著，刘路生校注：《美理哥合省国志略》，见中国社会科学院近代史研究所《近代史资料》编辑部编：《近代史资料》（第92号），北京：中国社会科学出版社1997年版。
5. 不著绘制人名氏著：《高要县图》，宣统年广东参谋处测绘刊本，台北：成文出版社1968年影印版。
6. 陈功等：《美国》，北京：中国地图出版社2015年版。
7. 谷口智子：《美国State概念理解与译词“州”的成立：以联邦与State的关系为中心》，见《关西大学东西学术研究所纪要》，东京：关西大学东西学术研究所2011年版。
8. 吉田寅：《十九世紀中国·日本における海外事情摂取の諸資料:「聯邦志略」「地理全志」「大英国志」の資料的考察》，立正大学東洋史研究室资料Ⅵ，东京：立正大学東洋史研究室1995年版。
9. 拉夫尔·亨·布朗著，秦士勉译：《美国历史地理》，北京：商务印书馆1973年版。
10. 雷孜智著，尹文涓译：《千禧年的感召——美国第一位来华新教传教士裨治文传》，桂林：广西师范大学出版社2008年版。
11. 刘案冰：《近代上海城市卫生管理初探》，《史林》，2006年第2期。

12. 麦丁富得力编纂，林乐知口译，郑昌棪笔录：《列国岁计政要》，清江南制造局同治十三年（1875年）刻本。
13. 麦沾恩：《梁发——中华最早的宣教师》，香港：辅仁出版社1933年版。
14. 麦沾恩著，胡簪云译：《中华最早的布道者梁发》（第二十章），《近代史资料》，1979年第2期。
15. 钱宁：《美国历史》，天津：天津社会科学出版社2016年版。
16. 上海《申报》社编：《申报》，上海：上海书店1985年影印版。
17. 王韬著，方行、沈志钧校注：《王韬日记》，北京：中华书局1987年版。
18. 王铁崖编：《中外旧约章汇编》（第一册），北京：生活·读书·新知三联书店1957年版。
19. 王晓秋著：《近代中日文化交流史》，北京：中华书局1993年版。
20. 吴义雄著：《在宗教与世俗之间——基督教新教传教士在华南沿海的早期活动研究》，广州：广东教育出版社2000年版。
21. 谢高潮：《浅谈同治初年苏浙皖的疫灾》，《历史教学问题》，1996年第2期。
22. 谢清高口述，杨炳南笔录，安京校释：《海录校释》，北京：商务印书馆2002年版。
23. 许地山编纂：《达衷集》，台北：文海出版社1974年版。
24. 姚达兑：《晚清传教士中国助手的身份认同问题——以王韬、管嗣复、蒋敦复为中心》，《中国现代文学研究丛刊》，2014年第11期。

25. 余新忠：《咸同之际江南瘟疫谭略——兼论战争与瘟疫之关系》，《近代史研究》，2002年第5期。
26. 张施娟著：《裨治文和他的〈美理哥合省国志略〉》，浙江大学博士学位论文，2005年。
27. 张施娟著：《裨治文与早期中美文化交流》，杭州：浙江大学出版社2010年版。
28. 中国地名委员会编：《美国地名姓名译名翻译手册》，北京：商务印书馆1985年版。
29. 中国地图出版社编写组：《美国地图册》，北京：中国地图出版社2013年版。
30. 钟叔河著：《走向世界——近代知识分子考察西方的历史》，北京：中华书局1985年版。
31. 左芙蓉著：《基督教与近代北京社会》，成都：巴蜀书社2009年版。
32. 艾林·布林克力著，邵旭东译：《美国史：1492—1997》，海口：海南出版社2009年版。
33. Eliza J. Gillett. Bridgman, *The Life and Labors of Elijah Coleman Bridgman*, New York: Anson D. F. Randolph, 1864.
34. J. H. Paterson, *North America: a geography of Canada and the United States*, New York: Oxford University Press, 1979.
35. Michael C. Lazich, *E.C.Bridgman (1801—1861), American's First Missionary to China,* New York: the Edwin Mellen Press, 2000.